Restauração Ambiental
do dever jurídico às técnicas reparatórias

0643

M528r   Melo, Melissa Ely.
	Restauração ambiental: do dever jurídico às técnicas reparatórias / Melissa Ely Melo. – Porto Alegre: Livraria do Advogado Editora, 2012.
	212 p.; 23 cm.
	Inclui bibliografia e glossário.
	ISBN 978-85-7348-812-8

	1. Direito ambiental. 2. Natureza e civilização. 3. Homem – Efeito do meio ambiente. 4. Biodiversidade - Conservação. 5. Danos ambientais. 6. Conservação da natureza. 7. Recuperação ecológica – Técnicas. 8. Ecologia. I. Título.

CDU 349.6
CDD 341.347

Índice para catálogo sistemático:
1. Direito ambiental   349.6

(Bibliotecária responsável: Sabrina Leal Araujo – CRB 10/1507)

MELISSA ELY MELO

Restauração Ambiental
do dever jurídico às técnicas reparatórias

Porto Alegre, 2012

© Melissa Ely Melo, 2012

Projeto gráfico e diagramação
Livraria do Advogado Editora

Capa
Paulo Porcella
Artista Plástico
(51) 3227-9293 – 9561-0890

Revisão
Rosane Marques Borba

Direitos desta edição reservados por
Livraria do Advogado Editora Ltda.
Rua Riachuelo, 1338
90010-273 Porto Alegre RS
Fone/fax: 0800-51-7522
editora@livrariadoadvogado.com.br
www.doadvogado.com.br

Impresso no Brasil / Printed in Brazil

À natureza, por toda a sua sabedoria.

Agradecimentos

Ao meu professor e orientador, Prof. Dr. José Rubens Morato Leite, por toda a dedicação e carinho com que exerce a docência.

Ao Prof. Dr. Ademir Reis e aos pesquisadores do Laboratório de Botânica da UFSC, por terem me mostrado que o diálogo transdisciplinar, apesar de difícil, é possível. Ao Prof. Dr. Gilberto Passos de Freitas pela participação como membro da banca examinadora. À Profª. Lida Zandonatti, pela atenta revisão.

À Profª. Me. e Promotora de Justiça do Ministério Público do Rio Grande do Sul, Annelise Monteiro Steigleder, pelo grande incentivo e difusão deste trabalho.

Ao Programa de Pós-graduação em Direito da UFSC, seus professores e funcionários, pela formação acadêmica. À CAPES, pela concessão da bolsa de pesquisa para os estudos de mestrado.

Ao Grupo de Pesquisa Direito Ambiental e Ecologia Política na Sociedade de Risco (GPDA- UFSC/CNPq) e aos meus alunos, pelo aprendizado.

Aos meus queridos pais, Clovis e Tanára, à Andressa e ao Sandro, por eu me sentir sempre amada.

À minha família em sentido amplo e, em especial, às tias e aos tios Vera, Cloé, Décio, Yara, Aristeu, Ana Marli, Mércio, Nilza e Gilda (*in memoriam*), pelo estímulo.

Aos amigos e colegas que de alguma forma contribuíram para a elaboração da pesquisa, dentre eles, Caroline Ruschel, Letícia Albuquerque, Roberta Baggio, Jonathan Orozco, Larissa Boratti, Lígia Dutra, Adriana Biller, Carolina Bahia e Ana Paula Antunes Martins.

Ao Prof. Me. Orci Paulino Bretanha Teixeira, aos companheiros do Núcleo de Estudo e Pesquisa em Direito Ambiental (NEPAD-PUCRS) e a todos aqueles que se dedicam à luta pelo respeito à natureza, pelas "sementes lançadas".

Ao Marcelo, à Manoela, ao Rafael, à Julia e à Cler, pelo meu otimismo em relação às futuras gerações.

Ao Professor e artista plástico, Paulo Porcella, pela gentileza da ilustração.

À equipe da Livraria do Advogado Editora, na pessoa do Walter, pela competência do trabalho prestado na publicação deste livro.

Muito obrigada!

Há uma ligação em tudo. Vocês devem ensinar as suas crianças que o solo a seus pés é a cinza de nossos avós. Para que respeitem a Terra, digam a seus filhos que ela foi enriquecida com as vidas de nosso povo. Ensinem as suas crianças, o que ensinamos as nossas, que a Terra é nossa mãe. Tudo o que acontecer a Terra, acontecerá aos filhos da Terra. Se os homens cospem no solo, estão cuspindo em si mesmos. Isto sabemos: a Terra não pertence ao homem; o homem pertence à Terra.

Cacique Seatle

Naturam expellas furca, tamen usque recurret. (Expulsa a natureza a golpes de força; apesar disso ela voltará).

Horácio, Epístulae 1, 10, 24

Prefácio

Apraz-me prefaciar a obra da Melissa Ely Melo intitulada *Restauração ambiental: do dever jurídico às técnicas reparatórias* e que me deu grande satisfação como supervisor de seu mestrado e agora no doutorado do Programa de Pós Graduação em Direito da Universidade Federal de Santa Catarina, UFSC.

Além do que, a autora é pessoa afável, inteligente e brilhante pesquisadora do direito ambiental. Posso sem receio dizer que o trabalho é excelente e deteve o crivo da Banca Examinadora de sua dissertação, pois obteve nota máxima com distinção e louvor dos especialistas na temática.

Para entender academicamente o direito ambiental é indispensável o senso e a percepção de troca de saber, ampliando com uma visão além do direito, pois quando a temática é restauração ambiental o olhar técnico combinado com o jurídico são necessários. O livro demonstra que a pesquisa realizada atendeu claramente este pressuposto transdisciplinar. Os operadores jurídicos do direito ambiental e principalmente juízes e atuantes nas lides ambientais ficamos gratos pela publicação com este enfoque.

O conteúdo da obra é primoroso, pois vai desde aspectos constitucionais até técnicas de restauração natural, passando pela complexidade, dano ambiental, dever jurídico, metodologias e muitos outros temas indispensáveis para a efetivação da temática. O texto é fortemente original, mas o ponto saliente nesta pesquisa é trazer ao mundo jurídico um panorama geral das técnicas de nucleação de vegetação degradada, além de trazer os parâmetros, dificuldades e possibilidades da restauração natural.

A linguagem é de primeira linha, facilitando o leitor. Os quadros esquemáticos e as sínteses dos capítulos facilitam os entendimentos e os conceitos trabalhados na obra.

Parabenizo a Livraria do Advogado por proporcionar a seu leitor um material de primoroso para efetivação do direito ambiental brasileiro. Tenho certeza que a autora traz ao mundo jurídico um texto que ajuda e muito na proteção ambiental efetiva.

Florianópolis, abril de 2012.

Prof. Dr. José Rubens Morato Leite

Professor Associado II dos Cursos de graduação e pós-graduação em Direito da Universidade Federal de Santa Catarina – UFSC; Pós-Doutor pelo Centre of Environmental Law, Macquarie University, Sydney – Austrália; Membro e Consultor da IUCN – The Word Conservation Union – Comission on Environmental Law (Steering Commitee); Vice-Presidente do Instituto Direito por Um Planeta Verde; Coordenador do Grupo de Pesquisa Direito Ambiental e Ecologia Política na Sociedade de Risco, do CNPq. Publicou e Organizou várias obras e artigos em periódicos nacionais e estrangeiros. Pesquisador de Produtividade na Pesquisa e Consultor do CNPq e da Fapesc.

Sumário

Apresentação – *Annelise Monteiro Steigleder*...15
Introdução...17
1. O dever jurídico de restauração ambiental frente ao processo de destruição da biodiversidade..21
    1.1. A destruição da biodiversidade e a crise da relação do homem com a natureza: a perda da noção do "vínculo" e do "limite"..21
        1.1.1. Da natureza como objeto: do patrimônio comum à propriedade privada....22
        1.1.2. Da natureza como sujeito: da *deep ecology* ao antropocentrimo alargado......30
        1.1.3. Da natureza como projeto: o meio, a complexidade...................................34
    1.2. A Constituição Federal de 1988 e o meio ambiente...39
        1.2.1. Breve retrospecto da transformação da legislação ambiental brasileira........39
        1.2.2. Alguns elementos constitucionais sobre a proteção do meio ambiente........44
            1.2.2.1. Dos interesses difusos...46
            1.2.2.2. Do meio ambiente ecologicamente equilibrado como direito fundamental..48
            1.2.2.3. Do meio ambiente como bem de uso comum do povo.................52
            1.2.2.4. Do dever do poder público e da coletividade................................56
    1.3. A previsão normativa constitucional da restauração ambiental..........................60
        1.3.1. Do dever...60
        1.3.2. Do dever jurídico de restauração ambiental..63
            1.3.2.1. Breve abordagem sobre a restauração ambiental na jurisdição internacional..70
    1.4. A previsão legislativa infraconstitucional da restauração ambiental..................77
    1.5. Síntese do capítulo..81
2. Restauração ambiental: dilemas e complexidades na mensuração do dano............83
    2.1. A complexidade do dano ambiental diante da tarefa de mensurá-lo..................83
        2.1.1. Alguns conceitos preliminares..84
        2.1.2. O dano ambiental e a sua respectiva classificação..86
        2.1.3. Algumas das características do dano ambiental: apontamentos sobre a sua reparabilidade..92
            2.1.3.1. Das características essenciais dos ecossistemas............................98
            2.1.3.2. O dano ambiental e o elemento temporal...................................100
    2.2. Da reparação do dano ambiental no ordenamento jurídico brasileiro frente ao dever de restauração ambiental..107

      2.2.1. Da reparação do dano ambiental na esfera civil..................................109
          2.2.1.1. Da restauração ambiental...115
          2.2.1.2. Da compensação ecológica..117
      2.2.2. Da reparação do dano ambiental na esfera administrativa....................123
      2.2.3. Da reparação do dano ambiental na esfera penal................................131
  2.3. Síntese do capítulo...138

3. Restauração ambiental: parâmetros, dificuldades e possibilidades de implementação..139
  3.1. Transdisciplinaridade: opção de abordagem..139
  3.2. Restauração ambiental: o paradigma norteador das técnicas........................144
      3.2.1. Níveis de restauração e valoração das espécies..................................151
      3.2.2. Algumas noções ecológicas preliminares..154
          3.2.2.1. Da polinização..154
          3.2.2.2. Da dispersão de sementes..156
          3.2.2.3. Do banco de sementes...157
          3.2.2.4. Da conectividade e diversidade genética................................160
          3.2.2.5. Da ecologia da paisagem...164
  3.3. Nucleação: panorama das técnicas restauradoras......................................169
      3.3.1. Da nucleação..169
          3.3.1.1. Da transposição de solo...173
          3.3.1.2. Da transposição da chuva de sementes..................................177
          3.3.1.3. Da semeadura direta e hidrossemeadura ecológica................179
          3.3.1.4. Da introdução de mudas e grupos adensados.......................180
          3.3.1.5. Do plantio de populações-referência......................................181
          3.3.1.6. Da construção de poleiros artificiais......................................182
          3.3.1.7. Da criação de abrigos para a fauna e da transposição de galharia..185
          3.3.1.8. Da construção de trampolins ecológicos................................186
  3.4. Síntese do capítulo...187

Considerações finais...191
Referências..195
Glossário..205

Apresentação

É com enorme satisfação que tenho a honra de apresentar o livro da Dra. Melissa Ely Melo, intitulado "Restauração ambiental: do dever jurídico às técnicas reparatórias", que lhe valeu o título de Mestre em Direito pela prestigiosa Universidade Federal de Santa Catarina.

A obra é inovadora e corajosa ao adentrar em uma investigação transdisciplinar a respeito das técnicas empregadas na restauração ambiental, tema normalmente adstrito aos biólogos, mas que, conforme demonstrado pela autora, merece ser aprofundado pelos estudiosos do Direito Ambiental, preocupados em outorgar efetividade à reparação do dano ao ambiente.

De fato, a responsabilização civil pelo dano não se esgota com a imputação da responsabilidade, após a mensuração do dano e definição do nexo causal. É imprescindível que se tenha clareza sobre o conteúdo das obrigações a serem impostas ao responsável, com isso garantindo-se o restabelecimento das funções ecológicas essenciais.

Assim, para se desincumbir do desafio de delimitar o conteúdo da restauração ambiental, a autora, inicialmente, dedica-se ao estudo do dever jurídico de restauração ambiental, como decorrente do caráter de direito fundamental atribuído ao direito ao ambiente ecologicamente equilibrado, para, na sequência, pontuar as complexidades do dano ao ambiente e adentrar na análise detalhada das técnicas nucleadoras de restauração ecológica, apontadas como as mais adequadas para restituir biodiversidade às áreas degradadas.

Parabenizo ainda a Livraria do Advogado por, através da publicação de uma obra com tal grau de aprofundamento e qualidade, mostrar o seu comprometimento com a proteção da Natureza, contribuindo decisivamente para que o Direito seja um instrumento de sustentabilidade ambiental.

Porto Alegre, abril de 2012.

Annelise Monteiro Steigleder

Introdução

Os recursos naturais são finitos e, ao mesmo tempo, vivencia-se a realidade de destruição dos mesmos, em ritmo cada vez mais acelerado. Mesmo com a tomada de algumas medidas objetivando frear o processo de "consumo" do Planeta, sabe-se que, na realidade, a vida na Terra encontra-se ameaçada. Essa situação é consequência da crise da relação que o homem vem mantendo com a natureza, a partir da apropriação de seus recursos, caracterizando o paradigma antropocêntrico utilitarista.

Por outro lado, como tentativa de superação dessa crise, existe a busca pela atribuição de valor intrínseco ao bem ambiental, o que leva ao alargamento do referido paradigma. Entretanto, se a natureza é concebida como objeto, e o homem perde a noção do que o vincula a ela, na segunda hipótese, por vezes, existe a falta de consciência do que os distingue, isto é, do limite existente entre eles.

É evidenciada, assim, a necessidade de formular-se nova relação entre homem e natureza, por meio de concepção que seja capaz de perceber as complexidades envolvidas nessa relação. Nesse sentido, surge a possibilidade de compreensão da natureza a partir da ideia de projeto, ou seja, nem objeto, nem sujeito, mas projeto de meio justo para ambos.

Denota-se que a legislação brasileira, na tentativa de encontrar esse meio justo, tem acompanhado a tendência global em contemplar a preservação ambiental. A legislação infraconstitucional, além da constitucional, neste intuito, priorizou a restauração ambiental, o que espelha a opção do sistema jurídico brasileiro pelo instrumento como medida prioritária. Todavia, ainda que a legislação, de maneira geral, tenha optado pela restauração com objetivo de reverter os danos causados ao meio ambiente e, consequentemente, tenha buscado minorar o processo de devastação da natureza, na prática, inúmeras são as barreiras a serem superadas quando há o envolvimento do bem ambiental.

Afinal, apesar do avanço da ciência em determinar a sua complexidade, muitas de suas relações ainda permanecem desconhecidas pelo homem, o que pode levar ao impedimento de sua reposição quando da ocorrência de danos. A legislação brasileira, embora tenha se transformado no sentido de tentar gerir essa problemática, exige constante necessidade de alteração, no intuito de acompanhar o desenvolvimento tecnológico alcançado pela Ecologia.

As discussões em torno das questões ambientais têm apontado cada vez mais para o diálogo eficaz entre os diferentes saberes científicos, para que não só as normas contemplem as complexidades envolvidas pelo meio ambiente, mas as práticas sociais busquem a sustentabilidade. É, nesse contexto, rumo ao diálogo transdisciplinar, na tentativa de resolução dos problemas ambientais, que se justifica a relevância sociojurídica da proposta da temática escolhida.

Percebe-se que a busca pela preservação ambiental não se faz possível sem que haja efetivo diálogo entre os diversos saberes científicos. Nesse sentido, o meio ambiente requer tratamento bastante específico, por envolver enormidade de peculiaridades e, somente diante do caso concreto e de parecer técnico-científico adequado, poder-se ter noção da extensão dos danos ambientais ocorridos. Questiona-se, portanto, de que forma a restauração ambiental poderá representar instrumento transdisciplinar, já que previsto pelo ordenamento jurídico e desenvolvido pelas ciências biológicas, apto a fazer com que o meio ambiente, em determinados casos, retorne a *status* semelhante ao que existia anteriormente à degradação e, assim, capaz de contribuir para a preservação da biodiversidade.

A partir da definição do problema enfrentado, aponta-se para o objetivo geral da obra, que é a verificação da forma pela qual a implementação das técnicas de restauração ambiental pode contribuir para a preservação da biodiversidade, mediante a aplicação da técnica mais condizente com o dever constitucional de restauração dos processos ecológicos essenciais. Já os objetivos específicos consistem na reflexão acerca da crise da relação homem-natureza; a análise da legislação referente à restauração ambiental; a demonstração da complexidade do bem e a dificuldade de mensuração do dano ambiental e o estudo das técnicas de restauração ambiental segundo perspectiva que englobe distintos saberes científicos, como o jurídico e o biológico.

Para a construção da noção jurídico-biológica da restauração ambiental, é imprescindível recorrer à dialética, afinal, a realidade está sempre em movimento e, para ser compreendida, necessita ser entendida por inteiro, em toda a dinâmica que lhe é peculiar.

Nesse intuito, no Primeiro Capítulo da presente obra, é feita, de início, a reflexão acerca da crise da relação existente entre o homem e a natureza, apontando-se para a necessidade de demarcação dos vínculos e dos limites entre ambos, na busca pelo meio justo. Ainda neste Capítulo, é analisada a recepção jurídica do meio ambiente pelo Direito pátrio, bem como seus contornos. E, por fim, a legislação referente à restauração ambiental é descrita, demonstrando-se algumas das contradições pelas quais ela é permeada.

Já no Segundo Capítulo, o dano ambiental é abordado, tendo em vista as complexidades presentes no dever de mensurá-lo e a sua classificação. Também as suas principais características e peculiaridades são mencionadas, apontando-se para a sua reparabilidade. Em seguida, são tecidas considerações sobre as características essenciais dos ecossistemas para, posteriormente, abordar-se a reparação do dano ambiental no ordenamento jurídico brasileiro, nas suas três esferas: civil, administrativa e penal, diante do dever de restauração.

No Terceiro Capítulo, por sua vez, é justificada a opção da abordagem transdisciplinar. Num segundo momento, é analisado o paradigma norteador das técnicas de restauração ambiental. Os níveis de restauração, a valoração das espécies e algumas noções ecológicas preliminares também sãs verificadas. É elaborado, ademais, um panorama das técnicas restauradoras, a partir da concepção de nucleação. E, ao final, são estudadas as técnicas nucleadoras de restauração ambiental, a partir do olhar ecológico.

1. O dever jurídico de restauração ambiental frente ao processo de destruição da biodiversidade

1.1. A destruição da biodiversidade e a crise da relação do homem com a natureza: a perda da noção do "vínculo" e do "limite"

O contexto no qual a presente análise está inserida é caracterizado pela perda das noções de vínculo e, ao mesmo tempo, de limite das relações que o homem mantém com a natureza. Tal noção aporta-se na tese proposta por François Ost. O autor entende que as duas principais representações desta realidade são a que qualifica a natureza como objeto e a que, por outro lado, a transforma em sujeito.[1] Por sua vez, a perda destas noções pode ser identificada como crise, uma crise paradigmática.[2] A crise do vínculo ocorre, pois o homem perde a capacidade de identificar o que o liga ao animal, ao que é vivo, à natureza. Já a crise do limite é determinada pela incapacidade de percepção do que na natureza se diferencia dele.[3] Diante desta encruzilhada, o que pode ser feito? Para Ost, enquanto esta relação com a natureza não for repensada e enquanto o homem não for capaz de perceber o que dela o distingue e o que a ela o liga, os esforços de preservação da mesma serão em vão. Consequentemente, presencia-se a relativa efetividade do Direito Ambiental e a modesta eficácia das políticas públicas nesta matéria.[4]

Ost entende por vínculo:

---

[1] OST, François. *A natureza à margem da lei:* a ecologia à prova do direito. Lisboa: Instituto Piaget, 1995, p. 10.

[2] Sobre o tema, cf. KUHN, Thomas. *A estrutura das revoluções científicas.* São Paulo: Perspectiva, 1967; MORIN, Edgar. *Introdução ao pensamento complexo.* Tradução de Eliane Lisboa. 3. ed. Porto Alegre: Sulina, 2007, p. 112 e SANTOS, Boaventura de Sousa. *A crítica da razão indolente: contra o desperdício da experiência.* São Paulo: Córtex, 2000.

[3] OST, François, 1995, p. 09.

[4] *Idem, ibidem*, p. 09.

> [...] o que liga e obriga (ligar, do latim *ligare*). São as linhas (tramas), as cordas, os nós, os laços, as ligações, as afinidades, a aliança, a união (emparelhamento) e a filiação. As raízes. O vínculo, ou o que permite a existência duma oportunidade: um enraizamento, um lugar numa transmissão. O vínculo, ou a 'parte ligada', isto é, o contrário da 'parte inteira': ou, por outras palavras, a própria possibilidade da alteridade e da partilha. Assim, o vínculo revela a sua natureza dialéctica (*sic*): se ele é ancoragem e enraizamento, não pressupõe menos a possibilidade do movimento e da separação. Só se pode ligar o que é, por natureza, distinto e virtualmente destacável. A identidade procurada pelo vínculo é, assim, condição da libertação, que, por sua vez, é condição da obrigação livremente assumida.[5]

Por outro lado, o limite, conforme o autor, é

> [...] fronteira, barreira, confins e raia. O ponto onde qualquer coisa pára, ou mesmo o limiar que nunca ultrapassaremos, como o valor limite dos matemáticos. Ele marca uma diferença que não podemos suprimir, a distância entre um antes e um depois, um aqui e um acolá. E no entanto o limite, tal como o horizonte, revela-se igualmente um conceito dialéctico (*sic*): princípio de encerramento, ele é de igual modo princípio de transgressão. Se, por um lado, assegura a demarcação, permite por outro a passagem. Ele é o ponto de permuta e, simultaneamente, sinal de diferença.[6]

Pode-se dizer que o vínculo (ou a diferença aberta) e o limite (diferença implícita) perderam, pelo menos um pouco, do sentido na relação que o homem mantém com a natureza. Durante a modernidade ocidental, a natureza é transformada em "ambiente", um mero cenário, cujo rei central é o homem, seu "dono e senhor"[7]. Assim, a natureza passa a ser concebida como um mero reservatório de recursos, por sua vez, essenciais aos processos de produção, e cujos resíduos retornam a ela, então, local de descarte dos mesmos.

Dada esta breve introdução, passa-se à análise um pouco mais detalhada da concepção da natureza como objeto.

1.1.1. Da natureza como objeto: do patrimônio comum à propriedade privada

Tomando-se, inicialmente, a natureza como objeto, tendo como marco histórico a comparação, feita por Descartes, entre o mecanismo de relojoaria e a maturação dos frutos, obtém-se a entrada para o "mundo do artifício". Descartes, no século XVII, propõe uma história da criação do mundo livre das suas obscuridades, eventualidades, desordens e contro-

---

[5] OST, François, 1995, p. 09.
[6] *Idem, ibidem*, p. 09-10.
[7] DESCARTES, René. *El mundo*: tratado de la luz. Barcelona: Anthropos, 1989, p. 84. Para ele, a natureza significaria um "termo" do qual ele se utilizava para designar a "matéria".

vérsias,[8] implicando o fim da ideia, prevalecente até o momento, da natureza como fonte da vida, com sua força de criação, ordenadora de todo e qualquer nascimento.

Assim, o mundo como concebido por Descartes é regido pelos princípios da disjunção, da redução e da abstração, constituindo o paradigma da simplificação. Ao separar o sujeito do objeto (ou da coisa entendida), por meio da filosofia e da ciência e, ao estabelecer como princípios de verdade as ideias "claras e distintas", criou-se o pensamento disjuntivo. E, embora tenham sido trazidos grandes progressos para o conhecimento científico e para a filosofia, muitas foram as consequências nocivas, as quais só começaram a ser percebidas de forma mais evidente no séc. XX.[9]

A partir do estabelecimento dessa relação com o mundo, marcada pelo individualismo, o homem, que então passa a ser a medida de todas as coisas, toma seu posto no centro do universo, apropriando-se do mesmo, pronto para transformá-lo de acordo com as suas vontades. E o Direito exerce um importante papel neste processo de apropriação, principalmente pela sua mediação desempenhada nas relações de propriedade, as quais, com o aval jurídico, passam, ao longo dos séculos, de patrimônio comum à propriedade privada, olvidando-se, então, que a sua função essencial é afirmar o sentido da vida em sociedade, ligar os vínculos e demarcar os limites.[10]

Durante boa parte da Idade Média, a propriedade é comum, o chefe de família é o depositário da terra, mas a ideia de propriedade é de "propriedade-usufruto", visando à produtividade da coisa, não de "propriedade-pertença", centrada sobre a sua materialidade.[11] O quadro é de subsistência, a ideologia comunitária e a essencialidade do direito é de fruição (*ius fruendi*), ou seja, a utilização tendo como objetivo a sobrevivência, diferentemente do direito de dispor, ou até abusar da coisa (*ius abutendi*) ou o direito de dispor livremente da coisa, que só será percebido posteriormente, quando a economia se torna de mercado ou até capitalista, em um contexto já individualista.[12]

---

[8] OST, François, 1995, p. 39.

[9] MORIN, Edgar, 2007, p. 11.

[10] OST, François, 1995, p. 21-22.

[11] *Idem, ibidem*, p. 55.

[12] OST, François, 1995, p. 55. Sobre o tema, cf. HESPANHA, Manoel. *Cultura jurídica européia*: síntese de um milênio. Florianópolis: Fundação Boiteux, 2005; FERNANDEZ, Maria Elizabeth Moreira. Direito ao Ambiente e Propriedade Privada (Aproximação ao Estudo da Estrutura e das Conseqüências das "Leis-Reserva Portadoras de Vínculos Ambientais). *Boletim da Faculdade de Direito Universidade de Coimbra*. Coimbra: Coimbra Editora, 2001; FIGUEIREDO, Guilherme José Purvin de. *A propriedade no direito ambiental*: a dimensão ambiental da função social da propriedade. Rio de Janeiro: Esplanada, 2004.

A partir do século XVI, o indivíduo passa a figurar no centro do mundo, e o sistema jurídico acompanha de perto esta transformação.

> É como direito subjectivo (sic), prerrogativa do indivíduo soberano, que se produzirá pouco a pouco o direito, e já não mais como uso comum, regra geral transcendente aos direitos privados. Também aqui há um universo que é abalado: à ordem antiga do mundo, decalcada sobre uma harmonia ecológica conforme os desígnios de Deus, mas em breve assimilada pelas injustiças de uma sociedade de castas e privilégios, substitui-se, pouco a pouco, uma ordem atomizada e dinâmica, fundamentada na partilha e circulação das heranças. No centro deste sistema: o direito subjectivo (sic) de propriedade entendido como poder pessoal de actuar (sic).[13]

Essa transformação contou com um marco trazido por Locke, segundo o qual o trabalho gera o título de propriedade, justificado na necessidade e ligado à liberdade, intrínseca à natureza humana. É por meio do trabalho, liberdade em exercício, que o homem extrai os recursos naturais, atribuindo-lhes especificidades e agregando-lhes valor e, assim, legitimando a sua propriedade sobre estes. Entretanto, o autor também evidencia os limites deste direito de propriedade privada, isto é, a propriedade privada perderia a legitimidade quando ultrapassasse a satisfação da necessidade ou quando não dissesse respeito ao esforço pessoal, no primeiro caso, caracterizando "esbanjamento" e, no segundo, "exploração e injustiça".[14]

Assim como Aristóles,[15] Locke prevê limites ao direito de propriedade, portanto, não é, para este, justificável a apropriação que ultrapasse a capacidade de um determinado homem de usufruí-la, que vá além do necessário a sua subsistência, fazendo com que haja o suficiente para os demais possuírem o mesmo. Fora destes excessos, Locke entende que a propriedade privada é a principal finalidade da formação da sociedade e que está no centro das relações políticas, sendo ela absoluta, exclusiva e ilimitada, a ponto de nem mesmo o poder soberano ter como nela intervir, em contraposição ao interesse de seu proprietário.[16]

Aos poucos, com a reivindicação das liberdades, culminada com a Revolução Francesa, no final do século XVIII, a propriedade vai se tornando privada, pode-se dizer privada "[...] de uma rede complexa de direitos e obrigações determinados pelo uso, com vista a assegurar a harmonia

---

[13] OST, François, 1995, p. 58-59.

[14] LOCKE, John. *Carta acerca da tolerância*. Segundo Tratado sobre o Governo. Ensaio acerca do Entendimento Humano. Tradução Anoar Aiex e E. Jacy Monteiro. 2. ed. São Paulo: Abril Cultural, 1978. (Os Pensadores), p. 89.

[15] ARISTÓTELES. *A política*. Tradução: Nestor Silveira Chaves. 15. ed. Rio de Janeiro: Ediouro Publicações, 1988, p. 29-32.

[16] Sobre o tema, cf. CAVEDON, Fernanda de Salles. *Função social e ambiental da propriedade*. Florianópolis: Visualbooks, 2003, p. 42.

ecológica e a solidariedade interpessoal",[17] as quais dependerão de intenso labor para sua recuperação, mediante uma legislação impositiva. E, com a propriedade privada, os demais, os não proprietários, enquadram-se juridicamente como terceiros, e de terceiros para marginalizados, sem direito ao usufruto, ora comum da propriedade.

Já Robespierre percebeu a existência de uma grande contradição, pois, ao mesmo tempo em que a propriedade é declarada um direito universal, que deveria igualar condições, também o é a liberdade, sustentada pela propriedade e que gera as desigualdades. E a concepção de liberdade que vigorará a partir dele é, sem dúvidas, a de liberdade econômica.[18]

A lógica vigorante é, então, a do artifício, segundo a qual o homem dispõe de todos os direitos sobre a natureza, pois a modifica completamente, considerando algo a ela acrescentar. Assim, a alternativa proposta pelos modernos se divide na "[...] barbárie no seio de uma natureza espontânea, ou a propriedade no seio de uma natureza civilizada".[19] Por isto, o ideal científico-político da modernidade pode ser resumido em uma terra que seja inteiramente obra dos homens, ainda que seja uma propriedade essencialmente democrática, já que divisível e dividida. Acreditando-se, inclusive, que a propriedade é, então, a alma universal de toda a legislação, pois ela confirma a relação dos cidadãos com o Estado, ela intermedeia o que é imposto, ela avalia o que as pessoas pretendem, umas em relação às demais, ela serve de critério para determinar aqueles cidadãos que vão ser representantes legislativos etc.[20]

A intervenção do Estado, por sua vez, não é a de dono ou soberano, mas de mediador, impondo a ordem e a paz, legislando de maneira a garantir o bom uso das propriedades privadas. Da mesma forma, o legislador se reporta à natureza exclusivamente através dos "objetos" que a compõem, a respeito dos quais poderiam surgir quaisquer conflitos entre interesse particular e geral, como no caso das minas, das florestas e demais objetos que possam necessitar de regulamentação específica.[21]

A realidade, portanto, é a de transformação de todas as coisas em valores comercializáveis, patrimonializando-as para torná-las objeto de apropriação e alienação. Inicialmente, fora desta apropriação, encontram-se "as coisas sem donos", *res nullius* ou *res communes* (coisas comuns), mas nem estas escapam destes "tentáculos", pois o direito não conhece

---

[17] OST, François, 1995, p. 58.

[18] *Idem, ibidem*, p. 62.

[19] *Idem, ibidem*, p. 65. Trata-se do discurso de apresentação feita por Portalis do Código Civil de Napoleão de 1804.

[20] Ost, François, 1995, p.65.

[21] *Idem, ibidem*, p. 67.

espaços vazios. Já que os *res nullius* (como exemplo, a caça, os peixes e as águas subterrâneas) são, em verdade, coisas temporariamente não apropriadas, mas, possivelmente, apropriáveis. Assim, o primeiro que delas se apropriar seria juridicamente seu proprietário, em um período em que os "dons da natureza" se encontram disponíveis.[22]

Por outro lado, os *res comunnes* apresentam maior complexidade, pois, numa primeira análise, o mar, o ar, a luz, a água corrente, não são apropriáveis, mas sua utilização pertence a todos e, por isso, deve ser regulamentada. Entretanto, ainda que a sua apropriação como um todo seja materialmente impossível, não há oposições quanto a sua apropriação em parcelas.[23] Todavia, o mesmo não pode ser dito sobre o posicionamento em relação ao estado de devolução em que devem ser restituídos, dada a sua desordenada utilização pelo homem, o que necessariamente se relaciona à imposição do dever de reparação dos danos causados aos bens que são comuns a todos.[24]

Essa lógica de apropriação de parcelas dos bens comuns foi também o parâmetro utilizado para justificar o desenvolvimento dos grandes impérios coloniais, quando o Ocidente estabeleceu, sob a proteção da lei do primeiro ocupante, seu domínio sobre as terras indígenas. A respeito de tal dominação, muitos foram os pronunciamentos de chefes índios norte-americanos em resposta às propostas de vendas de suas terras, feitas pelos "brancos", o que, na maioria das vezes, culminava na morte ou no confinamento das tribos em reservas. Em suas palavras, evidencia-se uma concepção completamente distinta desta lógica de apropriação das terras, mas de adoração da natureza. Em contrapartida, nas decisões dos conflitos entre "índios e brancos", proferidas pelos Tribunais norte-americanos, as quais entendiam que, a partir do instante em que os índios não previam os limites de seus territórios, seria inútil estabelecer acordos com eles, e o homem "branco" estaria no direito de se apropriar destes espaços e de neles manter colônias.

Obviamente que, passados longos anos, alguns avanços foram alcançados, no sentido de atribuir maior respeito às comunidades indígenas e a seus conhecimentos tradicionais, aliando a proteção da biodiversidade[25] à proteção da cultura destes povos, em países como Austrália, Estados Unidos, Canadá e Brasil, onde o extermínio dos povos nativos foi em largas escalas. Como exemplo desse avanço, tem-se a Convenção sobre a

---

[22] OST, François, 1995, p. 69.
[23] *Idem, ibidem*, p. 70.
[24] Sobre o tema, cf. o segundo capítulo.
[25] Cf. Glossário.

Diversidade Biológica,[26] a qual, em seu preâmbulo, reconheceu a forte relação existente entre a biodiversidade e a as comunidades tradicionais. Embora se saiba que, em realidade, muitas vezes, a marginalização destes povos ainda é bastante evidente até os dias de hoje.

Com o disposto a respeito do tipo de relação de propriedade mantida pelas comunidades indígenas e, até mesmo, na propriedade solidária estabelecida no Antigo Regime,[27] pode-se perceber a existência de, pelo menos, duas formas de relação com a propriedade da terra, definidas por Ost, como propriedade-usufruto e propriedade-exploração.[28] A primeira pode ser exemplificada com a posse de bens de raiz na Idade Média, implicando determinada utilidade do bem; já a segunda seria o direito de dispor da coisa, inclusive deteriorando-a.

Nesta segunda perspectiva, todavia, reportando-se aos dias atuais, não são raras as vezes, principalmente em países nos quais os tributos são excessivos e, a reforma agrária não foi eficiente ou é inexistente, em que os pequenos proprietários acabam sobrexplorando suas terras, comprometendo o equilíbrio ambiental, no intuito de garantir a subsistência familiar.[29] E, por outro lado, muitos latifundiários, seguindo a lógica do maior lucro, também desrespeitam as reservas legais de suas propriedades.

Segundo Irigaray, o desmatamento, principalmente na Amazônia, apesar de ter decrescido em 2006, atinge uma média inaceitável, em torno de dois milhões de hectares/ano, avançando sobre áreas de reserva legal e de preservação permanente.[30] Por outro lado, conforme o autor, o poder público mantém-se anêmico quanto à capacidade de impedir o desmatamento ilegal, aumentando o passivo ambiental e extinguindo a biodiversidade. Nos imóveis rurais, inseridos no processo de produção, existe uma resistência geral à manutenção de reserva legal e a sua recuperação e, assim, a biodiversidade é apenas mantida em faixas marginais

---

[26] Texto assinado durante a Conferência das Nações Unidas sobre Meio Ambiente e Desenvolvimento, realizada na cidade do Rio de Janeiro, no período de 5 a 14 de junho de 1992.

[27] Sobre o tema, cf. HESPANHA, Manoel, 2005.

[28] OST, François, 1995, p. 72- 79.

[29] Sobre o tema, cf. SIMINSKI, Alexandre. As formações florestais secundárias dentro do processo produtivo de pequenos agricultores em Santa Catarina. In: REIS, Ademir (Org.). *Novos aspectos na restauração de áreas degradadas*. Apostila do minicurso de restauração ambiental em áreas degradadas, realizado em Florianópolis, nos dias 15 a 19 maio de 2006. PET Biologia: Universidade Federal de Santa Catarina. p. 68- 81, p. 68.

[30] Para uma visão crítica das áreas de preservação permanente no Brasil, cf. MARCHESAN, Ana Maria Moreira. Áreas de "degradação permanente", escassez e riscos. In: *Revista de direito ambiental*, São Paulo: RT, v. 38, ano 10, p. 23-38, abr./ jun. 2005.

nos cursos d'água, quase sempre inferiores ao mínimo legal exigido, e em fragmentos de reserva legal.[31]

No entanto, deve-se levar em conta que uma visão puramente conservacionista da natureza foge da realidade, já que ela faz parte de praticamente todas as ações do cotidiano, e seus recursos são essenciais para a sobrevivência dos homens, por isso indica-se a necessidade de revisão da relação homem-natureza.

Assim, no intuito de reverter esse processo destrutivo, considera-se que a relação com a natureza também pode e deve ser encarada como dever, e não só como direito. "O proprietário, desde que não seja vencido pelo espírito de especulação, pode contribuir utilmente para esta salvaguarda".[32] Ora, o proprietário é aquele que possui não só direitos sobre o bem, mas deveres, responsabilidade de zelar por ele. E, quando se trata do bem ambiental, este cuidado está intrinsecamente relacionado à observância das possibilidades da natureza recompor-se. Neste raciocínio, deve-se salientar que o próprio proprietário exclusivo pode, também, ser visto como "guardião da natureza", à medida que o seu objetivo não seja unicamente extrair maior lucro possível desta, mas respeitando o seu potencial de regeneração.

Por isso, diversas são as associações internacionais de defesa do ambiente que passaram a adquirir extensões de terras ricas em biodiversidade, com o objetivo de torná-las reservas naturais privadas.[33] Na concepção de alguns autores, nomeados por Ost como "ecologistas de mercado", a opção de apropriação privativa do ambiente refletiria o ápice de uma evolução da civilização, iniciando pela propriedade comum, passando à propriedade pública, posteriormente, à propriedade parcialmente privada, até a propriedade inteiramente privada, contexto indicado, então, como mais racional.[34] Seguindo esta lógica, aponta-se como grande ponto favorável o vínculo de responsabilidade estabelecido com o proprietário, uma vez que este é considerado responsável pelo seu bem, primeiramente, por ser investido da tarefa de geri-lo, para que dê frutos e, posteriormente, por ser responsável pelos eventuais danos que a sua gestão poderá oca-

---

[31] IRIGARAY, Carlos Teodoro José Hugueney. Compensação de reserva legal: limites a sua implementação. In: *Revista Amazônia legal*: de estudos sócio-jurídico-ambientais. Cuiabá: UFMT, ano 1, n° 1, jan- jul. 2007. p. 55-68, p. 58. Entende-se que com as alterações legislativas previstas no projeto de novo Código Florestal tal situação pode agravar-se.

[32] OST, François, 1995, p. 75.

[33] Estes são os casos das Reservas naturais ornitológicas da Bélgica, o National Trust da Inglaterra e o Nature Conservatory dos Estados Unidos. No Brasil, existem as Reservas Particulares do Patrimônio Natural – RPPNs –, cuja previsão legal foi trazida pela Lei n° 9.985 de 2000.

[34] Sobre o tema, cf. DERANI, Cristiane. *Direito ambiental econômico*. 4. ed. São Paulo: Max Limonad, 2009.

sionar aos bens de outros proprietários. Por último, ele poderá acionar a responsabilidade de terceiros em caso de sofrer algum tipo de lesão em seu bem. Portanto, quando se considera a propriedade particular, o vínculo entre propriedade e responsabilidade é triplo; entretanto, quando é pública, esse triplo vínculo é rompido.[35]

No entanto, para Ost, isto não significa que

> [...] a propriedade usufruto seja uma garantia suficiente de protecção (sic) do ambiente. A experiência demonstrou que nada garante que ela não se transforme em propriedade-abandono ou e propriedade especulação. Um enquadramento normativo, com vista a regular o seu exercício, permanece assim indispensável em todos os casos, ainda que não convenha alimentar demasiadas ilusões sobre a eficácia e a efectividade (sic) deste arsenal legislativo. Por outro lado, é inegável que a propriedade-usufruto apresenta um lado privativo que trava, impede mesmo, uma gestão coerente e global do ambiente; além disso, ela compromete um acesso mais generalizado à natureza: num certo número de casos tratar-se-á, assim, de tornar possíveis uma e outra, impondo soluções inspiradas no modelo do patrimônio comum [...].[36]

Ainda, os "ecologistas de mercado" apontam para a "tragédia dos bens comuns", entendendo que a liberdade destes conduziria à ruína de todos. Como argumento teórico, reportam-se a Aristóteles, segundo o qual o que for comum a um maior número de indivíduos constituirá objeto de menor cuidado, pois o homem tem maior cuidado com o que lhe pertence e uma tendência a negligenciar o que lhe é comum.[37] De acordo com a concepção dos "ecologistas de mercado", a administração dos bens comuns, isto é, a regulamentação burocratizada do ambiente apresenta muitos ou quase todos os defeitos.[38]

Por sua vez, destaca-se que os conflitos de vizinhança e a própria concepção de propriedade-usufruto podem apresentar-se como aliados à defesa do meio ambiente, uma vez que o proprietário, preocupado com a garantia de seu bem-estar, ou com o bom uso de sua propriedade, pode viabilizar a proteção ambiental, ainda que indiretamente.

Esta solução, entretanto, não representa a resposta ideal aos problemas enfrentados pela natureza, pois o retorno esperado para os conflitos de vizinhança são em relação à reparação do dano específico e atual, enfrentado pelo proprietário, enquanto os danos ambientais desenvolvem-se em escala temporal e, em amplitude, até mesmo, desconhecidas.[39] Ademais, para Ost, embora essa percepção tenha elementos positivos

---

[35] OST, François, 1995, p. 157.
[36] Idem, ibidem, p. 78.
[37] ARISTÓTELES, 1988, p. 29-32.
[38] OST, François, 1995, p. 153.
[39] Sobre o tema, cf. o segundo capítulo.

acaba por reduzir tanto o social quanto o ecológico à finalidade da troca mercantil.[40] Assim, cria-se a ficção de que a sociedade é restrita à relação entre vizinhos e de que o meio ambiente e a problemática ecológica se limitam à soma de propriedades privadas vizinhas, como se toda a sua complexidade pudesse ser economicamente avaliada.[41]

Em sentido oposto a essa concepção da natureza, surge a possibilidade de percebê-la como sujeito, trazida pela *deep ecology*, e à qual se passa a um breve estudo.

1.1.2. Da natureza como sujeito: da "deep ecology" ao antropocentrimo alargado

Diante da percepção da relação, ao mesmo tempo, científica e manipuladora do homem com a natureza, concebendo-a de forma distante e objetiva, origina-se um movimento cultural de volta a antigos ideais de concepção do homem como pertencente à terra e não da terra como propriedade do homem. Estimula-se, então, um processo de retorno à natureza, paraíso perdido, "[...] culto do corpo e canto poético, naturalização do corpo e humanização da natureza".[42] A natureza, a qual o homem moderno entendeu poder renegar, agora é trazida como a origem sagrada de tudo que é vivo, a própria vida. A partir deste resgate, inicia-se um caminho de conscientização a respeito da interdependência dos seres vivos e destes com seu *habitat*.

Esses ideais ganharam força com o desenvolvimento da corrente filosófica conhecida como *deep ecology*,[43] principalmente nos Estados Unidos, e também em Noruega, Grã-Bretanha, Alemanha, Austrália e França. A década de setenta foi o marco inicial dos escritos desta "nova ética", pois este período foi bastante marcado pelo despertar das preocupações ambientais. Em 1972, ocorreu a Conferência das Nações Unidas sobre o Meio Ambiente, realizada em Estocolmo, na qual foi adotada a Declaração de Estocolmo, marco histórico da preocupação do homem com a natureza.

Entende-se como outro marco dessa preocupação a publicação de Carson.[44] Outros dois de seus grandes expositores são Leopold e Naess.

---

[40] OST, François, 1995, p. 161.

[41] *Idem, ibidem*.

[42] *Idem, ibidem*, p. 170.

[43] A tradução literal seria "ecologia profunda", mas indica-se "ecologia radical" como mais apropriada. Embora existam outras expressões, como "biocentrismo", "ecocentrismo" ou "igualitarismo ecológico".

[44] CARSON, Rachel. *Primavera silenciosa*. São Paulo: Melhoramentos, 1964.

Para o primeiro, a "ética da terra" é algo correto quando tende a preservar a integridade, a estabilidade e a beleza da comunidade biótica, e está errado quando apresenta a tendência contrária.[45]

Para Naess, existem tendências ecológicas "superficiais" e "profundas". A primeira estaria relacionada à estrutura moral tradicional, ou seja, suas raízes seriam antropológicas, o interesse em conservar o ambiente estaria intimamente ligado à necessidade do ser humano em tê-lo intacto, tanto pela sobrevivência da espécie quanto para desfrutar seus prazeres. Já a segunda teria raízes mais biocêntricas, seria a preservação pela valorização da natureza em si, sem interesses nos benefícios eventualmente trazidos aos seres humanos.[46]

Alguns princípios da *deep ecology* foram estabelecidos por uma publicação feita, em 1984, por Naess e Session. Tais princípios podem ser assim resumidos: 1. O bem-estar e o florescimento da vida humana e não humana na Terra têm valor em si mesmos (valor intrínseco, valor inerente). Esses valores são independentes da utilidade do mundo não humano para finalidades humanas. 2. A riqueza e a diversidade das formas de vida contribuem para concretização desses valores, e também são valores em si mesmos. 3. Os seres humanos não têm o direito de reduzir essa riqueza e a diversidade, a não ser para a satisfação de necessidades vitais.[47]

Por sua vez, Sylvan[48] e Plumwood[49] incluem a abrangência da *deep ecology* para além das coisas vivas. Novamente Sessions, mas neste segundo momento com Devall, defendem uma forma de "igualitarismo biocêntrico" segundo o qual, na biosfera, todas as coisas possuem o mesmo direito de viver, de alcançar as suas forças individuais de desenvolvimento e autorrealização dentro da autorrealização do todo. Esta intuição básica é a de que, enquanto partes de um grande sistema interligado, todos os organismos e todas as entidades da ecosfera são iguais em termos de valor intrínseco.[50]

Também Capra aduz o surgimento de um "paradigma ecológico", propondo uma expansão não só das percepções e da maneira de pensar,

---

[45] LEOPOLD, Aldo. *A Sand County Almanac*, with essays on conversation from Round River. Nova Iorque: Oxford University Press, 1970.

[46] NAESS, Arne. The shallow and deep: Long Range Ecology Movement: a summary. *Inquiry*, v. 16, n° 13. 1973, p. 95-100.

[47] NAESS, Arne; SESSIONS, George. Basics principles of deep ecology. *Ecophilosophy*, v. 6, 1984.

[48] SYLVAN, Richard. Three essays upon deeper environmental ethics. Discussion papers In: *Environmental Philosophy*, v. 13, 1986.

[49] PLUMWOOD, Val. *Ecofeminism*: An overview and discussion of positions and arguments: Critical review. Australian journal of philosophy, v. 64, 1986.

[50] DEVAL, William; SESSIONS, George. *Deep ecology*: Living as if nature mattered. Salt Lake City: Peregrine Smith Books, 1985.

mas de valores. Segundo ele, a *deep ecology* fornece uma base filosófica, e até mesmo espiritual, para mudar o paradigma científico. Para ele,

> Enquanto o velho paradigma está baseado em valores antropocêntricos (centralizados no ser humano), a ecologia profunda está alicerçada em valores ecocêntricos (centralizados na Terra). É uma visão de mundo que reconhece o valor inerente da vida não-humana. Todos os seres vivos são membros de comunidades ecológicas ligadas umas às outras numa rede de interdependências. Quando essa percepção ecológica profunda torna-se parte de nossa consciência cotidiana, emerge um sistema de ética radicalmente novo. E, então, estaremos (em oposição a deveríamos estar) inclinados a cuidar de toda a natureza viva. A mudança de paradigma na ciência, em seu nível mais profundo, implica uma mudança da Física para as ciências da vida.[51]

Além destes, Schweitzer acredita no mais amplo respeito à vida:

> [...] no fato de eu vivenciar a necessidade de pôr em prática o mesmo respeito pela vida, e de fazê-lo igualmente, tanto com relação a mim mesmo quanto no que diz respeito a tudo que deseja viver. Nisso já tenho o necessário princípio fundamental de moralidade. É bom conservar e acalentar a vida; é ruim destruir e reprimir a vida. Um homem só será realmente ético quando obedecer ao dever que lhe é imposto de ajudar toda a vida que for capaz de ajudar e quando se der ao trabalho de impedir que se causem danos a todas as coisas vivas. Ele não pergunta se esta ou aquela vida é digna de solidariedade enquanto dotada de valor intrínseco, nem até que ponto ela é capaz de sentimentos. Para ele, a vida é sagrada enquanto tal.[52]

No mesmo sentido, Paul Taylor afirma que toda coisa viva está "[...] em busca do seu próprio bem, de uma maneira que lhe é única".[53] E, ao adquirir tal compreensão, "[...] estaremos aptos a atribuir à sua existência o mesmo valor que atribuímos à nossa".[54] E muitos outros autores são adeptos desta corrente de pensamento. No Brasil, podem ser mencionados Mangabeira Unger e Crema. Este último descreve a atitude humana como sombria, destrutiva e determinada pela concepção moderna do mundo racionalista, mecanicista e reducionista.[55] Unger afirma que a ecologia profunda questiona a concepção utilitarista e antropocêntrica da relação do ser humano com o ecossistema. Professa que alguns ecologistas percebem, nas atuais reformas ambientais institucionais, a concessão

---

[51] CAPRA, Fritjof. *A teia da vida*: Uma nova compreensão científica dos sistemas vivos. São Paulo: Cultrix, 1996, p. 28- 29.

[52] SCHWEITZER, Albert. *Civilization and ethics*. Londres: Adam and Charles Black, 1987, p. 246-247. A teoria de Schweitzer é "herança" da filosofia moral jainista, a qual consiste no exemplo mais radical, no oriente, de respeito aos seres. Sua doutrina é denominada de *ahimsa*. Cf. DELTA S.A. *Enciclopédia Delta Universal*. v. 8. Rio de Janeiro: [s.n.], 1986, p. 4513.

[53] TAYLOR, Paul. W. *Respect for nature*: A theory of environmental ethics. Princeton: Princeton University Press, 1986, p. 45.

[54] *Idem, ibidem*, p. 128.

[55] CREMA, Roberto. *Introdução à visão holística*: Breve relato de viagem do velho ao novo paradigma. São Paulo: Summus Editorial, 1989.

de direitos sem o rompimento com a postura de superioridade, a animais, florestas e rios.[56]

Sobre o tema, ressalta-se que o retorno proposto por essa corrente de pensamento conduz à configuração da natureza como sujeito de direitos, atribuindo-lhe uma dignidade própria, além de direitos fundamentais capazes de serem opostos aos direitos fundamentais humanos. Por sua vez, este retorno tem como pressuposto ainda mais relevante a mudança de percepção do universo como antropocêntrica para bio ou ecocêntrica.[57]

De acordo com Ost, o Humanismo, até mesmo antes do Renascimento, foi tornando o homem a "medida de todas as coisas", ao mesmo tempo fonte de pensamento e valor e seu fim último. Com este universo antropocentrista, há uma profunda laicização do pensamento, sob a condição do "desencantamento do mundo", com a instalação do homem no centro de tudo. Já a natureza, até então "encantada", com a presença de forças consideradas misteriosas, é reduzida ao "ambiente", tido como uma série de ameaças a serem decifradas e de recursos a serem explorados.[58]

Em contrapartida, a *deep ecology* intenta rever essa concepção, tirando do homem o privilégio duplo de ser fonte exclusiva de valor e o seu fim. A medida de todas as coisas passaria a ser o universo como um todo. O homem, então, perderia seus privilégios na linha evolucional. E, justamente nesta ideia do todo sem qualquer distinção, encontra-se o ponto central das críticas tecidas por Ost à *deep ecology*, pois enquanto esta refuta o "dualismo cartesiano" do sujeito e do objeto, propõe uma assimilação dos dois elementos. Para Ost, lá (na concepção antropocêntrica) se encontra a "[...] dualidade sem qualquer ideia das relações e das identidades, com a hierarquia e a exploração em primazia; aqui, herdamos a unidade sem qualquer ideia das diferenças, com o confusionismo e o reducionismo em primazia".[59]

Como alternativa, o autor propõe uma ideia dialética

> [...] das relações que se estabelecem entre o homem e a natureza; procuraremos, então, demonstrar essas relações sem subestimar as diferenças; distinguir as solidariedades sem nivelar as hierarquias. De forma clara: reservaremos um lugar privilegiado ao espírito que, pelo menos sob a forma da criação de sentido, faz a diferença específica entre o homem e tudo o resto. Um espírito que, no entanto, reconhece a sua inscrição na ordem da natureza

---

[56] UNGER, Nancy M. *O encantamento do humano*: Ecologia e espiritualidade. 2. ed. São Paulo: Edições Loyola, 2000.

[57] OST, François, 1995, p. 177.

[58] *Idem, ibidem*, p. 177-178. Sobre o tema, cf. SANTOS, Boaventura de Souza. *Pelas mãos de Alice* – O social e o político na pós-modernidade. 3. ed. São Paulo: Cortex Editora, 1997.

[59] OST, François, 1995, p. 180.

e que, por um exercício reflexivo de autocontrolo (*sic*), deverá aprender a dominar a pressão que exerce sobre a natureza.[60]

Para esse autor, o homem é, sim, responsável pela natureza, já que a modifica cada vez mais radicalmente, restando impossível esquivar-se desta situação, contendo por completo o impulso individualista do consumo, ou seja, sem a alternativa de rejeitar a modernidade, regredindo ao estado de natureza. Ademais, no estágio evolucional atual, a própria natureza necessita dos homens para concretizar seu projeto. Todavia, sem a pretensão de que o homem a regule diretamente, mas disciplinando a relação que estabelece com a mesma, os modos de acesso a ela, os métodos agrícolas, as técnicas de produção, o *habitat*, o consumo de energia etc.[61]

> A única maneira de fazer justiça a um (o homem) e a outra (a natureza) é afirmar, simultaneamente, a sua semelhança e a sua diferença. Se o homem é um ser vivo, ele é também – o que é um privilégio exclusivo – capaz de liberdade, produtor de sentidos, sujeito de uma história, autor e destinatário de uma regra. Se a natureza, no final da sua evolução, produziu a espécie humana, à qual assegura diariamente as condições de sobrevivência, ela é também, para o homem, completamente diferente, absolutamente estranha.[62]

Neste momento, passa-se à análise da opção da natureza como projeto, indicada por Ost como a alternativa para não rejeitar nem o sujeito nem o objeto, mas pondo-a em relação com o homem, abrindo-se um ao outro, contudo, sem confundi-los. Mais importante do que a identidade do objeto ou do sujeito é a relação que constitui cada qual, o elo que os liga.[63] E a estas ligações denomina-se "meio".

1.1.3. Da natureza como projeto: o meio, a complexidade

Seguindo a lógica da natureza projeto, entende-se que o homem, depois de muito tê-la destruído, poderá também reconstruí-la.[64] Para esta tarefa, Ost divide o projeto em três etapas: a primeira é a epistemológica, por meio de um saber interdisciplinar, em busca do novo "híbrido", o meio, que somente poderá ser encontrado se a ideia de complexidade for abordada de forma dialética.

---

[60] OST, François, 1995, p. 180.

[61] *Idem, ibidem*, p. 233-234.

[62] *Idem, ibidem*, p. 211.

[63] *Idem, ibidem*, 1995, p. 273.

[64] *Idem, ibidem*, p. 274. Para Reeves, a humanidade deve tomar seu posto, o futuro da complexidade. (REEVES, Hubert. *Malicorne*: reflexiones de um observador de la naturaleza. Barcelona: Emece, 1992, p. 162). Já Lovelock menciona uma espécie de "médico planetário". (LOVELOCK, J. E. *Gaia*: um olhar sobre a vida na terra. Rio de Janeiro: Edições 70, 1987).

Por sua vez, a segunda etapa é a ética, em termos de uma responsabilidade em deixar para as gerações futuras um planeta que seja viável, não apenas para sobrevivência, mas para uma vida sensata, fazendo do homem credor de seus antecessores e devedor de seus sucessores.[65] Por fim, a terceira etapa é a jurídica, na qual se deve propor uma qualificação e um regime jurídico para o misto de natureza e cultura que constitui o meio.[66]

Na etapa epistemológica, é proposta uma ruptura completa com o método cartesiano, primeiramente, os "movimentos lineares", as "causalidades únicas" são postas de lado e, em seu lugar, é colocada a imagem do mundo dada pela ciência contemporânea que é oposta, ou seja, a regra é o caos, a ordem é presença excepcional, e um mero acontecimento pode ter múltiplas e imensuráveis consequências.[67] Com esta lógica aleatória e incerta, surge a necessidade de pensar os sistemas abertos e complexos.[68] Além disso, a concepção cartesiana do tempo também deve ser renunciada, já que, para Descartes, o tempo era reversível, e o Universo, inerte, homogêneo e estável, produzindo sempre os mesmo efeitos, sem perdas e ganhos. Contrariamente, o segundo princípio da termodinâmica demonstrou que a matéria cósmica está em constante extensão, por isso, é impossível voltar atrás: já que a matéria é histórica, e a ordem, irreversível. Assim, todo acontecimento traz uma alteração, a qual vai determinar as condições da alteração seguinte. Por fim, os efeitos estão refletidos nas causas, neste sentido, a evolução é parcialmente irreversível.[69]

Ademais, pôde ser constatado que a separação nítida entre observador e observado, tanto pelas ciências humanas quanto pelas naturais, a qual representou durante muito tempo a objetividade científica, não existe. Assim, sujeito e objeto estão sempre interagindo, condicionando-se mutuamente. E, segundo Ost, a falência na prática e na teoria do modelo compartimentado do homem e da natureza (natureza-objeto) e, por outro lado, do modelo de junção dos dois elementos (natureza-sujeito), sugere a adoção de uma "epistemologia da complexidade". Para o autor, complexo é

[...] todo o fenômeno (*sic*) que põe em jogo uma diferença de níveis e uma circularidade entre estes diferentes níveis". E evidenciar os diferentes níveis existentes entre, por exemplo,

---

[65] Sobre o tema, cf. JONAS, Hans. *O princípio da responsabilidade*. São Paulo: Contraponto, 2006.

[66] OST, François, 1995, p. 275.

[67] Sobre o tema, cf. LORENZ, Edward N. *The essence of chaos*. Seattle: University of Washington, 1993; MANDELBROT, Benoit B. *The fractal geometry of nature*. New York: W. H. Freeman, 1983.

[68] Cf. Glossário. Sobre o tema, cf. DE GIORGI, Raffaele. *Direito, democracia e risco*: vínculos com o futuro. Porto Alegre, 1993; CAPRA, Fritjof. *As conexões ocultas*: Ciência para uma vida sustentável. Tradução Marcelo Brandão Cipolla. São Paulo: Cultrix, 2002.

[69] OST, François, 1995, p. 281-282.

o objeto, o ambiente do objeto e aquele que observa e, ainda, as relações de circularidade estabelecidas entre eles, é característico da epistemologia da complexidade, a qual se oporia em todos os sentidos do método cartesiano, que ele qualifica como identitário e linear, "método do simples".[70]

Por sua vez, a epistemologia da complexidade pressupõe um pensamento dialético, já que está alicerçada na ideia de que os distintos e, até mesmo, adversos elementos possuem alguma parte interligada. Entretanto, a parte que distingue ou, por outro lado, a parte que liga, deve ser constatada sem ser confundida. Neste sentido, ao invés de negar as diferenças entre homem e natureza, a dialética demonstra que um necessita do outro. A mesma distância que separa é também que os liga.[71]

Dessa forma, a epistemologia da complexidade indica uma reformulação das abordagens científicas da natureza e, por outro lado, uma reformulação das abordagens científicas e filosóficas do homem. Para o pensamento dialético, a distinção entre ambos deve ser concebida sem separar e, também, a ligação feita sem confundir. Esta é a forma de articulação que deve ser estabelecida entre o homem e a natureza, já que se tornou evidente ser inapropriado tanto distingui-los, quanto iguala-los por completo (quando da concepção da natureza como objeto e como sujeito, respectivamente).[72]

Segundo Hegel, a dialética é a mola motora dos conceitos. Assim, a legitimidade de um sistema filosófico só se instaura se no sistema existirem o negativo e o positivo do objeto, e se esse sistema reproduzir o processo por meio do qual o objeto se torna falso e, posteriormente, se voltar a ser verdadeiro. E, já que a dialética é um processo deste tipo, ela pode ser considerada um método filosófico autêntico. Neste sentido, o método dialético de Hegel pode ser sintetizado em duas proposições feitas por ele: a primeira é de que "O que é racional é real e o que é real é racional", e a segunda, é de que "O ser e o nada são uma só e mesma coisa".[73]

De acordo com a primeira, existe uma "Necessária, total e substancial identidade" entre a razão e a realidade. E, quanto à segunda, demonstra que não existe nada no mundo que não abrigue em si mesmo a copertinência de ser e do nada, ou seja, cada coisa só é algo, na medida

---

[70] OST, François, 1995, p. 280-281. Sobre o tema, cf. MORIN, Edgar. *O problema epistemológico da complexidade*. Mem-Martins: Europa-America, 1996.

[71] Idem, ibidem. 1995, p. 282.

[72] Idem, ibidem, p. 283. Sobre o tema, cf. MORIN, Edgar. *O método 1. A natureza da natureza*. 2. ed. Porto Alegre: Sulina, 2008; POPPER, Karl Raimund. *A lógica da investigação científica*: Três concepções acerca do conhecimento humano; A sociedade aberta e seus inimigos. (Os pensadores). São Paulo: Abril Cultural, 1980; HEIDEGGER, Martin. *Da experiência do pensar*. Porto Alegre: Globo, 1969.

[73] HEGEL, Georg Wilhelm Friedrich. *Estética*: a idéia e o ideal, o belo artístico ou ideal. Tradução Orlando Vitorino. (Os pensadores). São Paulo: Nova Cultural, 1996, p. 15.

que, a todo instante de sua existência, alguma coisa que ainda não é, vem a ser e, por outro lado, algo que é, vem a não ser. Evidencia-se o caráter processual de toda a realidade.[74]

Assim, pode-se dizer que a dialética busca diferenças no interior das mais explícitas identidades e, por outro lado, encontra distinções muito além das óbvias diferenças.[75] Por isso, para Ost, ainda que seja evidente que o homem esteja em um metanível, comparando-se com os demais seres vivos, não se poder deduzir que tenha acabado com todas as suas relações com eles ou que pode afastar-se deles e julgá-los inferiores. Ao contrário, uma vez que é mais complexo que o mundo do ser vivo e o mundo da matéria, o homem necessita deles para a sua sobrevivência, já o oposto não é verdadeiro.[76]

O homem, autônomo, encontra-se completamente dependente de seu meio ambiente, ainda que seja somente para assegurar-lhe a energia vital de que necessita para sobreviver. Por isso, a sabedoria da natureza passa, a partir da concepção do homem como seu guardião, pelo conhecimento humano, em oposição ao preceito metodológico cartesiano que determinava isolá-los percebe-se que eles possuem partes interligadas.[77]

Para Ost, ainda tem-se muito a aprender sobre a relação dialética entre o homem e a natureza, no entanto, existe um instrumento metodológico capaz de guiar este estudo. Segundo ele, a perspectiva dialética assegura o "retorno do terceiro", uma vez excluído pela lógica clássica de identidade. Somente com a constatação das ambiguidades do terceiro (o meio), o que era identidade pode ser visto como diferença que, por sua vez, também gera as identidades, tornando possível a vida, o movimento, a história.[78]

O pensamento dialético, levado pelo seu desenvolvimento, elabora novos conceitos, capazes de melhor compreender não só o homem como a natureza, e o que deles está contido em um terceiro, o meio. No que diz respeito à relação dialética entre homem e natureza, entende-se que o conceito de "meio" poderia assumir o papel de terceiro, representando uma ideia muito mais ampla do que a de "ambiente", pois representa também um meio justo de concepção do homem, da natureza e da relação de ambos.

---

[74] HEGEL, Georg Wilhelm Friedrich, 1996, p. 15

[75] OST, François, 1995, p. 283. De acordo com o autor, esses são os casos dos territórios disciplinares, cujas fronteiras não poderão vigorar para sempre, impedindo a circulação das ideias sem barreiras.

[76] *Idem, ibidem*, p. 284.

[77] *Idem, ibidem*, p. 285-287.

[78] *Idem, ibidem*, p. 288.

> A ideia (*sic*) de meio é infinitamente mais fecunda que a de ambiente. O ambiente pressupõe ainda um ponto central – homem, sem dúvida –, que é rodeado por qualquer coisa: não nos desembaraçamos de uma perspectiva antropocêntrica e, sobretudo, monológica, unilateral. Em contrapartida, o meio – fecunda ambigüidade – é, simultaneamente, o que fica entre as coisas e o que engloba; pode ser construído e pensado, tanto a partir do homem como a partir dos ecossistemas.[79]

Diante dessa realidade, o meio pode ser considerado sob a ótica de Latour, que o designa de híbrido, ou seja, situações que perpassam conhecimentos, temáticas, culturas, paradoxos.[80] Segundo o autor, as práticas de purificação, muito presentes nos meios acadêmicos, são a negação desta realidade híbrida, tendo em vista que

> [...] nossa vida intelectual é decididamente mal construída. A epistemologia, as ciências sociais, as ciências do texto, todas têm uma reputação, contanto que permaneçam distintas. Caso os seres que você esteja seguindo atravessem as três, ninguém mais compreende o que você diz. Ofereça às disciplinas estabelecidas uma bela rede sociotécnica, algumas belas traduções, e as primeiras extrairão os conceitos, arrancando deles todas as raízes que poderiam ligá-los ao social ou à retórica; as segundas irão amputar a dimensão social e política, purificando-a de qualquer objeto; as terceiras, enfim, conservarão o discurso, mas irão purgá-lo de qualquer aderência indevida à realidade – *horresco referens* – e aos jogos de poder. O buraco de ozônio sobre nossas cabeças, a lei moral em nosso coração e o texto autônomo podem, em separado, interessar a nossos críticos. Mas se uma naveta fina houver interligado o céu, a indústria, os textos, as almas e a lei moral, isto permanecerá inaudito, indevido, inusitado.[81]

Já a tarefa proposta é a de trabalhar na mediação para possibilitar o ressurgimento dos vínculos, criando, também, as condições para a existência dos meios, por sua vez, capazes de restituir os limites e, assim, restabelecendo a dinâmica do equilíbrio. Se, conforme Ost, cada elemento (homem e natureza, por exemplo) não existe senão por causa do outro, é considerado errado e, até mesmo perigoso, tanto ilimitar quanto hipertrofiar cada qual, concebidos de forma isolada.[82]

Por isso, os resultados almejados devem surgir da interação dos elementos e jamais da ilimitação de um deles. Conforme mencionado, esta relação poderá levar ao equilíbrio dinâmico, concebido como um "meio justo", por meio de uma utilização mais razoável e equitativa do meio. Deve-se levar em conta que o sentido dado à matéria e à vida, embora sejam solidários, são diferentes, já que uns não se reduzem aos outros, mas interagem profundamente.[83]

---

[79] OST, François, 1995, p. 283.

[80] LATOUR, Bruno. *Jamais fomos modernos*. Rio de Janeiro: Ed. 34, 2000, p. 11.

[81] *Idem, ibidem*.

[82] OST, François, 1995, p. 288-289.

[83] *Idem, ibidem*, p. 289-292.

E é no interior desta interação paradoxal que se identifica o ponto crucial desta análise, na relação entre o homem e a natureza. Esta relação também é a do homem consigo mesmo, sendo cada elemento, dialeticamente, a sua mediação. Portanto, não está o homem de um lado e a natureza opondo-se; é no cerne de cada qual que se encontram as suas diferenças.[84]

Depois de confirmada pela dialética a relação complexa estabelecida entre homem e natureza, que constitui o que é proposto por Ost como o "meio justo", e que pode até ser percebido em alguns Tratados de Direito Internacional do Ambiente, compreende-se como fundamental para o presente estudo, a análise do surgimento do Direito Ambiental e das controvérsias pelas quais ele é rodeado, principalmente no que concerne a sua acepção brasileira. Esta análise tem como intuito a tentativa de delineamento da distância percorrida entre esse ideal de "meio justo" e a real percepção da natureza, ou o que o Direito denomina de "ambiente".[85]

1.2. A Constituição Federal de 1988 e o meio ambiente

1.2.1. Breve retrospecto da transformação da legislação ambiental brasileira

As primeiras leis brasileiras de proteção ambiental surgiram dentro do referido contexto de concepção privatista do direito de propriedade, não podendo servir de suporte legal para que o poder público atuasse de maneira incisiva na defesa do meio ambiente, pois ao agir neste sentido, estaria limitando tanto o direito de propriedade quanto a iniciativa privada.[86] Por isso, as primeiras normas sobre essa temática tinham cunho restrito, protegendo direito privado nas lides de vizinhança, como o art. 584 do Código Civil de 1916, que proibia "[...] as construções capazes de poluir ou inutilizar, para o uso ordinário, a água de poço ou fonte alheia, a elas preexistentes".

---

[84] OST, François, 1995, p. 292.

[85] Embora a nomenclatura "meio ambiente" seja, por vezes, considerada redundante, ela será adotada nesta obra em detrimento de "ambiente", pela sua vasta recepção na literatura jurídico-ambiental e, também, pela sua forte relação com a abordagem aqui presente, já que está ligada à ideia de "meio justo" já referida. Sobre o tema, cf. LEITE, José Rubens Morato. Introdução ao conceito jurídico de meio ambiente. In: VARELLA, Marcelo Dias; BORGES, Roxana Cardoso B. *O novo em direito ambiental*. Belo Horizonte: Del Rey, 1998, p. 51- 70.

[86] Sobre o tema, cf. OLIVEIRA, Helli Alves de. Intervenção estatal na propriedade privada motivada pela defesa do meio ambiente. In: *Revista Forense*, vol. 317, janeiro-março, 1992, p. 136-141.

Posteriormente, a partir de 1934, apareceram algumas leis que tratavam da proteção específica do meio ambiente, como o antigo Código Florestal;[87] o Código das Águas;[88] o Código de Pesca,[89] substituído pelo Código de Pesca de 1967,[90] ainda em vigor; a Lei de Proteção à Fauna[91] e o Código de Mineração.[92] Todavia, essa legislação tutelava o meio ambiente somente de maneira circunstancial; a preocupação central era com o aspecto econômico dos recursos naturais que o compõem. Somente quando se tomou consciência de que a saúde da população está diretamente relacionada com o ambiente que a cerca é que se passou a concretizar uma política deliberativa no intuito de controlar os efeitos da degradação ambiental. Assim, o Código Penal de 1940[93] continha um dispositivo que definia como crime de corrupção a poluição de água potável, todavia encontrou barreiras em sua aplicação pelas dificuldades de interpretação da expressão "potável".

Numa perspectiva mundial, Ost assinala que se pode fixar o início dos anos setenta como o período de nascimento do Direito do Ambiente (administrativo). Numa visão crítica, diz que o poder público passa a crer que pode gerar a natureza, assegurando uma proteção que nem a propriedade e, tampouco, o mercado haviam se mostrado capazes de garantir.[94]

Em 1967, no Brasil, institui-se a Política Nacional de Saneamento Básico,[95] além de criar-se o Conselho Nacional de Saneamento Básico, a quem foi incumbida a tarefa de elaborar o Plano Nacional de Abastecimento de Água e Esgotos Sanitários, dentre as demais atribuições. Na mesma ocasião, foi também criado o Conselho Nacional de Controle da Poluição Ambiental,[96] vinculado ao Ministério da Saúde. Porém, alguns meses depois de sua edição, os decretos que lhe deram origem foram revogados[97] e, em seus lugares, foi instituída outra Política Nacional de Saneamento Básico e criado o Conselho Nacional de Saneamento, des-

---

[87] BRASIL. *Decreto 23.793*, de 23 de janeiro de 1934. Posteriormente substituído pelo Código Florestal vigente.

[88] BRASIL. *Decreto n° 24.643*, de 10 de julho de 1934.

[89] BRASIL. *Decreto-lei n° 794*, de 19 de outubro de 1938.

[90] BRASIL. *Decreto-lei n° 221*, de 28 de janeiro de 1967.

[91] BRASIL. *Lei n° 5.197*, de 03 de janeiro de 1967.

[92] BRASIL. *Decreto-lei n° 227*, de 28 de fevereiro de 1967.

[93] Art. 271. BRASIL. *Decreto-lei n° 2.848*, de 07 de dezembro de 1940.

[94] Ost, François, 1995, p. 119.

[95] BRASIL. *Decreto-lei n° 248*, de 28 de fevereiro de 1967.

[96] BRASIL. *Decreto-lei n° 303*, de 28 de fevereiro de 1967.

[97] Pela Lei n° 5.318, de 1967.

sa vez, ligado ao Ministério do Interior, o que desfez a orientação traçada anteriormente e tardou o enfrentamento do problema ambiental por aproximadamente oito anos.[98]

Após alguns anos de inércia, foi criada a Secretaria Especial de Meio Ambiente e o Conselho Consultivo do Meio Ambiente, também vinculados ao Ministério do Interior.[99] Seguindo a evolução legislativa traçada, foi instituído o II Plano Nacional de Desenvolvimento.[100] Posteriormente, no ano de 1975, foram expedidos o Decreto-lei nº 1.413 e Decreto nº 76.389, ambos referentes ao controle da poluição industrial causada ao meio ambiente, o último, inclusive, estabelecendo medidas de prevenção contra esse tipo de poluição. No ano seguinte, foi expedida a Portaria do Ministério do Interior nº 13,[101] que fixou parâmetros com objetivo de classificar as águas interiores nacionais, além de dispor sobre o controle da poluição.

Também no âmbito estadual se desenvolveu alguma legislação de proteção ao meio ambiente, mas não havia uma sistematização dessas normas que fizesse com que o objetivo de proteção ambiental fosse atingido. Os diversos setores que compõem o meio ambiente ainda não tinham sido encarados como necessariamente inter-relacionados, e se demonstrou insuficiente uma legislação que contemplasse o meio ambiente de forma setorial. Então, observou-se a necessidade de um "[...] tratamento unitário à tutela ambiental",[102] mas não havia elementos legislativos para justificar uma visão global do ambiente, visão fundamental, já que os problemas ambientais estão todos de alguma maneira relacionados e não poderiam mais continuar sendo percebidos de forma linear.

É evidente que se tratando de um "país continental" como o Brasil, no qual a competência legislativa em matéria ambiental é tarefa das três entidades federativas: União, Estados e Municípios, e ainda do Distrito Federal,[103] buscar uma unidade legislativa pode nem ser possível, mas o que não poderia persistir era a falta de uma política ambiental em âmbito nacional. No intuito de suprir essa necessidade, iniciou-se uma produção

---

[98] NUSDEO, Fábio. *Desenvolvimento e ecologia*. São Paulo: Saraiva, 1975. p. 109.

[99] Pelo Decreto nº 73. 030, de 30, de outubro de 1973. Mas considera-se que, de real importância, esse decreto só trouxe a definição de poluição das águas (art. 13, § 1º).

[100] Cf. SILVA, José Afonso da. *Direito ambiental constitucional*. 4. ed. rev. atual. São Paulo: Malheiros, 2002, p. 37.

[101] BRASIL. *Portaria do Ministério do Interior nº 13*, de 15 de janeiro de 1976.

[102] SILVA, José Afonso da, 2002, p. 39.

[103] Sobre as competências ambientais, cf. LEUZINGER, Márcia Dieguez. *Meio ambiente*: propriedade e repartição de competências. Rio de Janeiro: Esplanada, 2002; FERREIRA, Heline Sivini. Competências Ambientais. In: CANOTILHO, José Joaquim Gomes; LEITE, José Rubens Morato (org.). *Direito constitucional ambiental brasileiro*. São Paulo: Saraiva, 2007, p. 204- 218.

de leis federais gerais, objetivando proteger o meio ambiente de forma mais ampla e sistematizada.

A Lei nº 6.938, de 1981, que institui a Política Nacional do Meio Ambiente, embora tenha surgido por imposição de Organismos de Financiamento Internacional,[104] inaugurou essa nova etapa da legislação ambiental brasileira. Por meio dessa lei federal, o meio ambiente passou a ser concebido como bem jurídico autônomo, já que foi definido como "[...] o conjunto de condições, leis, influências e interações de ordem física, química e biológica, que permite, abriga e rege a vida em todas as suas formas".[105] Com esta definição, passou-se a visualizá-lo de maneira mais una, permitindo a sua proteção como um todo, não mais por setores, como anteriormente era evidenciado.

Esse conceito pode ser entendido como sistêmico, conjugando tanto a natureza, quanto o ambiente criado pelo homem e os bens de valor cultural. Admite uma interdependência entre os diversos componentes que fazem parte desse conceito, contemplando o homem.

Mirra pontua que

[...] os elementos corpóreos integrantes do meio ambiente têm conceituação e regimes próprios e estão submetidos a uma legislação própria e específica à legislação setorial (o Código Florestal, a Lei de Proteção à Fauna, o Código de Águas, a legislação sobre proteção do patrimônio cultural etc.). Quando se fala, assim, na proteção da fauna, da flora, do ar, da água, e do solo, por exemplo, não se busca propriamente a proteção desses elementos em si, mas deles como elementos indispensáveis à proteção do meio ambiente como bem imaterial, objeto último e principal visado pelo legislador.[106]

Assim, possibilitou-se a tutela jurídica do meio ambiente de forma independente dos distintos elementos que a integram, atuando também com relação à manutenção da qualidade do meio ambiente e de suas características. "Trata-se de um 'macrobem' jurídico, incorpóreo, inapropriável, indisponível e indivisível, cuja qualidade deve ser mantida íntegra, a fim de propiciar a fruição coletiva".[107] Somente os elementos que o compõem podem ser apropriados, de acordo com as possibilidades legais e, ainda, sem conduzir-se à individualização do meio ambiente. Inclusive, a referida lei estabeleceu como princípio da Política Nacional do Meio Ambiente "[...] a ação governamental na manutenção do equilíbrio ecológico,

---

[104] Um exemplo deste tipo de Organismo é o Banco Interamericano de Desenvolvimento (BID).

[105] Art. 3º da Lei nº 6.938, de 1981.

[106] MIRRA, Álvaro Luiz Valery. Fundamentos do direito ambiental no Brasil. In: *Revista trimestral de Direito Público*. São Paulo, 1994, vol. 7, p. 179.

[107] MARCHESAN, Ana Maria Moreira et al. *Direito ambiental*. 2. ed. Porto Alegre: Verbo Jurídico, 2005, p. 16.

considerando o meio ambiente como um patrimônio público a ser necessariamente assegurado e protegido, tendo em vista o uso coletivo".[108]

Conforme foi mencionado, as diferentes posições sobre o conceito de meio ambiente não podem ser consideradas neutras; elas demonstram a relação paradigmática estabelecida entre o homem e a natureza e, com as distintas abordagens do meio ambiente, pode-se constatar uma alteração de paradigma que atribui certo valor intrínseco à natureza e, como isso, concebendo o bem ambiental como autônomo. A proteção ambiental foi inicialmente elaborada com a preocupação única voltada para o homem, ou seja, antropocêntrica. Nesta abordagem, a natureza está a serviço do homem e só merece proteção legal quando a sua destruição ameaça interesses humanos. Posteriormente, passou-se para uma abordagem de maior interação entre o homem e a natureza, buscando a manutenção da qualidade ambiental, que é fundamental para a vida humana, mas também de forma independente da sua utilidade para a espécie humana, ou seja, pelo seu valor em si, assim buscando resgatar o "vínculo" do homem com a natureza.

Todavia, esse resgate da relação homem-natureza ocorreu sem perder a noção dos limites que o distinguem dela, sem atribuir direitos à natureza em relação ao homem. Neste sentido, entende-se que o conceito de meio ambiente trazido pela Lei nº 6.938 de 1981, encontra-se inserido no paradigma do antropocentrismo alargado, segundo o qual o homem faz parte da natureza, ainda que o foco central seja o ser humano.[109]

Para Sendim, existe uma tendência no pensamento jurídico no sentido de superação da limitação antropocêntrica, além da admissão da proteção da natureza pelo seu valor intrínseco, independentemente de sua utilidade para o homem, todavia evitando o "confusionismo" da *deep ecology*.[110]

Leite e Ayala consideram que não é possível encontrar um conceito de meio ambiente que não possua um cunho antropocêntrico, já que a proteção deste é dependente da ação humana. Entretanto, essa visão antropocêntrica pode ser unida a outros componentes e, por isso, menos voltada ao homem, apontando-se para uma reflexão acerca de seus valores, almejando-se a proteção ambiental globalizada.[111]

---

[108] Art. 2º, inc. I, da Lei nº 6.938 de 1981.

[109] Existem também outros posicionamentos doutrinários, como aqueles que entendem que o meio ambiente é "teleologicamente biocêntrico (permite, abriga e rege a vida em todas as suas formas) e ontologicamente ecocêntrico (o conjunto de condições, leis, influências e interações de ordem física, química e biológica)". (BENJAMIN, Antonio Herman V., 1998, p. 5-52).

[110] SENDIM, José de Sousa Cunhal, 1998, p. 95-96.

[111] LEITE, José Rubens Morato; AYALA, Patryck de Araújo. *Direito ambiental na sociedade de risco*. 2. ed. Rio de Janeiro: Forense Universitária, 2004, p. 52.

Para finalizar a análise da transformação da proteção legislativa do meio ambiente no Brasil, evidencia-se que, no mesmo ano da publicação da Lei nº 6.938, também foi publicada a Lei nº 6.902, de 1981, que dispõe sobre a criação de Estações Ecológicas e Áreas de Proteção Ambiental. Posteriormente, seguiram-se as publicações de outros diplomas legais federais visando à proteção ambiental de maneira mais unitária, como a Lei nº 7.347, de 1985, que disciplina a ação civil pública; a Constituição Federal de 1988; a Lei nº 7.661, de 1988, que institui o Plano Nacional de Gerenciamento Costeiro; a Lei nº 7.787, de 1989, que criou o Fundo Nacional do Meio Ambiente, e a Lei nº 7.802, de 1989, conhecida como a "Lei de Agrotóxicos". Posteriormente, adveio também a Lei nº 9.605, de 1998, que se dedicou aos crimes e infrações administrativas ambientais, além de cuidar da reparação do dano em vários dispositivos. Além da Lei nº 9.985, de 2000, que dispõe sobre o Sistema Nacional de Unidade de Conservação da Natureza – SNUC.

Sem dúvidas, esses diplomas legais, além de diversos outros, contribuíram para a formação de um corpo legislativo mais consistente e unitário, para que a defesa e a preservação do meio ambiente sejam concretizadas, ainda que não tenham alcançado a efetividade necessária para essa árdua tarefa. Contudo, é de grande valia a observação de que

> [...] a proteção jurídica do ambiente, se se quer efectiva (*sic*), será necessariamente um factor de polémicas (*sic*) e de lutas violentas: um fermento de dissenso, pelo menos tanto como de consenso. A menos que se encontre, de hoje para amanhã, a receita mágica do ecodesenvolvimento, ou seja, de um crescimento económico (*sic*) que seja, ao mesmo tempo, respeitador dos ecossistemas, a protecçao (*sic*) da natureza implicará sérias modificações dos nossos modos de produção e dos nossos hábitos de consumo [...].[112]

Por fim, considera-se como o maior marco normativo ambiental a previsão constitucional de sua proteção, ao qual se passa ao estudo.

1.2.2. Alguns elementos constitucionais sobre a proteção do meio ambiente

O ordenamento jurídico brasileiro, especialmente a partir da década de oitenta, passou a possuir um grupo significativo de instrumentos legais mais aptos a enfrentar os problemas ambientais, principalmente com a promulgação da Constituição Federal de 1988. Embora não se possa olvidar da legislação anterior, esta Constituição apresenta um relevante enfoque nos "direitos de terceira geração". A referida promulgação ocorreu depois de uma longa fase de ditadura militar, na qual vigorava a suspensão das liberdades democráticas, inaugurando um período de tentativa

---

[112] OST, François, 1995, p. 218.

de consolidação da democracia, transformando-se o Estado Brasileiro em Estado Democrático de Direito.[113]

> É por essas, entre outras, razões que se desenvolve um novo conceito, na tentativa de conjugar o ideal democrático ao Estado de Direito, não como uma aposição de conceitos, mas sob um conteúdo próprio onde estão presentes as conquistas democráticas, as garantias jurídico-legais e a preocupação social. Tudo constituindo um novo conjunto onde a preocupação básica é a *transformação* do *status quo* [...]. O Estado Democrático de Direito tem um conteúdo *transformador* da realidade, não se restringindo, como o Estado Social de Direito, a uma adaptação *melhorada* das condições sociais de existência. Assim, o seu conteúdo ultrapassa o aspecto material de concretização de uma vida digna ao homem, e passa a agir simbolicamente como fomentador da participação pública.[114] (grifo do autor)

Ao passo que a antiga ordem constitucional era caracterizada pelo autoritarismo – Constituição Federal de 1967 e Emenda Constitucional nº 1, de 1969 – vinculadas ao garantismo individual clássico e à separação entre o público e o privado, após 1988 há um grande impulso para a redemocratização, abrindo-se espaços para inéditos conteúdos, nos quais o caráter transindividual é evidenciado. Aparecem, então, em um mesmo patamar, os direitos e deveres, tanto individuais, quanto coletivos, colocando em confronto o garantismo individual com o transindividual. Neste sentido, interesses individuais clássicos e interesses transindividuais, que podem ser coletivos ou difusos, convivem dentro dessa nova ordem constitucional.[115]

Quanto à distinção entre os interesses coletivos e os interesses difusos, a doutrina se divide em duas correntes. Uma primeira acepção não distingue os interesses coletivos dos difusos, tratando-os como sinônimos, embora reconheçam que existem notáveis tentativas de distingui-los.[116] A segunda corrente, a qual é adequada à presente abordagem, entende que ambos não se confundem, já que os interesses coletivos são concernentes ao homem enquanto socialmente vinculado, existindo um vínculo jurídico básico, enquanto os interesses difusos são baseados numa identidade de situações de fato, que estão sujeitas a lesões de natureza extensiva, disseminada ou difusa.[117] Tal diferenciação baseia-se num critério quantita-

---

[113] Art. 1º da Constituição Federal de 1988. Sobre o tema, cf. BAGGIO, Roberta Camineiro. *Federalismo no contexto da nova ordem global*. Perspectivas de (re)formulação da Federação Brasileira.Curitiba: Juruá, 2006.

[114] MORAIS, José Luis Bolzan de. *Do direito social aos interesses transindividuais*. O Estado e o Direito na ordem contemporânea. Porto Alegre : Livraria do Advogado, 1996, p. 74-75.

[115] Idem, ibidem, p. 176 ;106-108.

[116] Esses são os casos de MILARÉ, Édis; NERY JUNIOR, Nelson; CAMARGO FERRAZ, Antonio Augusto Mello de. *Ação civil pública e a tutela jurisdicional dos interesses difusos*. São Paulo: Saraiva, 1984, p. 57.

[117] MANCUSO, Rodolfo de Camargo. *Interesses difusos*. Conceito, legitimação para agir. 3. ed. rev. e atual. São Paulo, 1994, p. 67. Os que se posicionam pela diferenciação são, além do referido autor,

tivo e noutro qualitativo. O primeiro determina que os interesses difusos pertencem a um universo maior do que os interesses coletivos, já que os últimos necessitam de um vínculo jurídico. Quanto ao segundo aspecto, o qualitativo, percebe que, enquanto os interesses coletivos são resultantes de uma projeção corporativa do homem, os interesses difusos consideram o homem enquanto ser humano.[118]

1.2.2.1. Dos interesses difusos

Conforme mencionado, dentro do gênero dos interesses transindividuais, existem os interesses coletivos e os interesses difusos. Os primeiros são interesses comuns a somente uma coletividade de pessoas, por isso necessitam estar delimitados a um número de indivíduos mediante um vínculo jurídico que vai unir os membros dessa coletividade, para que a titularidade seja definida, assim seus titulares serão delimitáveis e perceptíveis. Como exemplo de grupos de interesse coletivos, pode-se mencionar um sindicato, um órgão profissional, um condomínio etc. Já os interesses difusos diferenciam-se destes últimos por não estarem baseados em nenhum tipo de vínculo jurídico. Segundo Cappelletti, a reunião de indivíduos formando um interesse difuso baseia-se em fatos genéricos, acidentais e mutáveis, como viver numa mesma região, consumir os mesmos tipos de produtos, viver nas mesmas condições socioeconômicas etc.[119]

Nos interesses difusos há uma indeterminação dos sujeitos de sua titularidade, ainda que exijam, assim como os interesses coletivos, uma organização dentro da sociedade civil, para servir como instrumento, por meio do qual serão colocados em prática. No caso dos interesses difusos,

> [...] os agrupamentos organizados têm um papel fundante, pois é a partir de sua identidade interna que se estabelecerá o liame jurídico oportunizador da concretização dessa síntese própria ao interesse de grupo. [...]. A síntese ordenadora do próprio interesse se fará não no interior de um grupo determinado, mas como fruto do debate democrático no interior diluído da sociedade civil como um todo. Dessa forma, é o indivíduo, enquanto cidadão, que atuará para dar conteúdo a esta forma fluída.[120]

PRADE, Péricles; BARBOSA MOREIRA, José Carlos. *A proteção jurisdicional dos interesses coletivos e difusos*. São Paulo: Max Limonad, 1984; GRINOVER, Ada Pelegrine. Interesses difusos, verb. *Enciclopédia Saraiva do Direito*, v. 45, p. 411 e 414. Mancuso também ressalta que o direito positivo consagrou esta distinção com o art. 129, inciso III, da Constituição Federal de 1988, com o art. 1º, inciso IV, da Lei nº 7.347 de 1985 e com o art. 110, da Lei nº 8.078 de 1990.

[118] MANCUSO, Rodolfo Camargo, 1994, p. 68.

[119] CAPPELLETTI, Mauro. *Formações sociais e interesses coletivos diante da justiça civil*. In: *Revista de processo*, São Paulo, nº 5. p. 128-159, 1977.

[120] MORAIS, José Luis Bolzan de, 1996, p. 138-139.

Na Constituição Federal de 1988, primeira constituição brasileira em que a expressão "meio ambiente" é empregada, vários dispositivos constitucionais sobre a temática ambiental foram inseridos, em diferentes títulos e capítulos. Mas o Capítulo VI do Título VIII, intitulado "Da Ordem Social", dedica-se exclusivamente ao meio ambiente, por meio de seu art. 225, com seus parágrafos e incisos, embora esta questão permeie boa parte do texto constitucional, ora mostrando-se de maneira explícita, ora implícita, quando os valores ambientais se encontram infiltrados em dispositivos relativos a outras temáticas. Desta forma, o referido art. 225, em seu *caput*, estabelece que "Todos têm direito ao meio ambiente ecologicamente equilibrado, bem de uso comum do povo e essencial à sadia qualidade de vida, impondo-se ao poder público e à coletividade o dever de defendê-lo e preservá-lo para as presentes e futuras gerações".

Quando o legislador utilizou o termo "todos", para estabelecer o direito a um meio ambiente ecologicamente equilibrado, estendeu-o a "[...] cada um, como pessoa humana, independentemente de sua nacionalidade, raça, sexo, idade, estado de saúde, profissão, renda ou residência".[121] A incidência da norma jurídica foi ampliada, pois ao deixar de particularizá-la, ninguém ficou excluído deste direito. O direito ao meio ambiente passa a ser, ao mesmo tempo, de cada ser humano e de todos os outros seres humanos, por isso, pode ser entendido como "transindividual". Trata-se de um patrimônio de titularidade difusa, que não se detém somente no presente, mas preocupa-se com a qualidade de vida das gerações vindouras, com isso demarcando a presença do antropocentrismo alargado.[122]

Segundo Benjamin, uma primeira interpretação apontaria que "todos" seriam apenas os brasileiros e estrangeiros residentes no país, mas que o melhor entendimento é o que garante a qualquer pessoa, sendo residente ou não no Brasil, o benefício deste direito, não existindo qualquer ofensa à soberania nacional, pois se trata de uma visão holística e universalista do meio ambiente, tendo como base diversos Tratados Internacionais celebrados e ratificados pelo país.[123]

---

[121] MACHADO, Paulo Affonso Leme. *Direito ambiental brasileiro*. 14. ed. São Paulo: Malheiros, 2006, p. 116. Sobre o tema, cf. BENJAMIN, Antônio Herman V. A insurreição da aldeia global contra o processo civil clássico apontamentos sobre a opressão e a libertação judiciais do meio ambiente e do consumidor. In: MILARÉ, Édis (Coord.). *Ação civil pública*. Lei 7.347/85 – reminiscências e reflexões após dez anos de aplicação. São Paulo: Revista dos Tribunais, 1995, p. 70-152.

[122] BENJAMIN, Antônio Herman V. Constitucionalização do ambiente e ecologização da Constituição Brasileira. In: CANOTILHO, José Joaquim Gomes; LEITE, José Rubens Morato (Org.). *Direito constitucional ambiental brasileiro*. São Paulo: Saraiva, 2007, p. 105-106.

[123] *Idem, ibidem*.

Todavia, impõe-se mais uma questão: a pretensão do legislador foi incluir como sujeitos de direito também os demais seres vivos? De acordo com o referido autor, uma abordagem literal suscita uma resposta negativa, pois o vocábulo "todos" é também empregado em outros tópicos da Constituição Federal que não se relacionam a outros seres viventes distintos dos humanos, como o direito à educação. Entretanto, a interpretação da norma demonstra muitos dos valores éticos da realidade cultural, por isso, talvez um dia, o termo "todos" do *caput* do art. 225 possa designar uma categoria que englobe outros seres vivos, além dos humanos.[124]

Para Leme Machado, o direito ao meio ambiente ecologicamente equilibrado faz parte da categoria de interesse difuso, não se encerrando em uma pessoa, mas englobando uma coletividade indeterminada.[125] Já para Bolzan de Morais, ele é um direito educativo, pois busca criar uma consciência de compromisso com o futuro.[126] Com o *caput* do art. 225, o legislador constitucional complementou o caminho de valorização ambiental iniciada pela mencionada Lei nº 6.938, de 1981, reconhecendo o direito a um meio ambiente ecologicamente equilibrado como direito fundamental da pessoa humana.[127] Considera-se um grande avanço em relação à proteção ambiental constitucional estabelecida em outros países, os quais necessitam da interpretação de outros princípios constitucionais ou de extrair de direitos distintos à obtenção da proteção do meio ambiente, por não disporem de normas constitucionais que consolidem a preocupação ambiental.[128]

1.2.2.2. Do meio ambiente ecologicamente equilibrado como direito fundamental

Pode-se considerar que a previsão constitucional do direito ao meio ambiente ecologicamente equilibrado como um direito fundamental tenha sido inspirado no Princípio nº 1 da Declaração de Estocolmo[129], segundo o qual o homem possui o direito fundamental à liberdade, à igualdade, e também, "[...] ao desfrute de condições de vida adequadas em um meio cuja qualidade lhe permita levar uma vida digna e gozar de bem-estar e tem a solene obrigação de proteger e melhorar esse meio para as gerações

---

[124] BENJAMIN, Antônio Herman V., 2007, p. 105-106.

[125] MACHADO, Paulo Affonso Leme, 2006, p. 116.

[126] MORAIS, José Luis Bolzan de, 1996, p. 125.

[127] Sobre o tema, cf. o tópico 1.2.2.2.

[128] BENJAMIN, Antônio Herman V. Meio ambiente e constituição: uma primeira abordagem. In: *Congresso Internacional de Direito Ambiental*, 6., 2002, São Paulo. Anais... São Paulo: Imesp, 2002, p. 93.

[129] Adotada pela Conferência das Nações Unidas, realizada em Estocolmo, em junho de 1972.

presentes e futuras". Este foi um marco de Direito Internacional que estendeu o conceito de Direitos Humanos para incorporar o direito a um meio com qualidade, possibilitando ao homem viver uma vida digna e com bem-estar e, ainda, protegendo não só a vida na sua dimensão presente como na sua concepção futura. Esse direito foi também reafirmado pelo Princípio n° 1 da Declaração do Rio sobre Meio Ambiente e Desenvolvimento,[130] o qual entendeu que os seres humanos "[...] estão no centro das preocupações com o desenvolvimento sustentável. Têm direito a uma vida saudável e produtiva, em harmonia com a natureza".

E, por fim, sofreu influências do Princípio n° 4 da Carta da Terra, cujo conteúdo garante as "dádivas" e a "beleza da Terra" não só para as presentes, mas para as futuras gerações. Reconhece ainda que a liberdade de agir que cada geração possui deve ser limitada pelas necessidades das futuras gerações. E estabelece a obrigação de se transmitir às futuras gerações os valores, as tradições e as instituições que auxiliem na perpetuação da prosperidade das comunidades humanas e ecológicas do Planeta.

No Brasil, o direito fundamental ao meio ambiente diz respeito a um direito formal e materialmente fundamental. A abertura material foi consagrada pelo art. 5°, § 2°, da Constituição Federal de 1988, que, por ser cláusula pétrea, possui aplicabilidade direta. Assim, ainda que o direito ao meio ambiente ecologicamente equilibrado não pertença ao catálogo do art. 5°, pois se optou por relacioná-lo dentro da "ordem social", ele pode ser entendido como direito fundamental.[131] Para Sarlet, trata-se de direito fundamental formal, por que faz parte da Constituição escrita, encontrando-se no ápice do ordenamento jurídico e por isso "[...] submetido aos limites formais (procedimento agravado) e materiais (cláusulas pétreas) de reforma constitucional (art. 60 CF)".[132] É material, por ser um direito fundamental que constitui a Constituição material, a qual contém decisões fundamentais da estrutura básica do estado e da sociedade.[133]

Segundo o autor, essa abertura faz com que não sejam restringidos os direitos fundamentais não inseridos no catálogo a direitos expressamente positivados nas demais partes da Carta Magna, por isso todos os direitos fundamentais estariam subordinados ao regime estabelecido pelo art. 5°, § 1°. Ademais, a abertura permite que os Tratados Internacionais sobre a proteção ambiental, principalmente no que concerne ao direito funda-

---

[130] Texto assinado durante a Conferência das Nações Unidas sobre Meio Ambiente e Desenvolvimento – CNUMAD, realizada na cidade do Rio de Janeiro, no período de 05 a 14 de junho de 1992.

[131] Sobre o tema, cf. CANOTILHO, José Joaquim Gomes. *Estudos sobre direitos fundamentais*. Coimbra: Coimbra Editora, 2004, p. 177-215; GAVIÃO FILHO, Anizio Pires. *Direito fundamental ao ambiente*. Porto Alegre: Livraria do Advogado, 2005, p. 25- 52.

[132] SARLET, Ingo. *A eficácia dos direitos fundamentais*. Porto Alegre: Livraria do Advogado, 1998, p. 78.

[133] *Idem, ibidem*, p. 79.

mental ao meio ambiente, integrem a Constituição.[134] De acordo com posicionamento do Supremo Tribunal Federal, o direito ao meio ambiente ecologicamente equilibrado integra a terceira geração de direitos fundamentais, juntamente com o direito à paz, à autodeterminação dos povos, ao desenvolvimento, à conservação e utilização do patrimônio histórico e cultural e do direito de comunicação.[135]

A respeito do percurso das gerações de direito, ressalta-se que os chamados direitos de primeira geração seriam os direitos de liberdade, por estarem relacionados às liberdades negativas opostas à prestação estatal. Posteriormente, os direitos de segunda geração, direitos sociais, culturais e econômicos, estes relacionados justamente com a prestação estatal e ainda enfocando a questão da igualdade, almejando uma atuação estatal positiva. Ainda, os de terceira geração que estariam muito afastados dos primeiros, por agregarem um conteúdo universal, como são os direitos de solidariedade, relacionados ao desenvolvimento, à paz mundial, ao meio ambiente ecologicamente equilibrado e à informação.[136] Também já são mencionados os direitos de quarta geração, que agregariam uma realidade inédita, como a relacionada à pesquisa genética.[137] Para Canotilho, o direito ao meio ambiente ecologicamente equilibrado estaria inserido na quarta geração de direitos fundamentais.[138] Todavia, para ele não seriam gerações de direito, mas "dimensões", por não haver a substituição de uma geração pela outra, os direitos pertenceriam a todas as gerações.

A reflexão acerca das "gerações" ou "dimensões" de direito traz consigo um caráter histórico das transformações ocorridas com os direitos humanos ao longo dos tempos. De acordo com Bobbio, os direitos não nascem todos de uma vez. "Nascem quando devem ou podem nascer. Nascem quando se dá o aumento do poder do homem sobre o homem – [...] – ou cria novas ameaças à liberdade do indivíduo, ou permite novos

---

[134] SARLET, Ingo, 1998, p. 79. Quanto à dimensão ecológica dos direitos fundamentais, cf. FENSTERSEIFER, Tiago. *Direitos fundamentais e proteção do ambiente*: a dimensão ecológica da dignidade humana no marco jurídico-constitucional do Estado Socioambiental de Direito. Porto Alegre: Livraria do Advogado, 2008.

[135] Cf. MS 22164/SP, julgado em 30 de outubro de 1995, Tribunal Pleno, publicado no DJ em 17 de novembro de 1995, p. 39206, vol. 1809, Rel. Min. Celso de Mello e o Recurso Extraordinário 134.297-SP, Rel. Min. Celso de Mello, 1ª Turma, julgado em 13 de junho de 1996, publicado no DJ em 22 de setembro de 1996, ementário nº 1801-04.

[136] MORAIS, José Luis Bolzan de, 1996, p 162.

[137] Sobre o tema, cf. NODARI, Rubens Onofre. Biossegurança, transgênicos e risco ambiental: os desafios da nova lei de biossegurança. In: LEITE, José Rubens Morato; FAGÚNDEZ, Paulo Roney Ávila. *Biossegurança e novas tecnologias na sociedade de risco*: aspectos jurídicos, técnicos e sociais. Florianópolis: Conceito Editorial, 2007, p. 17-44.

[138] CANOTILHO, J. J. Gomes. *Direito constitucional e teoria da constituição*. 3. ed. Coimbra: Almedina, 1999, p. 362.

remédios para as suas indigências [...]".[139] Ao analisar os direitos humanos de terceira geração, fica presente a ideia de que se está vivenciando uma realidade inovadora para os direitos fundamentais, já que agora objetiva-se atingir toda a humanidade.

Entende-se que o direito ao meio ambiente ecologicamente equilibrado diz respeito a um direito-dever, cuja dimensão é *erga omnes*, pois há uma relação de solidariedade jurídica e solidariedade ética, na qual os sujeitos se encontram em polos difusos.[140] Como o art. 225 da Carta de 1988, constitui-se em norma de caráter teleológico, que exige a mesma orientação para o ordenamento infraconstitucional como um todo, restando consolidada a determinação do direito-dever ao meio ambiente, obrigando tanto os poderes públicos quanto a coletividade a defendê-lo e preservá-lo, sob pena de sofrer sanções, quando da conduta lesiva.[141]

De acordo com Benjamin, esse é um dever constitucional "autossuficiente" e com "força vinculante plena", tanto que não necessita da atuação do legislador ordinário para a sua aplicação genérica. Também é um dever inafastável, no que diz respeito à vontade dos sujeitos privados abrangidos, e, por outro, no exercício de discricionariedade da administração pública. Portanto, está excluído da esfera de livre opção dos indivíduos. Além disso, trata-se de dever de caráter atemporal, transindividual e intrínseco ao direito de propriedade, o que obriga o exercício do domínio ou da posse em conformidade com a manutenção das qualidades ambientais essenciais.[142]

Por fim, o referido autor menciona que tais deveres têm um cunho "welfarista", já que tomam como base um Estado intervencionista, ao qual são incumbidas novas e específicas responsabilidades para o enfrentamento de um antigo inimigo: a degradação ambiental. Mas a tarefa de construir um mundo mais sustentável é árdua e não pode ser exigida somente do Estado, mas de qualquer pessoa, em especial dos agentes econômicos. Neste sentido, é essencial que a defesa do meio ambiente seja dever de todos, o que restou evidenciado no art. 225 da Constituição Federal de 1988, que, aliás, reconheceu o caráter inseparável entre Estado e Sociedade civil. Assim, além de estabelecer o que o Estado não deve fazer (dever negativo) e o que deve fazer (dever positivo), este dispositi-

---

[139] BOBBIO, Norberto. *A era dos direitos*. Rio de Janeiro: Campus, 1992, p. 6.

[140] BORGES, Roxana Cardoso. Direito ambiental e teoria jurídica no final do século XX. In: VARELLA, Marcelo Dias; BORGES, Roxana (org.). *O novo em direito ambiental*. Belo Horizonte: Del Rey, 1998, p. 21.

[141] MARCHESAN, Ana Maria Moreira *et al.*, 2005, p. 23.

[142] BENJAMIN, Antônio Herman V., 2007, p. 70.

vo constitucional estendeu seu âmbito de incidência a todos os cidadãos, cúmplices na tarefa de preservar o meio ambiente.[143]

1.2.2.3. Do meio ambiente como bem de uso comum do povo

No que concerne ao meio ambiente como "bem de uso comum do povo", já o Código Civil de 1916, em seu art. 66, inciso I, havia incluído os mares, os rios, as estradas, as ruas e praças como bens desta categoria. Posteriormente, o atual Código Civil manteve este mesmo conceito em seu art. 99, inciso I. Com o advento da Lei da Política Nacional de Gerenciamento Costeiro, as praias também passaram a compor esta categoria. Todavia, considera-se que foi com a Carta de 1988 que o conceito de meio ambiente recebeu uma nova dimensão, ampliando o conceito anterior, consolidando a sua autonomia jurídica e demonstrando o interesse público primário em que a qualidade ambiental seja conservada. Para Silva, tanto a qualidade ambiental quanto o equilíbrio ecológico foram classificados como bens de uso comum do povo.[144] Conforme o autor, de maneira geral, pode-se entender que

> [...] esses atributos do meio ambiente não podem ser de apropriação privada, mesmo quando seus elementos constitutivos pertençam a particulares. Significa que o proprietário, seja pessoa pública ou particular, não pode dispor da qualidade do meio ambiente a seu bel-prazer, porque ela não integra a sua disponibilidade.[145]

Existem também elementos físicos do meio ambiente que não podem ser privadamente apropriados, como o ar que, em si, já é "bem de uso comum do povo". Da mesma forma, a qualidade ambiental, que não é nem bem público nem privado, é "bem de interesse público", dotada de regime jurídico especial, pois essencial à qualidade de vida. Desta qualificação como "bem de uso comum do povo" origina-se uma duplicidade de regimes jurídicos sobre determinados bens corpóreos, por exemplo, uma mata nativa poderá estar localizada dentro de uma propriedade privada e, ainda assim, será considerada como de "uso comum do povo" e, portanto, deverá ser preservada, já que indisponível ao proprietário do bem imóvel onde ela está localizada.

Com a finalidade de servir de base na gestão do meio ambiente em casos como o exemplo mencionado, pode-se extrair o "princípio da função social da propriedade", em conformidade com o art. 1.228, § 1º, do

---

[143] BENJAMIN, Antônio Herman V., 2007, p.112-113.
[144] SILVA, José Afonso da, 1997.
[145] *Idem, ibidem*, p. 84.

Código Civil.[146] Segundo Ayala, o direito de propriedade, o qual pressupõe a propriedade, diz respeito a uma das formas em que a apropriação sobre os bens é exercida, num modelo de economia de mercado. É nesta modalidade que a proteção ao direito individual de apropriação e exploração do valor econômico referente ao bem é priorizada. Ademais, esta forma de apropriação se relaciona com a obrigação do exercício da função social da propriedade, cuja apropriação do bem não pode ser limitada a atender exclusivamente ao interesse do proprietário. Portanto, os usos do bem admitidos pela Constituição não podem ser desviados, já que são o principal objeto da função social da propriedade.[147]

Nesse sentido, é como se esse direito do proprietário estivesse disposto em dois níveis, o primeiro dizendo respeito a um direito de propriedade, ao mesmo tempo público e privado, já o segundo nível, a um direito coletivo de sua preservação como garantia socioambiental. Esses dois níveis de direito não são excludentes e, sim, complementares. Quanto ao proprietário desse bem ambiental, não poderá dispor do segundo nível do direito; deverá, de outro turno, preservá-lo, uma vez que suas características são de titularidade difusa, como prevê a Carta Magna. Entretanto, ainda pode ser evidenciada a lógica de prevalência do direito patrimonial. Para Steigleder, "[...] no art. 1.228 do Código Civil Brasileiro de 2002: o direito civil é – excluído o direito das pessoas – um direito dos bens, um direito do patrimônio, que propicia e regula o acesso às coisas (direito das obrigações) e que regula diretamente esta utilização das coisas (direitos reais)".[148]

Ainda assim, a função social da propriedade aparece superposta à autonomia privada regulamentadora das relações econômicas, desta forma protegendo os direitos da coletividade a um meio ambiente ecologicamente equilibrado. Ou seja, é privilegiada a atribuição de "obrigações constitucionais, solidárias e comunitárias", com relação à proteção do meio ambiente como um todo e, por outro lado, algumas espécies que compõem a biodiversidade e até algumas áreas da natureza que não podem ser privadamente apropriados.[149]

---

[146] Este artigo deve ser interpretado em consonância com os arts. 5º, inc. XXIII, 170, incisos II, III e VI, 182, 186, inc. II e 225, caput, todos da Constituição Federal de 1888.

[147] AYALA, Patryck de Araújo. Deveres ecológicos e regulamentação da atividade econômica na Constituição Federal. In: CANOTILHO, José Joaquim Gomes; LEITE, José Rubens Morato. *Direito constitucional ambiental brasileiro*. São Paulo: Saraiva, 2007, p. 269.

[148] STEIGLEDER. Annelise, Monteiro. *Responsabilidade civil ambiental*: As dimensões do dano ambiental no direito brasileiro. Porto Alegre: Livraria do Advogado, 2004. p. 39. Apesar do movimento de "despatrimonialização" do Direito Civil. Sobre o tema, cf. SILVA, José Robson da. *Paradigma biocêntrico*: do patrimônio privado ao patrimônio ambiental. 2. ed. Rio de Janeiro: Renovar, 2002.

[149] AYALA, Patryck de Araújo, 2007, p. 269-271.

Quanto à expressão "meio ambiente ecologicamente equilibrado", não significa que se deva buscar uma situação sem qualquer mutação das condições ambientais, mas um estado de equilíbrio entre os mais diversos elementos que compõem um ecossistema, suas cadeias de alimentação, sua vegetação, seu clima, seus microorganismos, seu solo, o ar e a água,[150] condições que podem ser alteradas pela ação antrópica, seja pela poluição, por introdução de espécies ao meio ambiente, ou qualquer tipo de atividade que possa modificar este estado de equilíbrio dinâmico. De acordo com Silva, o uso da expressão "[...] ecologicamente apresenta valor teológico mais aberto e mais amplo do que o sentido finalístico concreto [...]. O termo empresta sentido especial ao equilíbrio ambiental, que não há de ser estático, mas também não puramente natural".[151]

Em verdade, a própria ideia de equilíbrio deve ser encarada com olhar mais complexo. Os processos naturais não devem mais ser vistos de acordo com o modelo de equilíbrio linear, conforme a perspectiva que vigorou durante muito tempo, quando se considerava que os diversos elementos dos ecossistemas[152] se ajustavam reciprocamente para atingir um ideal de estabilização,[153] de acordo com a ideia de "autorregulação homeostática". Conforme Ost, esse ideal de clímax com vistas à estabilização, no sentido de que uma população animal ou vegetal tiraria o máximo proveito dos recursos do seu ambiente, deve ser posta em causa, ou, no mínimo, concebida como relativa, local e temporária, pois a ideia de estabilidade da natureza deve levar em conta que seus equilíbrios são frágeis e plurais.[154]

E, para frustração dos juristas que frequentemente buscam certezas absolutas, ou que acreditam que a ciência produz certezas, ao contrário, a ecologia científica atual cria mais questionamentos do que propriamente respostas infalíveis. Para Morin, a busca da totalidade é a busca da verdade, e o reconhecimento da inexistência da totalidade é uma importante verdade. Segundo ele, toda e qualquer organização, assim como todos os fenômenos físicos, organizacionais vivos, sofrem uma tendência à degradação e à degeneração. Assim, o normal é que as coisas nunca permaneçam como são ou estão, não existindo nenhuma receita de equilíbrio, e a

---

[150] GIOVANETTI, Gilberto; LACERDA, Madalena. *Melhoramentos – Dicionário de Geografia*. São Paulo: Melhoramentos, 1996, p. 70.

[151] SILVA, José Afonso da, 2002, p. 88.

[152] Cf. Glossário.

[153] OST, François, 1995, p. 110.

[154] *Idem, ibidem*.

melhor maneira de se valer contra a degenerescência é a regeneração permanente, é a atitude do conjunto da organização em regenerar-se.[155]

Quanto ao termo "ecologicamente", também empregado pelo legislador constitucional, diz respeito à harmonia das relações e interações estabelecidas entre componentes do ecossistema, mas com intuito específico de destacar as qualidades do meio ambiente mais adequado à qualidade da vida.[156] E, para a manutenção desta qualidade, o texto constitucional determinou que tanto o poder público quanto a coletividade devem buscar este estado de harmonia e de sanidade entre os diversos elementos integrantes da ecologia – populações, comunidades, ecossistemas e biosfera.[157]

Assim, a Constituição de 1988 apresenta uma conexão entre o meio ambiente ecologicamente equilibrado e a saúde da população. Ou seja, para que o homem viva com qualidade, é essencial que o meio ambiente se encontre em equilíbrio ecológico. Para Leme Machado, ter sadia qualidade de vida é viver em um meio ambiente não poluído. Esta Constituição introduziu o "direito à sadia qualidade de vida", trouxe a base constitucional para este direito que, a partir de então, precisa ser regulamentado por normas infraconstitucionais e assumido como meta de políticas públicas condizentes com as necessidades da população. A qualidade do meio ambiente e de seus elementos, como a água, o ar e o solo, são fundamentais para proporcionar à comunidade uma vida digna.[158]

A opção constitucional pela "qualidade de vida" e a magnitude que sua noção alcança se justapõem às inúmeras situações jurídicas que *a priori* eram consideradas desligadas deste pressuposto. Este privilégio é consequência de uma "[...] percepção de que são interesses difusos aqueles que assumem tal transcendência em razão de refletirem o conteúdo dos problemas fundamentais dos dias atuais, particularmente todos aqueles que se refletem sobre a qualidade de vida das pessoas".[159]

A proteção trazida pela Constituição Federal de 1988 à qualidade de vida pode ser entendia como um "corolário da dignidade da pessoa humana", a qual pressupõe um meio ambiente em equilíbrio. Nesta lógica, entretanto, mais uma vez fica evidente a subsistência do paradigma antropocêntrico, ou seja, o fim último da norma continua sendo o bem-estar humano. Trata-se da tutela de um direito de personalidade, mesmo que de titularidade difusa, uma vez que a qualidade ambiental é um bem ju-

---

[155] MORIN, Edgar, 2007, p. 97; 89.

[156] OST, François, 1995, p. 110.

[157] MACHADO, Paulo Affonso Leme, 2006, p. 119.

[158] *Idem, ibidem.*

[159] MORAIS, José Luis Bolzan de, 1996, p. 154.

rídico indisponível e que não pode ser apropriado.[160] Sendo assim, denota-se uma transformação do conceito de "direito de personalidade", pois a proteção da vida humana é evidenciada juntamente com a proteção do meio ambiente, cuja manutenção é essencial para a qualidade de vida do homem. Portanto, este "novo direito da personalidade" abriu caminho para a concepção do paradigma antropocêntrico alargado, que convive com valores ecológicos.

1.2.2.4. Do dever do poder público e da coletividade

A previsão constitucional ambiental vai ainda além. Com o *caput* do art. 225, criou-se, ao mesmo tempo, um direito ao meio ambiente ecologicamente equilibrado e um dever não só do Estado em defendê-lo e preservá-lo neste *status,* como de toda a coletividade. Por sua vez, o poder público engloba três esferas: legislativa, judiciária e executiva, todas incumbidas da tarefa de preservar e defender o meio ambiente, as quais, para tanto, são dotados de independência e harmonia.

Mas o papel do poder público não é somente de um simples proprietário dos bens ambientais; passa a ser o de um "gestor ou gerente",[161] somente administrando bens que pertencem a outrem e, por isso, devendo conduzir sua gestão de maneira aberta à participação da comunidade, prestando contas sobre a utilização dos "bens de uso comum do povo", concretizando um "Estado Democrático e Ecológico de Direito"[162] (arts. 1°, 170 e 225 da Constituição Federal de 1988).

Com a delegação da tarefa de preservar e defender o meio ambiente também à "coletividade", a sociedade civil como um todo foi convocada para a concretização desta missão. Pode-se considerar ter havido alguma evolução ao dividir-se a responsabilidade ambiental do Estado com toda a comunidade, possibilitando a esta última trazer à tona questões ambientais pontuais de cada localidade pela proximidade que se encontram das áreas onde os problemas realmente surgem e, assim, ao mesmo tempo, cooperando com o Estado e exercendo a sua cidadania. "O triunfo do particular foi trazer a si parcela do exercício da função ambiental".[163]

Entretanto, a previsão desse dever da coletividade em participar da proteção ambiental suscita uma reflexão mais profunda: o Estado não

---

[160] STEIGLEDER. Annelise, Monteiro, 2004, p. 111.

[161] MACHADO, Paulo Affonso Leme, 2006. p. 122.

[162] Sobre o tema, cf. LEITE, José Rubens Morato; AYALA, Patryck de Araújo. *Direito ambiental na sociedade de risco.* 2. ed. Rio de Janeiro: Forense Universitária, 2004.

[163] BENJAMIN, Antonio Herman V. Função Ambiental. In: BENJAMIN, Antonio Herman V. (Coord.). *Dano ambiental: prevenção, reparação e repressão.* São Paulo: Ed. RT, 1993. p. 51.

pode mais decidir sobre a resolução dos problemas ambientais sem proporcionar a participação dos cidadãos que irão sofrer suas consequências. Considerando as transformações do Estado Moderno e a perspectiva de consolidação do Estado Democrático de Direito, que tem como característica de democratização a aproximação entre Estado e sociedade, acredita-se que os espaços decisórios devem avançar para além dos limites estatais, incluindo a sociedade civil. Esta

> [...] tem um conteúdo transformador da realidade, não se restringindo, como o Estado Social de Direito, a uma adaptação melhorada das condições sociais de existência. Assim, o seu conteúdo ultrapassa o aspecto material de concretização de uma vida digna ao homem e passa a agir simbolicamente como fomentador da participação pública. [...] E mais, a idéia de democracia contém e implica, necessariamente, a questão da solução do problema das condições materiais de existência.[164]

Pode-se vislumbrar, como tentativa de concretização do disposto no *caput* do art. 225 da Constituição Federal de 1988, a tendência institucional de inclusão da participação da sociedade nos processos de decisão do Estado, a partir, principalmente, das reformas do Estado brasileiro na década de noventa. Entretanto, na maior parte das vezes, esses espaços têm sido meramente formais e não representam uma efetiva participação política da sociedade no âmbito institucional, servindo, não raras vezes, apenas como uma forma de legitimação do *status quo*, sem uma intervenção social capaz de transformar a realidade, tal qual prevê o Estado Democrático de Direito. Neste sentido, Caubet fornece uma importante análise teórica ao desenvolver a noção de "confisco da cidadania" utilizado a partir de um discurso aparentemente democrático,

> [...] sendo uma modalidade bastante simples e eficaz de exclusão político-social. As autoridades públicas acenam com objetivos relevantes, para os quais parece indicado obter um consenso social. São promovidos debates, encontros e reuniões em que os objetivos são explicados ou, antes: comunicados; pois não há discussão, não há informação verdadeira. Pretende-se tão somente, provocar um movimento de adesão e evitar contestação ou crítica futura. A população acaba sabendo do fato que decisões importantes serão tomadas em relação a tal assunto, porém fica aleijada do processo de decisão.[165]

Em contraposição a essa tendência, para a construção de uma verdadeira esfera social-pública, Vieira e Bredariol apontam para a

> [...] existência de entidades e movimentos não-governamentais, não-mercantis, não-corporativos e não partidários. Tais entidades e movimentos são privados por sua origem, mas públicos por sua finalidade. Eles promovem a articulação entre esfera pública e âmbito privado como nova forma de representação, buscando alternativas de desenvolvimento democrático para a sociedade. [...] Essas entidades e movimentos da sociedade civil po-

---

[164] MORAIS, José Luis Bolzan de, 1996, p. 74-75.
[165] CAUBET, Christian Guy. *A água, a lei, a política ... e o meio ambiente?* Curitiba: Editora Juruá, 2004, p. 114.

deriam responsabilizar-se no papel estratégico, ao se transformarem em sujeitos políticos, lutando pela ética, pela cidadania e pela democracia, desenvolvendo um novo padrão de modernidade, sem exclusão social e degradação ambiental.[166]

Na perspectiva dessa análise, contudo, não mais no âmbito constitucional brasileiro, Giddens menciona a possibilidade de uma parceria entre o Estado e a sociedade civil, a qual dá o nome de "nova economia mista". Para ele, o governo poderia agir conjuntamente com a comunidade, fomentando a renovação e o desenvolvimento da mesma, cada um facilitando a ação do outro. Neste sentido,

> [...] o tema da comunidade é fundamental para a nova política, mas não só como um "slogan" abstrato. O avanço da globalização torna um foco comunitário tanto necessário quanto possível, por causa da pressão para baixo que exerce. "Comunidade" não implica a tentativa de recapturar formas perdidas de solidariedade local; diz respeito a meios práticos de fomentar a renovação social e material de bairros, pequenas cidades e áreas locais mais amplas. Não há fronteiras permanentes entre governo e sociedade civil. Dependendo do contexto, o governo precisa por vezes ser empurrado mais profundamente para a arena civil, por vezes recuar. Onde o governo se abstém de envolvimento direto, seus recursos podem continuar sendo necessários para apoiar atividades que grupos locais desenvolvem ou introduzem – sobretudo em áreas mais pobres.[167]

Evidencia-se, assim, que, com a previsão do *caput* do art. 225, abriu-se o caminho para que haja maior inclusão da sociedade civil nos processos decisórios relativos aos problemas ambientais, ainda que, muitas vezes, não se vislumbre uma real efetividade desta previsão legal. Considera-se que a redemocratização das instituições brasileiras esteja ainda na fase inicial de um longo processo que exige não só a abertura para a inclusão social, por parte do poder público, como o desenvolvimento de uma consciência pública a respeito da importância desta participação tanto para a realização da cidadania quanto para a preservação ambiental.

Somados à necessidade de participação da coletividade na defesa e preservação do meio ambiente, são definidos como destinatários desta "as presentes e futuras gerações", ou seja, esta postura está ligada a um interesse intergeracional. Assim, entram em cena não só os interesses daqueles que podem fazer valer os seus direitos, mas também das gerações vindouras, estabelecendo-se uma solidariedade entre as gerações. Neste sentido, a geração presente incumbiu-se do dever de "resguardar" o meio ambiente e para isso deve participar ativamente, pois a sua atitude inclui o interesse das gerações futuras. Portanto, uma posição completamente antropocêntrica com relação à natureza perde o sentido, passa-se a ter

---

[166] VIEIRA, Liszt; BREDARIOL, Celso. *Cidadania e política ambiental*. Rio de Janeiro: Record, 1998, p. 103-105.

[167] GIDDENS, Anthony. Tradução Maria Luiza X. de A. Borges. *A terceira via*: reflexões sobre o impasse político atual e o futuro da socialdemocracia. Rio de Janeiro: Record, 2000, p. 89.

que restringir ao máximo a degradação da mesma, pois desta atitude vão depender as condições de existência do homem que ainda está por vir. Embora não possa ser considerada uma postura biocêntrica, já pode ser vislumbrado um alargamento da postura antropocêntrica em relação à natureza ao determinar-se a responsabilidade do homem em resguardá--la, afinal, está "em jogo" a sobrevivência de seus descendentes. Então, a solidariedade que se estabelece é entre as gerações humanas, mas também com a comunidade biótica da qual ele faz parte.[168]

Trata-se de um princípio constitucional, o "Princípio da Equidade Intergeracional".[169] Para Leme Machado, cria-se uma nova responsabilidade jurídica: a "responsabilidade ambiental entre gerações".[170] Como foi mencionado, a "responsabilidade ambiental entre gerações" refere-se à obrigação de restringir-se o uso dos recursos naturais pela geração presente para que as gerações futuras recebam as mesmas oportunidades de viver com o mínimo de qualidade que se recebeu das gerações passadas, ou seja, tem o intuito de impelir o homem a frear o processo de destruição do meio ambiente, baseando-se na responsabilidade com as gerações vindouras. Este princípio possui a tarefa de impor uma nova postura para a sociedade contemporânea em relação à natureza. Assim, Bona Sartor e Santos lecionam que, para conter a apropriação indevida e egoísta de uma geração em relação a outra, devem ser impostas restrições na maneira como a sociedade é estruturada atualmente, por meio do estabelecimento de alguns princípios, no intuito de melhor dividir encargos e vantagens.[171]

É possível estabelecer uma relação entre esta noção de restrição e o princípio das "poupanças justas" desenvolvido por Rawls. Para o autor, a ideia de justiça pode servir como ponto de referência para definição do comportamento adequado dentro de uma comunidade, levando-se em consideração o interesse e a equidade relativamente a gerações futuras. Neste sentido, o estabelecimento de uma "poupança justa" em relação a bens naturais poderia auxiliar no não comprometimento da existência digna de gerações vindouras.[172] Identifica-se uma relação direta do referido princípio com o dever de reparação do dano ambiental e, mais ainda, com o dever de restauração ambiental.

---

[168] MACHADO, Paulo Affonso Leme, 2006, p. 56.

[169] Para uma análise mais aprofundada do tema, cf. AYALA, Patryck de Araújo. *Direito e incerteza: a proteção jurídica das futuras gerações no Estado de Direito Ambiental*. 2002. Dissertação (Mestrado em Direito), Universidade Federal de Santa Catarina, Florianópolis, 2002, p. 163-176.

[170] MACHADO, Paulo Affonso Leme, 2006.

[171] SARTOR, Vicente Volnei de Bona; SANTOS, Cláudia Regina dos. *Preservação ambiental*: dilema e complexidade na Ilha de Santa Catarina. Florianópolis: Secco, 2005, p. 23.

[172] RAWLS, John. *Uma teoria da justiça*. 3. ed. São Paulo: Martins Fontes, 2008.

Para Ost, essa integração da proteção da natureza no domínio dos interesses humanos futuros, demonstra-se como uma garantia mais efetiva, já não se trata de tentar igualar o homem e a árvore, mas o homem de hoje com o homem de amanhã, que depende da natureza. Se essa equiparação não trouxer a solução, ao menos haverá a busca por maior equilíbrio.[173]

Por todo o exposto, pode-se perceber que o *caput* do art. 225 da Constituição Federal de 1988, norma de caráter teleológico, reconheceu o direito-dever ao meio ambiente ecologicamente equilibrado, impondo-se ao poder público e à coletividade uma conduta condizente com a tarefa de defendê-lo e preservá-lo. Também a política econômica e social deve estar voltada para este objetivo, por isso todo o ordenamento jurídico constitucional e infraconstitucional deve ir ao encontro desta previsão legal. Assim, o § 1º do art. 225 determinou, em seus incisos, incumbências ao poder público para assegurar a efetividade do disposto em seu *caput*. A primeira destas previsões encontra-se no inciso I, que estabelece o dever do poder público de "preservar e restaurar os processos ecológicos essenciais e promover o manejo ecológico das espécies e ecossistemas".

Para os fins desta abordagem, interessa, principalmente, a incumbência de "preservar e restaurar os processos ecológicos essenciais". E, embora ela esteja relacionada mais explicitamente no inciso I do § 1º, e no § 2º do art. 225 da Constituição Federal (ainda que este último preveja a obrigação de "recuperação", como será visto mais adiante), entende-se que o art. 225 como um todo reflete o dever de restauração ambiental, demonstrando que o fim último da legislação ambiental é a conservação do meio ambiente. Torna-se possível perceber que a legislação ambiental e, principalmente, a constitucional assumem uma função dissuasória, no sentido de impedir que sejam causados danos ao meio ambiente. Ou seja, a assimilação do dever de restauração ambiental acaba por incentivar a conservação ecológica.

No intuito de melhor demonstrar essa função, a partir deste momento, será feita uma análise mais detalhada deste dever jurídico constitucional.

1.3. A previsão normativa constitucional da restauração ambiental

1.3.1. Do dever

Depois de feitas as considerações sobre o *caput* do art. 225 da Carta Magna, restou evidenciada a existência de um direito-dever jurídico de

---
[173] OST, François, 1995, p. 219.

defesa e preservação ambiental. A respeito do direito, teve-se a oportunidade de discussão, ainda que de forma bastante sucinta. Agora, passa-se a uma breve análise dos deveres fundamentais,[174] para que, posteriormente, se possa delimitar o dever jurídico de restauração ambiental, objeto da presente obra.

De acordo com Nabais, os deveres fundamentais são aqueles que se encontram na Constituição Federal, implícita ou explicitamente. Sendo que existem também os deveres legais ou ordinários, aqueles que não se encontram consagrados na Carta Magna, e os deveres éticos e morais, cujas concretizações não dependem da atuação do Estado. Conforme o mencionado autor, os deveres fundamentais podem ser caracterizados por suas posições essenciais, ou seja, as suas essencialidades estariam relacionadas àqueles interesses mais imprescindíveis da coletividade, os quais tornam possível o seu funcionamento e desenvolvimento.[175]

Com este entendimento, restaria evidente, no caso brasileiro, que aqueles deveres essenciais para a comunidade, mesmo que não estivessem consagrados no rol dos artigos 5º, 6º e 7º da Constituição Federal, seriam considerados deveres fundamentais. Todavia, o posicionamento doutrinário não é unânime, pois, para Canotilho, "[...] a Constituição não fornece qualquer abertura, ao contrário do que sucede em relação aos direitos para a existência de deveres fundamentais extraconstitucionais" embora para o autor exista a possibilidade de serem admitidos deveres legais constitucionais.[176]

Interessa, todavia, para o presente estudo que, quanto ao dever de proteção ambiental, não existem obstáculos para a sua caracterização como dever fundamental. Afinal, a própria Constituição Federal foi explícita no *caput do* art. 225, quando determinou que tanto o poder público quanto a coletividade têm o "[...] dever de defendê-lo e preservá-lo para as presentes e futuras gerações". Sendo assim, passa-se ao apontamento da classificação dos deveres *lato sensu*, dentro dos quais se encontram os deveres fundamentais.

---

[174] Sobre o tema, cf. RUSCHEL, Caroline Vieira. *Parceria ambiental*: O dever fundamental de proteção ambiental como pressuposto para concretização do Estado de Direito Ambiental. Curitiba:Juruá, 2010.

[175] NABAIS, José Casalta. *O dever fundamental de pagar impostos*. Coimbra: Livraria Almedina, 1998, p. 61-63. Para o autor, os deveres fundamentais podem ser apresentados como: a) posições jurídicas passivas; b) posições jurídicas subjetivas; c) posições jurídicas individuais; d) posições universais e permanentes e, por fim, e) posições essenciais.

[176] CANOTILHO. J. J. Gomes, 1999. Quanto ao meio ambiente com um direito e dever fundamentais, cf. MEDEIROS, Fernanda Luiza Fontoura de. *Meio ambiente*: direito e dever fundamental. Porto Alegre: Livraria do Advogado, 2004.

Para Nabais, os deveres *lato sensu* podem ser classificados conforme os seus titulares, os seus destinatários e o seu conteúdo. Quanto a sua titularidade, podem existir três situações distintas: a titularidade pertencente à comunidade, no caso dos deveres clássicos, cujos conteúdos estão relacionados ao dever cívico-político, como os deveres de voto e o dever de colaborar para a realização de eleições, dentre outros. A titularidade também pode pertencer aos destinatários de direitos fundamentais são, por exemplo, os deveres relacionados ao pátrio-poder. Por último, a titularidade pode pertencer ao Estado, que pode ser considerado o titular ativo número um de todos os deveres fundamentais.[177] Já quanto aos destinatários dos deveres, podem ser todas as pessoas, independentemente da nacionalidade, desde que tenham domicílio no território nacional brasileiro,[178] além de estarem incluídas as pessoas jurídicas.[179]

Quanto ao conteúdo, os deveres *lato sensu* são divididos em cinco categorias.

A primeira é a dos deveres positivos, constituído por deveres de abstração, como no caso do dever de proteção ao meio ambiente, e a categoria dos negativos, os quais correspondem aos deveres fundamentais. Todavia, há uma discussão da doutrina quanto a sua aplicação imediata ou não. Aqui interessam os enfoques de Nabais e Canotilho, que afirmam dependerem de regulamentação pelo legislador para serem aplicados, ainda que, para Canotilho, alguns deveres, como o de obediência às leis, teriam aplicação imediata.

Por sua vez, a segunda categoria é a dos deveres constitucionais e a dos deveres impostos por lei, os quais não são diretamente aplicáveis. A terceira classificação é quanto à autonomia dos deveres, os quais podem ser autônomos, no caso de terem seu conteúdo excluído de direitos fundamentais específicos, ou não autônomos, embora possa haver algum ponto de conexão entre eles.[180]

Estes últimos, além de coincidir com os direitos fundamentais, são parte integrante dos mesmos. São os direitos-deveres ou deveres-direitos, dependendo de qual elemento é prevalecente. Eles podem ser identificados como deveres não autônomos, os quais possuem conteúdo cívico-político, demonstrando a responsabilidade do cidadão no funcionamento e na existência do Estado.[181]

---

[177] NABAIS, José Casalta, 1998, p. 105.
[178] Com exceção do disposto no art. 14 da Constituição Federal de 1988.
[179] NABAIS, José Casalta, 1998, p. 101- 111.
[180] *Idem, ibidem*, p. 113.
[181] RUSCHEL, Caroline Vieira, 2007, p. 92-93.

A quarta categoria é a dos deveres econômicos, sociais e culturais, os quais demonstram a responsabilidade de seus respectivos agentes, sejam eles pessoas físicas ou jurídicas. Por fim, a quinta subclassificação diz respeito ao conteúdo jurídico e não jurídico dos deveres. Nesta categoria, compreendem-se os deveres éticos e morais. A seguir encontra-se um quadro sinóptico, objetivando tornar mais didática a abordagem dos deveres jurídicos.[182]

DEVERES *LATO SENSU* (CLASSIFICAÇÃO)	TITULARIDADE	À COMUNIDADE, AOS DESTINATÁRIOS DE DIREITOS FUNDAMENTAIS E AO ESTADO
	DESTINATÁRIOS	TODAS AS PESSOAS
	CONTEÚDO	OBS: VER CATEGORIAS ABAIXO
DEVERES *LATO SENSU* (CONTEÚDO – 5 CATEGORIAS)	POSITIVOS/NEGATIVOS	
	CONSTITUCIONAIS/IMPOSTOS POR LEI	
	AUTÔNOMOS/NÃO AUTÔNOMOS	
	ECONÔMICOS/SOCIAIS/CULTURAIS	
	CONTEÚDO JURÍDICO/NÃO JURÍDICO	

A seguir, parte-se para a abordagem do dever jurídico de restauração ambiental, especificamente.

1.3.2. Do dever jurídico de restauração ambiental

Como já foi mencionado, o meio ambiente, ao longo dos anos, vem sendo reconhecido pela legislação brasileira como bem jurídico autônomo. Tal reconhecimento pode ser atribuído à crise do paradigma antropocêntrico-utilitarista, a qual deu lugar a posturas que concebem o homem como parte da natureza e, por isso, atribui maior valor aos elementos que a compõem, bem como considerou o meio ambiente como um todo inter-relacionado, postura que pode ser entendida como antropocêntrica alargada, pois, apesar desta atribuição de valor à natureza, ela ainda está por demais condicionada aos benefícios que podem ser trazidos para os seres humanos.

Nesse sentido, foi o reconhecimento de que "Todos têm direito ao meio ambiente ecologicamente equilibrado, bem de uso comum do povo

---

[182] Este quadro sinótico foi elaborado com base nos estudos de NABAIS, 1998, p. 101- 111.

e essencial à sadia qualidade de vida, impondo-se ao poder público e à coletividade o dever de defendê-lo e preservá-lo para as presentes e futuras gerações". Ocorre que, para a concretização do objetivo de tornar efetivo este direito-dever ao meio ambiente ecologicamente equilibrado, a própria Constituição de 1988 estabeleceu que incumbe ao poder público, dentre outros deveres, o de "[...] preservar e restaurar os processos ecológicos essenciais [...]". Assim, a Constituição Federal elaborou uma norma geral para orientar a legislação infraconstitucional que viesse a regulamentá-la, no intuito de garantir a implementação deste dispositivo.

Com o estabelecimento do referido dever, em âmbito constitucional, que, conforme foi discutido anteriormente, se trata de um dever fundamental do Estado, restou evidenciada a necessidade de superação da imagem da natureza como infinitamente provedora de recursos naturais, já que sua destruição chegou a parâmetros jamais presenciados, comprometendo não só a qualidade de vida e sobrevivência deste último, como também a das demais espécies. Por isto, este dispositivo constitucional deve servir de espelho para todo o restante do ordenamento jurídico, objetivando que se substitua a

> [...] imagem tranqüilizadora da reversibilidade: voltará sempre o mesmo. A própria intervenção humana inscreve-se nesta lógica e não deveria perturbar este movimento perpétuo. Reconhece-se aqui o tradicional álibi dos poluidores e predadores: uma floresta abatida não deixa de renascer; quanto às águas poluídas, estas regeneram-se ao fim de um certo tempo. A ação do homem não seria, assim, realmente perturbadora, à vista das imensas possibilidades de reconstituição dos *stocks* naturais e de restauração dos seus equilíbrios. [...] a natureza, como a história, nunca se repete; é apenas ao nível da percepção humana que se forma a impressão de retorno do mesmo.[183]

No sentido de que a impossibilidade de comprovação da responsabilidade por danos causados ao meio ambiente ou a limitação de recursos financeiros não podem mais servir de empecilho para se restaurar o ambiente, Mirra diz que

> No âmbito não-individualista do prejuízo ambiental, não se trata mais de evitar que a reparação acarrete a transferência do dano de um indivíduo para outro ou de um indivíduo para o Estado ou deste para aquele, mas de recompor um patrimônio comum a todos os indivíduos da sociedade, degradado pela atividade de uma ou mais pessoas físicas ou jurídicas, de direito público ou privado. O argumento tirado do fato de que a reparação integral poderia provocar, em muitos casos, a ruína de uma atividade econômica útil à coletividade ou inviabilizar a realização de obras e serviços públicos ou programas de ação governamentais, não mais pode ser aceito como válido.[184]

---

[183] OST, François, 1995, p. 109.

[184] MIRRA, Álvaro Luiz Valery. *Ação civil pública e reparação do dano ao meio ambiente*. São Paulo: Juarez de Oliveira, 2002, p. 297.

Assim, o ato de restaurar o meio ambiente representa a tomada de consciência do homem em relação ao modo como deverá conceber a natureza, ou seja, respeitando a sua possibilidade de regeneração natural. Muitas vezes, em consequência das próprias ações humanas anteriores, a natureza torna-se incapaz de recuperar-se por si própria. Surge então a necessidade de nova intervenção humana, porém, desta vez, de maneira a auxiliá-la em sua regeneração. Todavia, de forma alguma, a possibilidade de restaurar-se o meio ambiente pode servir como escusa para que a tarefa de defesa e preservação do mesmo seja encarada de maneira mais branda, permitindo que a degradação se perpetue. Muito pelo contrário, não só deve ser mantido o caráter preservacionista do ordenamento jurídico e das práticas sócio-político-econômicas, como é imprescindível que áreas já degradadas, cujas perdas não devem ser convertidas em valores pecuniários, sejam restauradas, ainda que se demonstre impossível o completo retorno ao *status quo ante*,

> É preciso lembrar, com efeito, que a natureza não é um reservatório inesgotável cujos recursos são totalmente intercambiáveis: muitos meios são únicos, muitos recursos são insubstituíveis. A seu respeito, a técnica da compensação não é pertinente. Mas, dir-se-á, então, que não será preciso, em alguns casos, ir ainda mais longe e proceder à restauração sistemática de regiões sinistradas, à reposição no estado original de meios degradados, à reconstituição de recursos de substituição, portanto, do que o pagamento de simples taxas de produção e de consumo?[185]

Por meio da implementação das técnicas de restauração ambiental, pode ser buscado o restabelecimento da funcionalidade do ambiente que sofreu alguma forma de degradação, respeitando a sua heterogeneidade[186]. Conforme Sendim, o dano somente poderá ser considerado como ressarcido integralmente quando a finalidade assegurada pela norma violada exista novamente, por exemplo, quando a água volte a ser salubre, o ar volte a ter qualidade, a paisagem não esteja comprometida, ou o equilíbrio ecológico reapareça.[187] Para o autor, a restauração deve trazer a recuperação da capacidade funcional do bem ambiental e, também, a recuperação "[...] das qualidades de autorregulação e de autorregeneração do bem afetado. Caso contrário, criar-se-iam bens naturais e, consequentemente, ecossistemas desequilibrados, precários, incapazes de manterem a prazo a capacidade funcional exigida".[188]

Diante de tal desafio, surge a necessidade de trabalhar-se a questão conceitual de algumas expressões relacionadas à restauração ambiental,

---

[185] MIRRA, Álvaro Luiz Valery, 2002, p. 370.
[186] Cf. Glossário.
[187] SENDIM, José de Sousa Cunhal, 1998, p. 178.
[188] *Idem, ibidem*, p. 182.

iniciando-se pelo próprio dispositivo constitucional relacionado ao tema. A Constituição de 1988 utiliza-se de diversos conceitos ecológicos que necessitam de esclarecimentos, para que não persistam dificuldades em seus entendimentos ou contradições nas suas interpretações. Quanto ao disposto sobre a incumbência do poder público em "preservar e restaurar os processos ecológicos essenciais", pode-se dizer que somente ao serem definidos adequadamente os conceitos ecológicos, o sentido jurídico será compreendido.[189]

No entanto, trata-se de um dispositivo de árdua interpretação não só jurídica como científica, a começar pela delimitação do que sejam "processos ecológicos essenciais", os quais ainda não foram plenamente definidos pela literatura ambientalista.[190] Além da expressão "restaurar" que, por tratar-se do tema central da presente obra, será mais adiante abordada em caráter detalhado, é importante conceituar os "processos ecológicos essenciais", cujos conteúdos devem ser buscados nas ciências biológicas, por serem conceitos considerados pré-jurídicos. Sendo assim, primeiramente será feita uma referência à Ecologia e, posteriormente, às expressões propriamente ditas.

Pode-se dizer que, com a transformação da proteção ambiental, a crescente preocupação com a qualidade de vida e a averiguação da finitude dos recursos naturais, no âmbito do ordenamento jurídico brasileiro, atribuiu-se cada vez mais importância à Ecologia. Constata-se que a origem dos estudos ecológicos, como um ramo recente da biologia, dedicado ao estudo das interações entre os seres vivos e o meio ambiente que os cerca, adveio dos estudos de Haeckel, que, em 1866, utilizou-se do vocábulo grego *oikos* (casa) para pesquisar a respeito da funcionalidade das espécies animais e o seu mundo orgânico e inorgânico, intitulando-o de "Ecologia", ciência da casa.[191] Todavia, inicialmente, a abordagem ecológica não incluía o homem, foi somente com a "Sinecologia"[192] que se passou a ter uma visão mais ampla da Ecologia, incluindo diversos fatores e circunstâncias ambientais e a necessidade de interação dos saberes quando do envolvimento da questão ambiental. Esta inclusão do homem mostra-se imprescindível:

> Enquanto ser biológico, o Homem (espécie Homo sapiens) habita o universo físico e biológico e se coloca na biosfera como um dos constituintes da cadeia alimentar (ocupa um lugar, um espaço físico, habitat e níveis tróficos no processo de transferência de energia);

---

[189] SILVA, José Afonso da, 2002, p. 85.

[190] *Idem, ibidem.*

[191] LAGO, Antônio Pádua; AUGUSTO, José. *O que é ecologia?* 7. ed. São Paulo: Brasiliense, 1988, p. 7.

[192] Cf. Glossário.

como ser social, ele atua sobre a Natureza, procurando torná-la mais útil à sua existência, transformando-a com esse propósito.[193]

Já no que concerne aos "processos ecológicos essenciais", segundo Silva, nenhuma norma ou doutrina jurídica ofereceu seu conceito, nem os ecologistas o mencionam.[194] No entanto, trata-se de um conceito de extrema relevância para delimitar a extensão da norma constitucional, por isso tem que haver um esforço para chegar-se o mais próximo possível do que o legislador constituinte almejou incluir. Para Ferri, a primeira noção que se apresenta é de que na natureza existem formações dinâmicas qualificadas por correlações recíprocas entre vegetais, animais e destes com o seu meio.[195] Estas relações são as estudas pela Sinecologia, anteriormente mencionada.

> Aqui se tem o delineamento de relações ecossistêmicas, relações configuradas pelos sistemas de plantas, animais e microorganismos e os elementos do seu meio, compreendendo-se neste o solo, a água e a energia solar, indispensáveis a todas as formas de vida. Essa energia aquece o ar, gera os ventos e produz as condições climáticas que permite a existência da vida na Terra. O *processo energético natural* é condição de existência, de sobrevivência e de desenvolvimento dos seres vivos, dos seres humanos em especial. Mas ele seria desastroso se não se equilibrasse com outros processos como as matas, as massas de água, que absorvem e convertem a energia solar em compostos orgânicos que mantêm as plantas e os outros seres vivos.[196] (grifo do autor)

São os "processos ecológicos essenciais" que proporcionam condições para que possam existir todas as formas de vida que habitam este Planeta. Possuem nada menos do que importância vital para a manutenção das cadeias alimentares, dos ciclos (das águas, do carbono, do oxigênio, do hidrogênio, do nitrogênio, dos minerais), a produção de alimentos pelo homem, de energia, de matéria orgânica, inorgânica e sintética, necessárias para elaborar o vestuário, a moradia, as ferramentas etc.[197]

> Preservar e recuperar os processos ecológicos essenciais significa regenerar e proteger os solos, o ar atmosférico, cuja pureza não é importante apenas para a respiração humana, mas também das plantas, a filtragem da luz e da energia solar nos limites adequados ao processo vital de animais e vegetais, assim como a realização do fluxo desembaraçado dos ciclos biosféricos; defender a qualidade das águas, o patrimônio florestal etc.[198]

De acordo com Odum, uma das descobertas fundamentais da Ecologia diz respeito à ligação e à interação inseparável existente entre os

---

[193] LIMA, Maria José Araújo. *Ecologia humana, realidade e pesquisa*. Petrópolis: Vozes, 1984. p. 23.

[194] SILVA, José Afonso da, 2002, p. 89-90.

[195] FERRI, Mário Guimarães. *Ecologia, temas e problemas brasileiros*. São Paulo: EDUSP, 1974, p.16.

[196] SILVA, José Afonso da, 2002, p. 90.

[197] *Idem, ibidem*, p. 90.

[198] *Idem, ibidem*, p. 90-91.

organismos vivos (a comunidade biótica) e o seu ambiente (abiótico). Analisando o ecossistema como um todo, é possível determinar que cada espécie ocupa um determinado habitat. Assim, cada espécie acaba se especializando em um modo de viver e de se alimentar, designado "nicho ecológico",[199] que abrange mais do que o simples local físico que um organismo ocupa, pois inclui a sua posição funcional no ecossistema, além de sua posição com relação à temperatura, umidade, PH, solo e demais condições essenciais de existência.[200]

Portanto, quando houver uma unidade que inclua todos os organismos de uma determinada área, que estejam em interação com o ambiente físico, de maneira que haja uma estrutura trófica (alimentar), diversidade biótica e ciclos materiais (como trocas de materiais entre partes bióticas e abióticas) existirá um ecossistema ou sistema ecológico.[201]

Por sua vez, os sistemas ecológicos, assim como outros sistemas, são constituídos de um conjunto de elementos e processos funcionais que, por meio de sua interação tornam possível a realização de objetivos sistêmicos essenciais como: a sobrevivência, a diferenciação, a autorregeneração e a reprodução.[202] Também, eles podem ser considerados em distintas dimensões, desde os locais, como uma mata ou uma praia até a "biosfera",[203] considerada o conjunto de todos os ecossistemas inter-relacionados que existem na Terra.[204]

Ost ressalta que, a partir do paradigma ecológico, emergiriam duas ideias essenciais: a ideia de "globalidade" e a de "processualidade". Conforme a primeira, tudo constituiria sistema na natureza, existindo uma interdependência entre todos os elementos naturais, ou seja, a interação de todos os elos da cadeia, de acordo com uma lógica de causalidades, ao mesmo tempo múltipla e circular, com a reflexão dos eefeitos nas causas. Já a ideia de "processualidade", em decorrência da "inteligência do natural", dá prioridade a processos em detrimento dos elementos e às funções em relação às substâncias, demonstrando, assim, que o equilíbrio responsável pela integralidade dos meios de vida é complexo. Além disso, esta integralidade é baseada em ciclos de reprodução e capacidade de rege-

---

[199] Cf. Glossário.

[200] ODUM, Eugene Pleasants. *Fundamentos de ecologia*. Tradução: António Manuel de Azevedo Gomes. 4. ed. Lisboa: Fundação Calouste Gulbenkian, 1988a, p. 375.

[201] ODUM, Eugene Pleasants. *Ecologia*. Tradução Christopher J. Tribe. Rio de Janeiro: Editora Guanabara, 1988b, p. 9.

[202] SENDIM, José de Sousa Cunhal, 1998, p. 78.

[203] Cf. Glossário. Sobre o tema, cf.: ODUM, Eugene Pleasants, 1988b, p. 15; THOMPSON, William Irwin (org.). *Gaia*. Uma teoria do conhecimento. Tradução: Sílvio Cerqueira Leite. São Paulo: Gaia, 2000.

[204] SENDIM, José de Sousa Cunhal, 1998, p. 78.

neração, muito mais do que na mera conservação estática de territórios, recursos ou espécies.[205]

Por fim, quanto ao verbo "restaurar", este pode ser entendido a "[...] restituição de um ecossistema degradado a uma condição que possibilite a expressão dos processos naturais, criando meios para restabelecer a conectividade local e da paisagem, de modo a atender as funções ambientais da área de preservação permanente".[206] No entanto, está presente na legislação brasileira não só esta terminologia, como também a de "recuperar". Conforme mencionado, até mesmo a Constituição Federal de 1988, no art. 225, § 2º, trouxe como obrigação para aquele que explorar recursos minerais a "recuperação" do meio ambiente degradado, ainda que a "restauração dos processos ecológicos essenciais" tenha sido definida como dever constitucional. Assim, percebe-se que as duas expressões vêm sendo tomadas como sinônimos e, embora pareçam ter significado idêntico, na prática, possuem abrangência distinta, o que traz modificações profundas nas tentativas de retomada do equilíbrio ecológico. No intuito de sanar esta problemática, suas definições foram pertinentemente estabelecidas pela Lei nº 9.985, de 2000, que instituiu o Sistema Nacional de Unidades de Conservação da Natureza.

No art. 2º, inciso XIII, da referida lei, entendeu-se por recuperação a "Restituição de um ecossistema ou de uma população silvestre degradada a uma condição não degradada, que pode ser diferente de sua condição original". Já no inciso XIV, conceituou-se como restauração a "Restituição de um ecossistema ou de uma população silvestre degradada o mais próximo possível da sua condição original". Esta conceituação evidenciou a distinção existente entre os processos, tornando-se óbvia a maior abrangência da "restauração" em relação à "recuperação" ambiental. Consequentemente, tornou-se imprescindível a adequação de todo o ordenamento jurídico, bem como das práticas judiciais e administrativas no sentido de uniformizá-lo quanto à exigência do cumprimento do dever de "restauração" ambiental, uma vez que a Carta Magna de 1988 optou pela busca mais ampla possível da recomposição dos ambientes degradados.

No intuito de atribuir uma conotação mais prática ao conceito de restauração trazido pela referida lei, deve-se interpretá-lo em conformidade com as funções relativas às áreas de preservação permanente estabelecidas pelo Código Florestal, quais sejam: preservar os recursos hídricos, a

---

[205] SENDIM, José de Sousa Cunhal, 1998, p. 105.

[206] Conceito trazido pelo 4º Grupo de Trabalho Restauração e Recuperação de Áreas de Preservação Permanente – APPs –, do CONAMA, Processo nº 02000.002082/2005-75. Disponível em: < http://www.mma.gov.br/port/conama/processos/2C89FB65/PropResolRestauraAPP_Versao2Limpa1.pdf> Acesso em: 13 jul. 2011.

paisagem, a estabilidade geológica, a biodiversidade, o fluxo gênico da fauna e flora, proteger o solo e assegurar o bem-estar das populações humanas.

Todavia, mesmo com a constatação da diferença entre os dois processos pela legislação infraconstitucional e com a exigência expressa do dever constitucional do poder público de restaurar os processos ecológicos essenciais, na prática, pode ser percebido que os dois termos vêm sendo empregados indistintamente pelos juristas, os quais, em geral, desconhecem as consequências práticas da opção por uma técnica ou outra. De acordo com Espíndola *et al.*, a implementação de técnicas tradicionais de recuperação de áreas degradadas vem expondo ecossistemas naturais à contaminação biológica, já que, em muitos desses projetos, ainda são utilizadas espécies exóticas.[207] O grande problema com o plantio de espécies exóticas é quando estas se tornam invasoras, cujas características, independentemente "[...] do tipo de organismo, estão na facilidade e rapidez com que se reproduzem, na proliferação intensa, na flexibilidade adaptativa e na capacidade de dominarem os ambientes que invadem, expulsando espécies nativas e alterando ecossistemas".[208]

Assim, evidencia-se a necessidade de maior clareza e objetividade nos dispositivos legais referentes à temática em tela.[209] Porém, nesse momento, serão tratados os aspectos gerais do dever de restauração ambiental, para que, posteriormente, possa ser feita uma abordagem mais específica do tema, a fim de identificar os problemas práticos a serem enfrentados pela sociedade brasileira como um todo. Inclusive, serão trazidos casos concretos de sua implementação para construir-se uma análise capaz de apontar quais são as principais limitações da restauração ambiental e, consequentemente, as suas reais possibilidades de ocorrência.

1.3.2.1. Breve abordagem sobre a restauração ambiental na jurisdição internacional

Não é somente no âmbito da legislação brasileira que o dever de restauração ambiental pode ser evidenciado; em verdade, ele já vem sen-

---

[207] ESPÍNDOLA, Marina Bazzo de. et al. Recuperação ambiental e contaminação biológica: aspectos ecológicos e legais. *Revista Biotemas*. v.18. n.1. p.27 à 38, 2005, p. 27.

[208] Disponível em: <http://www.institutohorus.org.br/trabalhosa_faq.htm#6> Acesso em: 13 jul. 2011. Sobre o tema, cf. ZILLER, Sílvia R. *Invasões biológicas nos campos gerais do Paraná*. 2000. Tese. (Doutorado em Engenharia Florestal) – Universidade Federal do Paraná, Curitiba, 2000; BECHARA, Fernando Campanhã. *Restauração ecológica de restingas contaminadas por pinus no Parque Florestal do Rio Vermelho, Florianópolis, SC*. 2003. Dissertação (Mestrado em Biologia Vegetal) – Universidade Federal de Santa Catarina, Florianópolis, 2003, p. 01-28.

[209] ESPÍNDOLA, Marina Bazzo de. *et al.*, 2005, p. 27.

do reconhecido internacionalmente há décadas. Assim, a Declaração do Meio Ambiente,[210] em seu princípio, número 3, evidenciou que "[...] deve-se manter, e sempre que possível, restaurar ou melhorar a capacidade da terra em produzir recursos vitais renováveis". Posteriormente, a Convenção sobre a Conservação das Espécies Migratórias pertencentes à Fauna Silvestre,[211] dentre seus objetivos, referiu-se ao esforço para conservar ou restaurar o *habitat* de espécies ameaçadas, prevendo a restauração de uma série de *habitats* degradados como forma de conservar estas espécies.

Mais recentemente, a Convenção sobre a Diversidade Biológica, da qual o Brasil é signatário, em seu artigo 8º, letra *f*, dispôs que cada parte contratante deve "[...] recuperar e restaurar ecossistemas degradados e promover a recuperação de espécies ameaçadas [...]". E, ainda, estabeleceu que esta restauração deve ser concretizada "[...] mediante, entre outros meios, a elaboração e implementação de planos e outras estratégias de gestão". Por sua vez, o artigo 9º, letra *c*, da mesma Convenção, obrigou as partes signatárias a adotarem "[...] medidas para a recuperação e regeneração de espécies ameaçadas e para sua reintrodução em seu habitat natural em condições adequadas".

Por sua vez, no âmbito da Comunidade Europeia, em 2000, foi publicado o Livro Branco sobre a Responsabilidade Ambiental da Comissão Europeia, com objetivo de analisar a possibilidade de concretização do princípio do poluidor-pagador, possibilitando a realização da política ambiental da Comunidade. Ao final da análise, foi elaborada, em 2002, a proposta de diretriz "Comunicação da Comissão relativa à responsabilidade social das empresas: um contributo das empresas para o desenvolvimento sustentável", indicada como melhor instrumento para instaurar um regime comunitário de responsabilidade ambiental. Além desse, também foi publicado, em 2001, o Livro Verde da Comissão Europeia, cujo intuito é criar um quadro europeu para a responsabilidade social das empresas, estabelecendo as diretrizes básicas para a responsabilidade social e ambiental das empresas europeias.

Ademais, a Proposta de Diretrizes referente à prevenção e controle integrados da contaminação,[212] ainda que indiretamente, iniciou a regulamentação da restauração ambiental de maneira geral. Já a Proposta de Diretrizes referente à responsabilidade civil por danos e prejuízos causados

---
[210] Adotada pela Conferência das Nações Unidas, realizada em Estocolmo, em junho de 1972.
[211] Texto elaborado na cidade de Bonn, Alemanha, em 23 de junho de 1979.
[212] DO 93/C311/06, de 17 de novembro de 2006. Citada por ANTEQUERA, Jesús Conde. *El deber jurídico de restauracion ambiental*. Estúdios de derecho administrativo. Granada: Comares, 2004, p. 130.

ao meio ambiente por resíduos,[213] em seu artigo 4º, referiu-se ao dever de restauração ambiental, mais especificamente em casos de contaminação por resíduos, inclusive, prevendo a responsabilidade em reabilitar o ambiente degradado ou o pagamento dos gastos despendidos nessa reabilitação, além da adoção de medidas preventivas.

Também na esfera da responsabilidade civil, a Convenção do Conselho Europeu de Copenhage, a respeito de responsabilidade civil por danos resultantes de atividades perigosas para o meio ambiente, em seu artigo 18, prescreveu a adoção de medidas de restauração oportunas. Segundo Antequera, o advento desta Convenção deve ser considerado como um grande avanço no sentido de vir-se a categorizar a restauração ambiental como um instrumento básico do Direito Ambiental.[214]

Não só no âmbito da legislação de Direito Internacional, mas nos ordenamentos jurídicos de variados países, têm-se observado a inclusão do dever de restauração do ambiente. Alguns exemplos que podem ser relacionados são: o artigo 16 da Lei Alemã de 10 de dezembro de 1990, embora preveja que os gastos com a restauração ambiental não possam ser desproporcionais ao valor da "coisa" danificada; o Código Ambiental argelino, que prevê a execução de medidas restauradoras dos recursos naturais danificados pelo responsável; o artigo 16 da Lei Penal do Ambiente da Venezuela, de 1992; o artigo 160 do Código de Águas de Túnez, que prevê como pena acessória a restituição ao estado original do ecossistema hidrológico, e o artigo 8.3 da Constituição do Paraguai, de 1992, que determina que todo dano causado ao ambiente importará na obrigação de recompor e indenizar.[215]

Nos Estados Unidos, a *Comprehensive Environmental Response, Compensation and Liability Act,* conhecida como C.E.R.C.L.A., que é a lei geral de responsabilidade e compensação ambiental, de 1980, em seu § 307, estabeleceu que os danos aos recursos naturais (*natural resource damages*) devem ser reparados por meio de restauração, reabilitação, substituição ou aquisição do equivalente dos recursos naturais degradados, (*restoring, rehabilitating, replacing or adquiring the equivalent of the damaged natural resources*), regra que foi adotada pelos estatutos norte-americanos posteriores, como o *Clean Water Act,* ou a lei da água limpa, cujo § 311 estabelece que os danos ecológicos devem ser reparados mediante a reposição da situação anterior ao dano ou a reabilitação, e o § 1006 do *Oil*

---

[213] COM/89/282FINAL, DO 89/C251/4, de 04 de outubro, alterada por COM/91/219FINAL, DO 91/C192/04, de 23 de julho. Citada por ANTEQUERA, Jesús Conde, 2004, p. 130.

[214] *Idem, ibidem.*

[215] Para um maior detalhamento destes e outros ordenamentos jurídicos, cf. ANTEQUERA, Jesús Conde, 2004, p. 129-133.

Pollution Act – OPA –, ou a lei de poluição por óleo. Por sua vez, o direito norte-americano influenciou a adoção da regra do art. 8º da Convenção de Lugano, que trata da responsabilidade civil por danos ambientais e ecológicos, o qual previu um regime jurídico especial para a sua respectiva indenização, estabelecendo o dever de reparar o dano por medidas razoáveis de restauração ambiental, almejando a reabilitação ou restauração dos elementos ambientais degradados ou a introdução de equivalente no meio ambiente.[216]

Já no ordenamento jurídico português, dá-se prioridade à recuperação natural do dano, com objetivo de reconstituir o ambiente como era antes da degradação, conforme o art. 562 do Código Civil português. Também o art. 48, nº 1, da Lei de Bases do Ambiente, opta pela reposição da situação anterior, embora tenha a compensação pecuniária como medida alternativa nos casos em que a restauração natural não seja possível.

Todavia, foi o Decreto-Lei nº 147, publicado em 15 de julho de 2008, no Diário da República de Portugal, que estabeleceu o regime jurídico da responsabilidade por danos ambientais, transpondo para a ordem jurídica portuguesa a Diretiva nº 2.004/35, da Comunidade Europeia. Destacando a progressiva consolidação do Estado de Direito Ambiental e a necessidade de se autonomizar os danos causados à natureza em si, independente de afetação aos bens jurídicos da personalidade ou aos bens patrimoniais decorrente da contaminação ambiental, o Decreto nº 147/2008 preocupou-se em proteger a função ecológica do meio ambiente.

Ainda no âmbito jurídico português, Sendim discorreu sobre a restauração ambiental como principal escolha dentre a responsabilidade civil por danos causados ao ambiente, evidenciando a relevância deste instituto na tarefa de conservação dos recursos naturais. Para Sendim, é "[...] essencial que as sanções em direito do ambiente estejam funcionalmente dirigidas *à reconstituição do equilíbrio ecológico perturbado*, ou à restauração do espaço natural afetado".[217] (grifo do autor). Quando o dano ambiental já houver ocorrido e for constatado, não resta alternativa mais ecologicamente favorável do que restaurar o bem ambiental danificado e, nesse sentido, o sistema de responsabilidade por danos ao meio ambiente ganha uma função bem delimitada: garantir que sejam conservados os bens ambientais protegidos.[218] Para este autor, a restauração ambiental não pode ser substituída por uma mera compensação pecuniária.

Por fim, na Espanha, assim como no Brasil, a restauração ambiental adquiriu *status* constitucional, pois com o art. 45, § 2º, da Constituição de

---

[216] SENDIM, José de Sousa Cunhal, 1998, p. 154-156.
[217] *Idem, ibidem*, p. 166.
[218] *Idem, ibidem*, p. 167.

1978, ficou estabelecido que "Os Poderes Públicos velarão pala utilização racional de todos os recursos naturais, com o fim de preservar e melhorar a qualidade de vida de defender e restaurar o meio ambiente, apoiando-se na indispensável solidariedade coletiva [...]".

Para Antequera,

[...] a restauração ambiental, assim, se converteria em uma obrigação naqueles casos em que exista um direito subjetivo a restauração ambiental. Mas entendemos que mais do que uma obrigação existe um dever público de restauração ambiental, fundamentalmente porque sua finalidade transcende o interesse geral ou coletivo. Portanto, a necessidade de restaurar o meio ambiente pode configurar-se como uma obrigação e, até mesmo, como um dever. [...] sua finalidade sempre vai ser a mesma, quer dizer, a recuperação da funcionalidade ecológica-ambiental perdida ou a devolução do meio ao estado em que se encontrava antes do dano ter sido causado [...].[219]

Diante desses exemplos de opção pela restauração ambiental nos ordenamentos jurídicos de diversos países, bem como da sua adoção em declarações e convenções de abrangências internacionais, das quais inúmeros Estados são signatários, não restam dúvidas sobre a vasta recepção do instrumento e da sua grande importância para a preservação e defesa do meio ambiente. Por isso, indica-se a sua caracterização como princípio jurídico, objetivando que o mesmo seja capaz de servir de base para o Direito Ambiental como um todo, tanto na elaboração e observação da legislação, quanto na orientação das práticas sociais.

De acordo com Winter, o art. 225 da Constituição Federal de 1988 estabelece um grande número de proposições, intituladas pela doutrina de "princípios", o que inclui o direito de todos a um meio ambiente ecologicamente equilibrado; a prevenção; a precaução; além do dever do poder público de defender e preservar o meio ambiente, tanto para as presentes quanto para as futuras gerações; o dever de exigir, em determinados casos, o Estudo Prévio de Impacto Ambiental;[220] o dever de reparação dos danos ambientais e, por fim, o gerenciamento dos riscos com precaução.[221]

Conforme o autor, existem inúmeras definições do que venham a ser princípios na doutrina jurídica e nas discussões filosóficas. Todavia, é aconselhável construir uma definição condizente com o contexto her-

---

[219] ANTEQUERA, Jesús Conde, 2004, p. 100.

[220] Sobre o tema, cf. BENJAMIN, Antônio Herman V.; MILARÉ, Édis. *Estudo prévio de impacto ambiental*. São Paulo, Revista dos Tribunais, 1993; MIRRA, Álvaro Luiz Valery. *Impacto ambiental*: aspectos da legislação brasileira. 2. ed. atual, aum. São Paulo: J. de Oliveira, 2002.

[221] WINTER, Gerd. A natureza jurídica dos princípios ambientais em Direito Internacional, Direito da Comunidade Européia e Direito Nacional. In: KISHI, Sandra Akemi Shimada, *et al*. *Desafios de direito ambiental no séc. XXI*: estudos em homenagem ao Professor Paulo Affonso Leme Machado. São Paulo: Malheiros, 2005, p. 123.

menêutico, no qual eles estão inseridos. Primeiramente, faz-se necessário distinguir "princípios" de "políticas". Winter esclarece que a expressão "princípio" deve ser relativa a princípios insculpidos em lei; já princípios não previstos em lei devem chamar-se "ideais", "objetivos", "políticas" etc.[222]

Em segundo lugar, é preciso diferenciar "princípios" de "regras", pois enquanto os primeiros encontram-se abertos para o balanceamento com os demais princípios, as regras necessitam ser aplicadas no caso concreto. Assim, ao passo que os princípios precisam levar em conta os valores e os objetivos envolvidos a ponto de permitir que haja a ponderação com outros princípios em conflito, as regras possuem caráter conclusivo. Embora as regras possam ser elaboradas de forma a permitir um equilíbrio de interesses, ainda que opostos, em seu dispositivo.[223]

> Por exemplo, direitos fundamentais, tais como o direito à liberdade econômica, são construídos para, primeiro, possibilitar proteção *prima facie* de certas atividades (como empreendimento econômico) e, segundo, possibilitar a interferência na matéria objeto de proteção, se as razões de interesse público (como interesses ambientais) assim exigirem.[224]

Ainda, é relevante destacar que os princípios podem ser inflexíveis, quando possuem um valor elevado e os seus núcleos se encontrem em risco. Desta maneira, os princípios inflexíveis devem ser considerados como regras, já que têm que ser aplicados obrigatoriamente. Além disso, os princípios dão fundamentação às regras e influenciam na sua interpretação e aplicação. Neste sentido, destacam o poder normativo das regras, demonstrando a maneira como devem ser interpretadas, acabando com as lacunas legais, direcionando os poderes discricionários e informando sobre a possibilidade de exceções. Por outro lado, se subsistir algum conflito entre princípios, as regras podem auxiliar na solução, o que demonstra uma das principais características das mesmas: serem elaboradas para dirimir eventuais conflitos entre princípios, em uma determinada matéria.[225]

Por fim, acrescenta-se que não há regras hierarquizando de forma absoluta os princípios ou nem mesmo uma classe ordinal entre os mesmos. Porém, a lei pode dar maior importância a um princípio, o qual passa a ter prioridade, *prima facie sobre* outros princípios em algum conflito. Mas, em caso de inexistência desta priorização legal, eles são abstratamente iguais. Ademais, o peso relativo dos princípios pode ser influenciado por circunstâncias individuais, fazendo com que somente seja determinado

---

[222] WINTER, Gerd. 2005, p. 126.
[223] *Idem, ibidem*, p. 127.
[224] *Idem*.
[225] *Idem, ibidem*, p. 128.

no caso concreto.[226] No caso do Direito Ambiental, em questão, ainda que os princípios possam servir de base para uma atuação protetora, a concretização de suas diretrizes é que encontra grandes dificuldades práticas. Em decorrência, fica a preocupação com a possibilidade de "[...] desvinculação do texto com as condições materiais de realização de seu conteúdo",[227] podendo resultar na confrontação da Constituição democrática, ou seja, impedindo a expressão do pluralismo[228] na sociedade e impondo-se como uma Constituição autoritária.

"Uma teoria autoritária da Constituição subtrai de uma sociedade que é pluralista o poder de mediação, instrumentalizado pelo diálogo entre o texto e os fatos, para a definição democrática de seu conteúdo".[229] Por isso, os princípios devem ser trabalhados em conformidade com as possibilidades de atuação dentro de uma lógica de relações de conflitos, nas quais os próprios princípios aparecerão contrapostos uns com os outros. Então, a adoção de uma postura condizente com o antropocentrismo alargado se faz necessária, no intuito de impedir que se construa um discurso jurídico no qual o meio ambiente seja visto como intocável e, consequentemente, não condizendo com a realidade.[230]

Seguindo esse raciocínio, quando se observa que o sistema jurídico brasileiro como um todo optou pela restauração natural do meio ambiente como medida prioritária, evidencia-se a formação de um verdadeiro princípio jurídico,[231] e se faz imperativo, também, levar em conta os casos concretos em que este princípio será válido. Quando da solução de conflitos, a proporcionalidade deve estar sempre presente, no intuito de direcionar uma possível situação de princípios conflitantes, Alexy ensina que:

> A solução da colisão consiste em que, considerando as circunstâncias do caso, estabelece-se entre os princípios uma relação de precedência condicionada. A determinação da relação de precedência condicionada consiste em que, tomando em consideração o caso, se indicam as condições sob as quais um princípio precede o outro.[232]

Contudo, ainda que haja alguma colisão de princípios na aplicação prática do dever de restauração ambiental, aliado a este princípio, mesmo

---

[226] WINTER, Gerd, 2005, p. 128-129.

[227] LEITE, José Rubens Morato; AYALA, Patryck de Araújo, 2002, p. 68.

[228] Sobre o tema, cf. WOLKMER, Antônio Carlos. *Pluralismo jurídico*: os novos caminhos da contemporaneidade. São Paulo: Saraiva, 2010.

[229] LEITE, José Rubens Morato; AYALA, Patryck de Araújo, 2002, p. 68-69.

[230] *Idem, ibidem*.

[231] STEIGLEDER. Annelise, Monteiro, 2004, p. 238. Sobre o tema da responsabilidade por danos ambientais no ordenamento jurídico brasileiro, cf. o Segundo Capítulo.

[232] ALEXY, Robert. *Teoria de los derechos fundamentales*. Madri: Centro de Estúdios Constitucionales, 1997, p. 92.

que contraditoriamente, existem também os princípios gerais da atividade econômica, de acordo com os quais a ordem econômica deve observar a defesa do meio ambiente.[233] Assim, quando do conflito entre os valores ambientais e os interesses econômicos, a mesma Constituição que prevê o dever do poder público de preservar e restaurar os processos ecológicos essenciais determina que a ordem econômica seja regida em conformidade com a defesa do meio ambiente. Obviamente que, no contexto da realidade social, estes princípios, muitas vezes, se encontram em polos opostos de interesses, resultando a relevância do caráter ético-educativo da restauração ambiental, no sentido de despertar no homem a consciência para uma existência condizente com o caráter finito da natureza como provedora de recursos para a sua sobrevivência.

A seguir, passa-se ao estudo da recepção da restauração ambiental pela legislação infraconstitucional no ordenamento jurídico brasileiro, a qual surgiu com a finalidade de regulamentar a previsão deste dever constitucional, ou até mesmo antes de sua previsão normativa, mas de acordo com a sua inclusão em diversos instrumentos de Direito Internacional, conforme mencionado.

1.4. A previsão legislativa infraconstitucional da restauração ambiental

A respeito da legislação infraconstitucional ambiental brasileira, esclarece-se que, ainda anteriormente à promulgação da Constituição Federal de 1988 e, consequentemente, antes do estabelecimento do dever de restaurar os processos ecológicos essenciais, o Código Florestal brasileiro (Lei nº 4.771, de 1965), em seu art. 44, previu algumas medidas relativas à restauração ambiental a serem adotadas pelo proprietário ou possuidor de imóvel rural com área de floresta em condições específicas, também previstas na lei. No entanto, o mesmo artigo da lei, quando descreve como as medidas devem ser tomadas, possibilita ao proprietário ou possuidor promover a recomposição da vegetação nativa com o "[...] plantio temporário de espécies exóticas, como pioneiras, visando à restauração do ecossistema original". Portanto, denota-se que esta legislação se encontra em desconformidade com as técnicas consideradas como as melhores disponíveis para a restauração ambiental, uma vez que as espécies exóticas, além de não substituírem as espécies nativas, em termos de biodiversidade, podem, quando se tornam invasoras, expor o ambiente a uma degradação ainda maior. E, embora tenha sido indicado o seu uso apenas como "pioneiro," considera-se a introdução, mesmo neste caso,

---

[233] Art. 170 da Constituição Federal de 1988.

um risco desnecessário, uma vez que algumas espécies nativas podem cumprir perfeitamente este papel.[234]

Também a Lei nº 6.938, de 1981, em seu art. 2º, inciso VIII, estabelece ser um dos princípios da Política Nacional do Meio Ambiente (PNMA) "a recuperação de áreas degradadas". Mais adiante, no art. 4º, inscreve, dentre os objetivos da PNMA, a "[...] preservação e restauração dos recursos ambientais com vistas à sua utilização racional e disponibilidade permanente, concorrendo para a manutenção do equilíbrio ecológico propício à vida" (inciso VI). E, em seguida, determina a "[...] imposição ao poluidor e ao predador da obrigação de recuperar e/ou indenizar os danos causados e, ao usuário, da contribuição pela utilização de recursos ambientais com fins econômicos" (inciso VII). Por fim, o art. 14, § 1º, refere a obrigação do poluidor, mesmo sem a existência de culpa,[235] em "[...] indenizar ou reparar os danos causados ao meio ambiente e a terceiros, afetados por sua atividade".

Tais dispositivos deixam clara a opção do legislador pela adoção do princípio da restauração ambiental, antes mesmo de sua previsão constitucional. No que diz respeito ao último dispositivo mencionado, quanto à indenização, observe-se ainda:

> Por força de uma hermenêutica teleológica e sistemática, deve-se interpretar esse dispositivo, à luz da própria principiologia da Lei n. 6.938/81, referida nos arts. 2º e 4º, como atribuindo primazia à restauração natural, sendo a indenização uma medida cabível apenas quando impossível a recuperação *in natura*, ou quando se trata de danos extrapatrimoniais.[236]

Segundo Steigleder, o mesmo sentido pode ser atribuído ao art. 84 do Código de Defesa do Consumidor, quando trata da tutela específica e estabelece que a indenização somente ocorrerá quando o resultado prático equivalente for impossível.[237] Especificamente sobre o art. 2º, inciso VIII, da Lei nº 6.938 de 1981, evidencia-se que o mesmo foi regulamentado pelo Decreto nº 97.632, de 1989, o qual determinou que "Os empreendimentos que se destinem à exploração de recursos minerais deverão, quando da apresentação do Estudo de Impacto Ambiental [...], submeter à aprovação do órgão ambiental competente um plano de recuperação de área degradada". O mesmo Decreto, em seu art. 3º, dispõe que "A

---

[234] REIS, Ademir. Sucessão. In: REIS, Ademir (org.), 2006. p. 9-24, p. 9-12. O tema será abordado no Terceiro Capítulo.

[235] A expressão "independentemente de culpa" refere-se à responsabilidade objetiva do poluidor pelos danos ambientais, com a qual não foi estabelecida nenhuma limitação à responsabilidade em matéria ambiental, por meio dos art. 225, § 3º, da Constituição Federal de 1988, c/c o mencionado art. 14, § 1º, da Lei nº 6.938 de 1981.

[236] STEIGLEDER. Annelise, Monteiro, 2004, p. 237.

[237] *Idem, Ibidem.*

recuperação deverá ter por objetivo o retorno do sítio degradado a uma forma de utilização, de acordo com um plano preestabelecido para o uso do solo, visando à obtenção de uma estabilidade do meio ambiente". Este mesmo Decreto traz à tona um conceito bastante relevante para o tema em debate: o de degradação.[238]

Para considerar-se uma determinada área como degradada, alguns elementos devem ser verificados neste ambiente, como: a destruição, a remoção ou a expulsão da vegetação e, consequentemente, da fauna, além da perda, remoção ou cobertura da camada de solo fértil, o que afeta a vazão e a qualidade ambiental tanto dos corpos superficiais quanto subterrâneos d'água.[239]

Em decorrência destes acontecimentos ocorrerá a alteração das características físicas, químicas e biológicas desta área, influenciando também o seu potencial socioeconômico. Por isso, a recuperação será veiculada por meio da elaboração de um plano (plano de recuperação de áreas degradas – PRAD), que leve em consideração todos os aspectos englobados na degradação, ou seja, ambientais, sociais e estéticos, em conformidade com a destinação que será dada ao local e, assim, recompondo o equilíbrio ecológico que fora perdido.[240]

Todavia, também resta mais uma vez demonstrado o uso pelo legislador, ora do vocábulo "restaurar," ora "recuperar", o que torna a evidenciar que são empregados como sinônimos. Tendo em vista que o processo de "recuperação" é menos exigente, no que diz respeito ao retorno ao *status quo* do ambiente degradado em relação à "restauração", não há duvidas quanto à problemática em torno da aplicação prática desta legislação, uma vez que, conforme foi mencionado, são conhecidas as imensas diferenças técnico-científicas existentes entre um processo e outro e as drásticas consequências ambientais, quando da adoção de uma técnica em detrimento da outra, na tentativa de preservação da biodiversidade.

Posteriormente ao estabelecimento do dever constitucional do poder público em preservar e restaurar os processos ecológicos essenciais, a Lei nº 9.605, de 1998, adotou o princípio da restauração ambiental do dano ambiental. A referida lei, ainda que trate dos crimes e infrações administrativas ambientais, também se dedica à reparação do dano em vários de

---

[238] Art. 2º Para efeito deste Decreto são considerados como degradação os processos resultantes dos danos ao meio ambiente, pelos quais se perdem ou se reduzem algumas de suas propriedades, tais como a qualidade ou capacidade produtiva dos recursos ambientais.

[239] Disponível em: <http://www.ambientebrasil.com.br/composer.php3?base=./gestao/index.html&conteudo=./gestao/areas.html> Acesso em: 14 jul. 2011.

[240] *Idem*. O tema será abordado novamente no tópico 2.2.1.1

seus dispositivos.[241] Para Steigleder, essas normas penais, quando examinadas no contexto das outras normas ambientais, demonstram que a opção do sistema jurídico brasileiro é pela restauração ambiental prioritariamente, do que se pode extrair um "verdadeiro princípio jurídico".[242]

Ainda, a Lei nº 9.985, de 2000, refere-se à temática em tela, de acordo com os prévios esclarecimentos, no intuito de impedir a utilização das expressões "restauração" e "recuperação" como sinônimos, haja vista a profunda distinção das mesmas nos processos de retomada do equilíbrio ecológico. Assim, no art. 2º, incisos XIII e XIV, da lei, são dados os conceitos dos dois processos, não havendo, então, mais motivos para a perpetuação de tal equívoco pela legislação posterior ou pelas práticas sociojurídicas. Também ficou estabelecido que o Sistema Nacional de Unidades de Conservação (SNUC) tem, dentre os seus objetivos, o de "[...] contribuir para a preservação e a restauração da diversidade de ecossistemas naturais" (inciso III) e de "[...] recuperar ou restaurar ecossistemas degradados" (inciso IX). Além de ter como uma de suas diretrizes a busca da "[...] restauração e recuperação dos ecossistemas" (inciso XIII).

Ademais, o Decreto nº 4.339, de 2002, que instituiu os princípios e diretrizes para a implementação da Política Nacional da Biodiversidade (PNB),[243] em diversos de seus dispositivos e em distintos contextos, refere-se à restauração ambiental. Assim, quando descreve o primeiro componente da PNB, que diz respeito ao conhecimento da Biodiversidade, traz como sua terceira diretriz a promoção de pesquisas para a gestão da biodiversidade, sendo um de seus objetivos específicos, o fomento de "[...] pesquisa em técnicas de prevenção, recuperação e restauração de áreas em processo de desertificação, fragmentação ou degradação ambiental, que utilizem a biodiversidade".

Já o quarto componente da PNB, relacionado a monitoramento, avaliação, prevenção e mitigação de impactos sobre a biodiversidade, traz como sua terceira diretriz a "[...] recuperação de ecossistemas degradados e dos componentes da biodiversidade sobreexplotados e o estabelecimento de instrumentos que promovam tal recuperação". Finalmente, dentre os objetivos específicos desta diretriz, existem três relacionados à restauração ambiental: o primeiro refere-se ao apoio a "[...] iniciativas nacionais e estaduais de promoção do estudo e de difusão de tecnologias de restauração ambiental e recuperação de áreas degradadas com espécies nativas

---

[241] Para uma visão detalhada da Lei nº 9.605, de 1998, cf. COSTA NETO, Nicolao Dino de Castro et al. *Crimes e infrações administrativas ambientais*. 3. ed. Belo Horizonte: Del Rey, 2011.

[242] STEIGLEDER. Annelise, Monteiro, 2004, p. 237.

[243] Oriunda da Convenção sobre Diversidade Biológica, assinada durante a Conferência das Nações Unidas sobre Meio Ambiente e Desenvolvimento – CNUMAD –, realizada no Rio de Janeiro, no período de 05 a 14 de junho de 1992.

autóctones"; o segundo, à criação de "[...] unidades florestais nos estados brasileiros, para produção e fornecimento de sementes e mudas para a execução de projetos de restauração ambiental e recuperação de áreas degradadas, apoiados por universidades e centros de pesquisa no país", e o terceiro, à promoção de "[...] ações de recuperação e restauração dos ecossistemas degradados e dos componentes da biodiversidade marinha sobreexplotados".

Nesse mesmo sentido, a Lei n° 11.428, de 2006, que dispõe sobre a utilização e proteção da vegetação nativa do Bioma Mata Atlântica, no *caput* de seu art. 36, trouxe uma inovação bastante relevante para a área de conhecimento em análise, instituindo o Fundo de Restauração do Bioma Mata Atlântica, destinado ao financiamento de projetos de restauração ambiental e de pesquisa científica. Por sua vez, os artigos seguintes especificam como serão constituídos os recursos do Fundo e quais os projetos passíveis de serem beneficiados. Percebe-se ainda uma clara opção pela inclusão dos municípios na gestão de áreas remanescentes da Mata Atlântica, o que pode facilitar este processo, uma vez que existe uma tendência maior de percepção dos reais problemas no contexto local. Também se ressalta que tais recursos podem ser de grande utilidade no intuito de conservar os remanescentes deste bioma e, ainda, agregam a possibilidade de restaurar algumas áreas já degradas.

Entretanto, no que concerne ao disposto no *caput* e no § 1° do art. 17 da referida lei, relativo à imposição da compensação ambiental nos casos em que haja "[...] corte ou supressão da vegetação primária ou secundária nos estágios médio ou avançado de regeneração do Bioma Mata Atlântica [...]", observa-se que esta aparece como primeira opção para a reparabilidade do dano, restando à reposição florestal com espécies nativas condicionadas à impossibilidade da primeira.

Entende-se que tal dispositivo contraria o estabelecido no § 1° do art. 225 da Constituição Federal de 1988, que impõe o dever de preservação e restauração dos processos ecológicos essenciais, segundo o qual deve ser construído todo o aparato legislativo infraconstitucional. Ademais, a Política Nacional do Meio Ambiente atribui primazia à restauração natural, deixando a indenização como medida cabível quando esta restar impossível, justamente o oposto estabelecido pela lei em tela.

1.5. Síntese do capítulo

Ao longo deste Primeiro Capítulo, constatou-se a crise da relação mantida entre o homem e a natureza, assinalando-se para a necessidade de encontrar o meio-termo entre as concepções desta como objeto e como sujeito. Nesse sentido, a ideia da natureza como projeto foi evidenciada como ideal de meio mais justo para ambos. A partir dessa construção teórica, foi analisada a recepção do meio ambiente pela legislação brasileira, bem como suas peculiaridades. A legislação referente à restauração ambiental também foi descrita, denotando-se as incongruências pelas quais o instrumento é permeado.

Por todo o exposto, pode ser percebido que o dever de restauração dos processos ecológicos essenciais, estabelecido constitucionalmente pelo art. 225, § 1º, da Constituição Federal de 1988, vem sendo regulamentado pela legislação infraconstitucional no intuito de buscar a sua efetividade. Assim, ainda que existam algumas contradições entre os diversos dispositivos legais, há de se convir que se dispõe de um aparato legislativo já bastante numeroso para a tarefa de preservar a biodiversidade. As práticas sociais, no entanto, seguem perpetuando a destruição da natureza, por isso é preciso refletir a respeito dos empecilhos para a concretização deste dever.

Assim, no capítulo seguinte, serão trabalhados os contornos do dano ambiental e de sua reparação no sistema de responsabilidade por danos ambientais do ordenamento jurídico brasileiro, no intuito de desvendar algumas de suas obscuridades, caminhando-se, então, para uma abordagem transdisciplinar do tema, quando serão detalhadas algumas das especificidades das técnicas de restauração ambiental.

2. Restauração ambiental: dilemas e complexidades na mensuração do dano

2.1. A complexidade do dano ambiental diante da tarefa de mensurá-lo

No Primeiro Capítulo da presente obra, foi exposto o atual contexto de crise paradigmática da relação que o homem mantém com a natureza, para cuja compreensão e tentativa de superação foi sugerida uma abordagem dialética. A principal diretriz buscada foi a de um "meio justo", propondo que a natureza não seja vista nem como objeto, nem como sujeito. Posteriormente, traçou-se o delineamento da recepção jurídica do meio ambiente na legislação ambiental brasileira, para, mais tarde, enfocar-se o dever jurídico de restauração ambiental e a sua repercussão, tanto no ordenamento pátrio quanto em outros países, ainda que estes de maneira sucinta. Nesta etapa, parte-se para a abordagem da complexidade dos danos ambientais.

Para Morin, a complexidade, numa primeira acepção, trata de um fenômeno quantitativo, já que existe inúmera quantidade de interações e de interferências entre as unidades. Ou seja, todo o sistema vivo (auto-organizador), até aquele mais simples, possui uma combinação enorme de unidades (da ordem de bilhões), tanto de moléculas numa célula ou células no organismo. Entretanto, a complexidade não diz respeito somente a quantidades de unidades e interações desafiando todas as possibilidades de contabilidade, pois ela compreende, além disso, incertezas, indeterminações e fenômenos aleatórios. Segundo o autor, de certa forma, ela tem sempre relação com o acaso. A complexidade está relacionada com a incerteza, quando advinda dos limites do entendimento humano ou quando concernente aos próprios fenômenos. Todavia, ela não é reduzida à incerteza, "[...] é a incerteza no seio de sistemas ricamente organizados".[244]

---
[244] MORIN, Edgar, 2007, p. 35.

Assim, conforme Morin, enquanto para o pensamento científico é próprio tentar eliminar a imprecisão, a ambiguidade, a contradição, para o pensamento complexo é necessário aceitar certo grau de imprecisão dos fenômenos e dos conceitos. Também faz-se necessário aceitar certa ambiguidade, mas uma ambiguidade precisa, nas relações sujeito/objeto, ordem/desordem, auto-hetero-organização.[245]

> A complexidade da relação ordem/desordem/organização surge, pois, quando se constata empiricamente que fenômenos desordenados são necessários em certas condições, em certos casos, para a produção de fenômenos organizados, os quais contribuem para o crescimento da ordem. A ordem biológica é uma ordem mais desenvolvida que a ordem física; é uma ordem que se desenvolveu com a vida. Ao mesmo tempo, o mundo da vida comporta e tolera muito mais desordens que o mundo da física. Dizendo de outro modo, a desordem e a ordem ampliam-se no seio de uma organização que se complexifica.[246]

É importante manter este enfoque quanto ao pensamento complexo ao tentar-se compreender as relações existentes nos ecossistemas e, consequentemente, na avaliação dos danos ambientais, não só para quantificá-los, como, principalmente, para tentar recompô-los. O pensamento simplificador, redutor, não é capaz de perceber as complexidades envolvidas nas relações biológicas e, portanto, não é condizente com o dever de restaurar os processos ecológicos essenciais. Neste momento, passa-se ao apontamento de algumas das complexidades envolvidas nos danos ambientais e dos desafios por eles representados, quando a tarefa de mensurá-los é posta em evidência. Parte-se de alguns conceitos relevantes para o estudo.

2.1.1. Alguns conceitos preliminares

Depois de ter-se analisado algumas das peculiaridades do bem ambiental, principalmente quanto aos seus aspectos jurídicos, passa-se ao estudo dos danos que podem ser causados aos mesmos e do seu tratamento no ordenamento jurídico brasileiro.

No Brasil, o conceito de "dano ambiental"[247] está previsto no art. 3º, inciso II, da Lei nº 6.938, de 1981, a qual evidencia tratar-se de "[...] degradação da qualidade ambiental a alteração adversa das características do ambiente", diferentemente, do que é entendido como poluição, estabelecido no inciso III do art. 3º da referida lei, já que a conceitua como a

> [...] degradação da qualidade ambiental resultante da atividade que direta ou indiretamente: a) prejudiquem a saúde, a segurança e o bem-estar da população; b) criem condições

---

[245] MORIN, Edgar, 2007, p. 36.
[246] *Idem, ibidem*, p. 63.
[247] A terminologia "dano ecológico" também é empregada pela doutrina.

adversas às atividades sociais e econômicas; c) afetem desfavoravelmente a biota[248]; d) afetem as condições estéticas ou sanitárias do meio ambiente; e) lancem matérias ou energia em desacordo com os padrões ambientais estabelecidos.[249]

Para Antequera, existem dois tipos de poluição: aquela decorrente de contaminantes não degradáveis (como pesticidas, alguns detergentes e sais metálicos), os quais não são eliminados ou são de forma muito lenta pelo meio ambiente, e a poluição produzida por contaminantes biodegradáveis (como resíduos domésticos e dejetos orgânicos), que podem ser decompostos por processos naturais, mas que não podem ser assimilados pela natureza devido à grande quantidade encontrada ou que, por outros motivos, superem a capacidade de eliminação pelo meio ambiente. No entendimento do autor, só poderá ser considerada poluição, quando a capacidade de assimilação for superada, causando alterações nos ecossistemas.[250]

No contexto pátrio, a degradação é considerada como de maior amplitude do que a poluição, pois abrange também os atos de deteriorar, desgastar e estragar o meio ambiente.[251] Assim, o legislador brasileiro, ao prever as lesões ambientais materiais e imateriais, estabeleceu uma visão mais ampla da degradação.[252]

Nessa perspectiva,

O conceito de dano ambiental equivaleria a uma alteração, degradação ou destruição de algum elemento do meio ambiente produzida por múltiplas circunstâncias, das quais a contaminação ambiental e a poluição seriam formas importantes de causá-lo, mas não seriam as únicas. Assim, outras formas de produzir o dano ambiental seria a destruição ou a deterioração física de um determinado elemento ou espaço natural de forma mecânica ou por atos de agente causador (por exemplo, a morte de espécies, incêndios florestais, o não cumprimento de obrigações de fazer ou de prevenção etc.).[253]

A expressão "dano ambiental" é considerada ambivalente, pois pode estar relacionada tanto com as modificações lesivas ao meio ambiente em si, quanto com as consequências negativas que essas modificações podem ocasionar à saúde dos seres humanos ou aos seus interesses.[254] Portanto, os danos ao meio ambiente são "[...] realidades jurídicas diversas dos danos ambientais, sendo estes últimos sujeitos a um regime jurídico especí-

---

[248] Cf. Glossário.

[249] Art. 3º, inciso II da Lei nº 6.938, de 1981.

[250] ANTEQUERA, Jesús Conde, 2004, p. 20-21.

[251] LEITE, José Rubens Morato. *Dano ambiental*: do individual ao coletivo extrapatrimonial. 2. ed. rev. atual. e ampl. São Paulo: Revista dos Tribunais, 2003, p. 103.

[252] *Idem, ibidem*, p.103.

[253] ANTEQUERA, Jesús Conde, 2004, p. 21.

[254] SENDIM, José de Sousa Cunhal, 1998, p. 135. Sobre o entendimento na doutrina espanhola, cf. ANTEQUERA, Jesús Conde, 2004, p. 19.

fico que é [...] funcionalmente dirigido à prevenção dos riscos ecológicos e à reintegração dos bens lesados".[255] Para melhor esclarecer,

> Dano ambiental significa, em uma primeira acepção, uma alteração indesejável ao conjunto de elementos chamados meio ambiente, como por exemplo, a poluição atmosférica; seria, assim, a lesão ao direito fundamental que todos têm de gozar e aproveitar do meio ambiente apropriado. Contudo, em sua segunda conceituação, dano ambiental engloba os efeitos que esta modificação gera na saúde das pessoas e em seus interesses.[256]

Mirra, referindo-se a um conceito amplo de dano ambiental, entende que ele

> [...] pode ser definido como toda a degradação do meio ambiente, incluindo os aspectos naturais, culturais e artificiais que permitem e condicionam a vida, visto como bem unitário imaterial coletivo e indivisível, e dos bens ambientais e seus elementos corpóreos e incorpóreos específicos que o compõem, caracterizadora da violação do direito difuso e fundamental de todos à sadia qualidade de vida em um ambiente são e ecologicamente equilibrado.[257]

Ademais, o dano ambiental poderá ser causado ao patrimônio ambiental que é pertencente a toda a coletividade, ou por intermédio do meio ambiente a algumas pessoas, causando prejuízo a direito subjetivo, neste caso será um "dano em ricochete a interesses legítimos". E, dependendo da amplitude dada ao conceito de meio ambiente, vai derivar, consecutivamente, a própria configuração do sistema de responsabilidade, já que uma definição extremamente restritiva pode implicar a redução das oportunidades de alcance de maior sustentabilidade.[258] Entretanto, pode-se dizer que já se encontram superadas, não só no ordenamento jurídico pátrio como nos demais países como um todo, as definições antropocêntricas que limitavam o alcance dos danos ao meio ambiente somente aos danos relacionados ao homem (à saúde ou bem-estar humanos ou ao direito de propriedade), que excluíam os "danos ecológicos puros", afetos unicamente à natureza, sem repercussão direta sobre as atividades humanas.

2.1.2. O dano ambiental e a sua respectiva classificação

No sentido de melhor compreender os danos ambientais, será feita breve classificação dos mesmos, tendo em vista não só a amplitude do

---
[255] SENDIM, José de Sousa Cunhal, 1998, p. 135.
[256] LEITE, José Rubens Morato, 2003, p. 94.
[257] MIRRA, Álvaro Luiz Valery, 1994, vol. 7, p. 89.
[258] CATALÁ, Lucía Gomis. *Responsabilidad por daños al médio ambiente*. Elcano (Navarro): Arazandi Editorial, 1998, p. 63.

bem objeto de proteção, com também a possibilidade de sua reparação; os interesses jurídicos envolvidos; a sua extensão e o interesse em tela.[259]

Todavia, antes de partir para a classificação escolhida, é preciso mencionar que existem outras classificações, como a que é feita por Antequera. Segundo este autor, os tipos de danos ambientais podem ser distinguidos por diversos aspectos, são eles: em função do caráter do dano (dano antijurídico e dano lícito); pelo causador do dano (dano originado por causador determinado ou conhecido, e dano originado por causador indeterminado ou desconhecido); pela ocorrência do elemento subjetivo (dano intencional, dano culposo e dano acidental); pela forma como se produzem (dano por ação e dano por omissão).[260]

Também os danos podem ser distinguidos pelos seus efeitos no tempo (dano imediato e dano diferido, futuro ou superveniente); pelos seus efeitos no espaço (dano local e dano transfronteiriço); pelos seus efeitos econômicos, principalmente, quanto a sua possibilidade de quantificação ou medida (dano avaliável e dano não avaliável); pela efetividade de sua realização (dano certo ou real e dano potencial); pelas suas consequências para o meio ambiente (dano reparável, dano irreparável ou irreversível, dano grave e dano não grave ou tolerável pelo meio ambiente); em função da delimitação do conceito de meio ambiente (dano ao meio ambiente artificial ou criado pelo homem e dano ao meio natural em sentido estrito) e, por fim, pelas suas consequências para o homem (dano ambiental, com repercussão direta ao homem, e dano sem repercussão para o homem).[261]

Seguindo com a classificação feita por Leite, quanto à amplitude do bem objeto de proteção legal, entende-se que está diretamente relacionada ao conceito de meio ambiente levado em consideração. Por isso, quando se evidencia uma concepção restrita de meio ambiente, ou seja, considerando apenas o meio ambiente natural sem incluir o cultural e o artificial, tem-se um "dano ecológico puro," que diz respeito a "[...] uma perturbação do patrimônio natural – enquanto conjunto dos recursos bióticos e abióticos e da sua interação – que afete a capacidade funcional ecológica e a capacidade de aproveitamento humano de tais bens tutelados pelo sistema jurídico-ambiental",[262] cuja proteção está limitada a alguns dos elementos do sistema ecológico, ou seja, são danos que atingem, em

---

[259] Classifiicação elaborada com base na classificação feita por LEITE, José Rubens Morato, 2003, p. 95-100.

[260] ANTEQUERA, Jesús Conde, 2004. p. 31-39.

[261] *Idem, ibidem*, p. 31-39.

[262] SENDIM, José de Sousa Cunhal, 1998, p. 130.

sentido estrito, bens próprios da natureza, e não, necessariamente, relatos ao homem. [263]

Por sua vez, quando é levado em conta um conceito de meio ambiente mais amplo, considerando também o ambiente cultural e o artificial, tem-se um "dano ambiental *lato sensu*", que diz respeito aos interesses difusos da coletividade como um todo,[264] o meio ambiente está sendo atingido de modo geral, incluindo o homem e o ambiente criado por ele. Já Catalá sintetiza afirmando que a definição de dano ao meio ambiente está apenas relacionada a duas grandes categorias distintas, em função de o meio ambiente danificado ora atentar contra a saúde e os bens da pessoa, ora contra o próprio meio natural. Sendo que, na primeira hipótese, serão "danos pessoais, patrimoniais e econômicos" e, na segunda, "danos ecológicos puros".[265]

Também quanto à amplitude, o dano pode ser, ainda, "individual ambiental ou reflexo", quando o principal objetivo não concerne à tutela de valores ambientais e, sim, à tutela dos interesses daquele que foi lesado, ou seja, diz respeito ao microbem ambiental.[266] Neste caso, a proteção do bem ambiental só ocorrerá de forma reflexa. Ressalta-se que os danos ambientais *lato sensu* "[...] resultam sempre sobrepostos aos danos ecológicos puros e também aos danos individuais, pois, nas duas hipóteses, estará sendo lesado o interesse difuso adjacente, relativo à manutenção da qualidade ambiental".[267]

Posteriormente, quanto à possibilidade de reparação e aos interesses jurídicos envolvidos, o dano ambiental pode ser de "reparabilidade direta" ou de "reparabilidade indireta". No primeiro caso, quando é concernente ao interesse individual (próprio) e individual homogêneo, e, somente reflexo ao meio ambiente, por isso relativo ao microbem ambiental, aquele que sofrer o dano receberá indenização de forma direta.[268]

Já no segundo caso, quando diz respeito a

> [...] interesses difusos, coletivos e eventualmente individuais de dimensão coletiva, concernentes à proteção do macrobem ambiental e relativos à proteção do meio ambiente como bem difuso, sendo que a reparabilidade é feita, indireta e preferencialmente, ao bem ambiental de interesse coletivo e não objetivando ressarcir interesses próprios e pessoais.[269]

---

[263] LEITE, José Rubens Morato, 2003, p. 95.
[264] *Idem, ibidem.*
[265] CATALÁ, Lucía Gomis, 1998, p. 64.
[266] LEITE, José Rubens Morato, 2003, p. 96.
[267] STEIGLEDER. Annelise, Monteiro, 2004, p. 122.
[268] LEITE, José Rubens Morato, 2003, p. 96.
[269] *Idem, ibidem.*

Portanto, neste último tipo de reparação, a funcionalidade ecológica do meio ambiente e a sua capacidade de ser usufruída pelo homem são tratadas em caráter principal, sem levar em consideração os interesses daqueles que, por ventura, sofrerem consequências negativas com esta lesão.

Ademais, quanto à extensão, o dano ambiental pode ser "patrimonial ambiental" e "extrapatrimonial ou moral ambiental". Na primeira hipótese, relaciona-se a reparação do dano ambiental a uma concepção de patrimônio que difere da visão clássica da propriedade, já que o bem ambiental, enquanto macrobem, tem como interessada toda a coletividade.[270] A "visão clássica de propriedade" é empregada quando o microbem ambiental está em voga, pois se relaciona ao interesse individual e ao bem que pertence a este indivíduo.[271] Neste caso, o patrimônio ambiental é protegido como "dano ambiental reflexo".

Já o "dano extrapatrimonial ou moral ambiental" refere-se às perdas não materiais sofridas pelo indivíduo ou pela sociedade em consequência da degradação do ambiente. Ressalta-se que a nomenclatura mais utilizada pelos juristas brasileiros é de "dano moral", pois foi consagrada pela legislação, doutrina e jurisprudência. Evidencia-se, todavia, que "dano extrapatrimonial" é menos restritivo, por não vincular a possibilidade do dano à moral.[272]

> O dano extrapatrimonial está muito vinculado ao direito da personalidade, mas não restringido, pois este é conhecido tradicionalmente como atinente à pessoa física e no que concerne ao dano ambiental, abraçando uma caracterização mais abrangente e solidária, tratando-se, ao mesmo tempo, de um direito individual e um direito da coletividade. O direito ao meio ambiente ecologicamente equilibrado está ligado a um direito fundamental de todos e se reporta à qualidade de vida que se configura como valor imaterial da coletividade.[273]

Entretanto, pode ainda existir outra subdivisão, em "dano ambiental extrapatrimonial coletivo", quando a tutela é do macrobem ambiental ou "dano ambiental extrapatrimonial reflexo", no caso de a tutela ser individual, quando o interesse é no microbem ambiental.[274] Para Steigleder,

> O fundamento da admissibilidade do dano moral coletivo é que a coletividade, como conglomerado de pessoas que vivem em determinado território, unidas por fatores comuns, é norteada por valores, os quais resultam da amplificação dos valores dos indivíduos componentes da coletividade. [...] Os valores coletivos dizem respeito à comunidade, inde-

---

[270] LEITE, José Rubens Morato, 2003, p. 96.
[271] Idem, ibidem.
[272] Idem, ibidem, p. 265-266.
[273] Idem, ibidem, p. 266-267.
[274] Idem, ibidem, p. 97-98.

pendentemente de suas partes, o que lhes confere um caráter nitidamente indivisível. [...] Assim, haverá dano ambiental de natureza moral coletiva a ser indenizado nas situações de exposição da população nas suas mais diversas formas (ruídos, poluição atmosférica, hídrica,...), percebendo-se que a saúde, a tranqüilidade e a qualidade de vida da coletividade sofre um decréscimo, e, mesmo que reparado o dano ecológico puro, a reparação não será integral se não considerada esta dimensão imaterial, de lesão à qualidade de vida.[275]

Por fim, o dano ambiental pode ser classificado quanto aos "interesses envolvidos". Quando a perspectiva é a do interesse coletivo na preservação do macrobem ambiental, o dano é um "dano ambiental de interesse da coletividade ou de interesse público", já quando o interesse é "particular individual próprio", com relação ao microbem ambiental, pois em relação às propriedades particulares e interesses privados, ele é conhecido como "dano ambiental de interesse individual".[276] Também existe a possibilidade de o indivíduo agir em nome do macrobem coletivo, referindo-se a um "[...] direito subjetivo fundamental, tutelado via ação popular do direito brasileiro, dano ambiental de interesse subjetivo fundamental".[277]

Contudo, a referência ao caráter público do dano ambiental não tem relação com a titularidade pública sobre o bem ambiental, nem com a legitimação unicamente do Estado para propor ação na sua defesa. Trata-se, sim, de lesão ao interesse público, que possui natureza difusa, quando o bem de uso comum do povo for afetado na sua qualidade e/ou quantidade.[278]

No sentido de fazer-se visível o interesse público, Sendim diz que

> Assim, por exemplo, a proteção do *estado-dever* da água visa assegurar a sua capacidade funcional ecológica mas, também, garantir uma determinada capacidade de uso. Deste modo a lei, apesar de visar essencialmente a protecção (sic) do interesse público, pode contudo proteger simultaneamente interesses individuais de categorias abstractas (sic) de pessoas.[279] (grifo do autor)

Ademais, ainda que o dano ambiental não se enquadre na "visão clássica" de outros danos, pois diz respeito a um bem de uso comum do povo, incorpóreo, imaterial, indivisível e insuscetível de apropriação exclusiva,[280] ao mesmo tempo, é um dano reparável, pois corresponde a

---

[275] STEIGLEDER. Annelise, Monteiro, 2004, p. 164-165.

[276] LEITE, José Rubens Morato, 2003, p. 98.

[277] *Idem, ibidem.*

[278] STEIGLEDER. Annelise, Monteiro, 2004, p.123.

[279] SENDIM, José de Sousa Cunhal, 1998, p. 131.

[280] LEITE, José Rubens Morato, 2003, p. 99; MIRRA, Álvaro Luiz Valery. A reparação do dano ambiental. Tradução de *L'action civile publique du droit bresilien et la reparation du dammage cause à l'environment*. Tradução atualizada pelo autor. Estrasburgo, França, 1997, p. 11. Dissertação (Mestrado em Direito Ambiental) – Faculdade de Direito, Universidade de Estrasburgo, p. 20.

um interesse jurídico autônomo, ainda que não preencha os requisitos tradicionais da configuração do dano.[281] Assim, quando ocorrerem danos por intermediação do meio ambiente, suportados por indivíduos determinados, são reparáveis por meio da atribuição de responsabilidade civil, estabelecida pelo Código Civil e por leis especiais, as quais preveem, inclusive, a responsabilidade objetiva pelo desenvolvimento de atividades perigosas.[282]

De acordo com o art. 14, § 1º, da Lei nº 6.938, de 1981, aquele que poluir está obrigado, mesmo sem a existência de culpa, a indenizar ou a reparar os danos que forem causados tanto ao meio ambiente quanto a terceiros, que sejam afetados por sua atividade. Isto é, existe uma vigência dupla quanto à proteção do bem ambiental, na sua visão de macrobem e, também, de microbem, em consideração aos interesses particulares. Para Leite, ocorreu um avanço na legislação, pois o dano ambiental foi tratado de maneira mais específica, já que, devido a sua complexidade, deve ter um tratamento diferente do dispensado ao dano clássico.[283]

Segundo o Livro Verde sobre reparação do dano ecológico, é fundamental à construção de uma definição jurídica do dano ao meio ambiente, para que seja possível "[...] o processo de determinação do tipo e campo de aplicação das correspondentes medidas de reparação e, consequentemente, a delimitação dos custos que as mesmas poderão alcançar pela via da responsabilidade civil".[284] E, de acordo com Antequera, esta conclusão é acertada, afinal, depois de ocorrido o dano no meio ambiente, é necessária a sua delimitação jurídica, para que haja o nascimento da responsabilidade em repará-lo e, não somente para a responsabilidade civil, mas também para a determinação das medidas a serem adotadas para a restauração do meio ambiente degradado, exigíveis do causador do dano, o qual estará obrigado a tomá-las.[285]

Além disso, diante da ideia de complexidade do bem ambiental, surgem alguns questionamentos que obrigam a melhor refletir sobre o seu delineamento e tratamento jurídico. Apresenta-se, assim, a necessidade de compreensão de que

> [...] a fim de se implementar o princípio da reparação integral do dano, deve-se reconhecer que este possui uma dimensão material, consistente na perda ou diminuição das características essenciais dos sistemas ecológicos (interdependência, capacidades de auto-regu-

---

[281] LEITE, José Rubens Morato, 2003, p. 99.

[282] STEIGLEDER. Annelise, Monteiro, 2004, p. 124.

[283] LEITE, José Rubens Morato, 2003, p. 101.

[284] *Livro Verde sobre reparação do dano ecológico*. Comunicação ao Conselho, ao Parlamento e ao Comitê Econômico e Social de 14 de maio de 1993, COM (93) 47 final.

[285] ANTEQUERA, Jesús Conde, 2004, p. 21.

lação, auto-regeneração, funcional ecológica e uso dos bens naturais), e uma dimensão imaterial que afeta diretamente o interesse difuso e que se relaciona ao valor de existência dos bens ambientais.[286]

Para delimitar os danos ambientais sujeitos à reparação, deve-se recorrer à identificação da materialidade dos mesmos, pois se faz indispensável que o dano seja enquadrado numa situação de responsabilidade.[287] Ou seja, são necessários alguns pressupostos fáticos para que o dano seja juridicamente constatado, como requisitos necessários para a obrigação de sua reparabilidade. Assim, a doutrina jurídica indica a evidência de algumas características para o reconhecimento do dano intermediado pelo meio ambiente.[288] Passa-se, então, ao estudo destas.

2.1.3. Algumas das características do dano ambiental: apontamentos sobre a sua reparabilidade

Em caráter geral, as duas principais características que devem estar presentes no dano, para que este seja capaz de gerar alguma responsabilidade, são: que seja certo e que afete uma vítima concreta.[289] Por primeiro, para que seja reparável, é preciso que o dano seja certo, e dizer que o dano deve ser certo é afirmar que não podem persistir dúvidas sobre a sua existência.[290] Sobre o ponto de vista da certeza e da pessoalidade do dano, quando se trata de

> [...] danos ao meio ambiente que afetam a saúde, o bem-estar ou o patrimônio do indivíduo não existe em princípio nenhum problema a este respeito, todavia, tratando-se de "danos ao meio ambiente", sobretudo em sua vertente de "danos ecológicos puros", surgem numerosas dificuldades quanto a sua pretensa certeza e quanto ao caráter pessoal do interesse lesionado.[291] (grifo da autora)

Denota-se que quanto aos danos ao meio ambiente são inúmeras as barreiras encontradas, no intuito de comprovar-se a existência do mesmo, e diversas são as dúvidas científicas (ainda sem respostas) para temas recorrentes, como as causas e as consequências das mudanças climáticas, ou, ademais, os efeitos nocivos para a atmosfera advindos da queima

---

[286] STEIGLEDER. Annelise, Monteiro, 2004, p. 126.

[287] SENDIM, José de Sousa Cunhal, 1998, p. 136.

[288] STEIGLEDER. Annelise, Monteiro, 2004, p. 126.

[289] Também há autores que entendem existir a exigência de que o dano seja direto. Sobre o tema, cf. PERALES, Carlos Miguel de. *La responsabilidad civil por daños al medio ambiente*. 2. ed. Madrid: Civitas, 1997.

[290] CATALÁ, Lucía Gomis, 1998, p.73.

[291] *Idem, ibidem.*

de resíduos.[292] Além de que os efeitos derivados da degradação, principalmente quando há contaminação envolvida, também são complexos e podem variar de intensidade e de tempo de ocorrência. Por isso, a interdependência presente entre os recursos bióticos e abióticos de um mesmo sistema ecológico determina que o dano causado à água, por exemplo, pode repercutir tanto na flora quanto na fauna do ecossistema.[293]

> Portanto, para julgar se efetivamente produziu-se um dano, é necessário considerar a totalidade dos impactos. Se somente nos fixarmos em um ou vários efeitos isolados é pouco provável que obtenhamos uma imagem completa da situação. A complexidade dos efeitos do dano pode ser tal que, inclusive, sem descartar a possibilidade de redução do mesmo devido a capacidade de regeneração natural do meio afetado.[294]

Além disso, denotam-se algumas diferenças entre o dano ambiental amplo e o dano ambiental intermediado pelo meio ambiente, também chamado de "dano por contaminação", demonstrando-se a sobreposição de regimes jurídicos na reparação de danos derivados do mesmo suporte fático.[295] Dentre as principais distinções existentes, a mais notória pode ser considerada a de que os danos ambientais interferem diretamente nos ecossistemas, alterando o equilíbrio dinâmico ali presente, e cujo reconhecimento jurídico indica a concretização da valoração intrínseca do meio ambiente, em conformidade com o paradigma antropocêntrico alargado. Por sua vez, os danos ocasionados por intermédio do meio ambiente são considerados danos privados por serem causados a sujeitos de direitos determinados e que, por conta disso, virão a sofrer algum tipo de lesão que poderá ser tanto física quanto material ou até ambas.[296]

Steigleder traz alguns exemplos da dimensão material do dano ambiental, tais como: a contaminação da água por óleo, a contaminação do lençol freático por aterros de resíduos, a poluição atmosférica em geral, o desmatamento, os impactos por extração de minérios, os danos contra a fauna, dentre outras hipóteses de comprometimento do meio ambiente.[297] Estes casos vão além das típicas relações jurídicas de direito privado, já que, na maioria das vezes, não só a vítima é dita difusa, como também o motivo que ocasionou o dano também pode ser assim considerado. Como exemplos destas últimas situações referidas podem ser mencionadas a chuva ácida e a poluição hídrica.

Ademais,

---

[292] CATALÁ, Lucía Gomis, 1998, p. 73-74.

[293] *Idem, ibidem*, p. 74.

[294] *Idem, ibidem*.

[295] STEIGLEDER. Annelise, Monteiro, 2004, p. 127.

[296] *Idem, ibidem*.

[297] *Idem*.

[...] em virtude do conceito jurídico de meio ambiente referir-se às noções de integração e interdependência de todas as condições, leis e influências que regem e abrigam a vida em todas as suas formas, os impactos serão pluriofensivos, demandando uma abordagem interdisciplinar para sua completa identificação. Não será possível, sob pena de sacrifício do bem jurídico protegido, uma avaliação fragmentada e setorial do dano. Portanto, não há como exigir, para o ressarcimento do dano, que este se enquadre na moldura convencional para a imputação da responsabilidade. O bem jurídico tutelado é peculiar, e as hipóteses fáticas espelham intensa conflituosidade social e tendência a mutações no tempo e no espaço.[298]

Ainda no que concerne à certeza do dano, como já foi anteriormente mencionado, não podem ser evidenciadas quaisquer nebulosidades quanto à existência ou não do mesmo. Mas existe a necessidade de ter-se, também, a noção da grandeza dos impactos que dele decorrerão. Todavia, no que diz respeito aos danos ambientais, não se trata de averiguação simples; afinal, este tipo de dano apresenta diversas peculiaridades e, muitas vezes, consequências de difíceis constatações, uma vez que, frequentemente, somente irão ser percebidas depois da decorrência de um extenso período, como será demonstrado mais adiante.

No sentido de buscar a obtenção de uma visão plena do dano ambiental, ou seja, considerando os seus impactos como um todo, tentando perceber cada um dos efeitos causados ao meio ambiente, para vislumbrar-se o quadro mais completo possível da degradação, faz-se necessária uma análise avaliativa por profissionais das mais diversas áreas de conhecimento: uma equipe transdisciplinar que observe o dano nos seus mais amplos aspectos, para bem considerar a sua totalidade, na medida do possível, uma vez que nem mesmo a ciência possui a completa noção dos efeitos nefastos de uma degradação. Assim, "[...] percebendo-se que a destruição de uma floresta não se resume aos danos à flora. Há reflexos na fauna, no regime hidrológico, na geologia etc.".[299]

> Enfim, as dificuldades para provar a existência do dano e a complexidade de seus efeitos contribuem para obstacularizar a avaliação do dano ao meio ambiente: do inavaliável ao inexistente há somente um passo. A avaliação do dano ao meio ambiente, [...], implica, mediante métodos sofisticados, atribuir um valor monetário a algo que, por definição, está fora do mercado. Se a isto se somem as dúvidas sobre a certeza do dano, nos termos apontados, parece evidente que, ao contrário da avaliação dos danos às pessoas e aos seus bens, a avaliação do dano ao meio ambiente contribui para assegurar a especificidade do dano ambiental.[300]

A partir dessa averiguação, passa-se a expor a necessidade de constatação de outro aspecto do dano ambiental, a sua "relevância jurídica".

---

[298] STEIGLEDER. Annelise, Monteiro, 2004, p. 127-128.

[299] *Idem, ibidem*, p. 128.

[300] CATALÁ, Lucía Gomis, 1998, p. 75.

Pois, ainda que o dano tenha sido evidenciado concretamente, até mesmo por perícia técnica, ele precisa ser juridicamente relevante. E, para a consideração da relevância jurídica, não se conta com um conceito fechado; exato, muito pelo contrário, por ser repleto de valores condizentes com a realidade de cada sociedade envolvida nos casos concretos de sua ocorrência.[301]

Deve-se considerar o fato de que não só as grandes catástrofes são responsáveis pelos danos ambientais, mas também as pequenas atitudes do cotidiano, como a emissão de gás carbônico pelos veículos e indústrias, o depósito de resíduos não só industriais como residenciais nos rios etc.[302] Por isso, é necessário estabelecer parâmetros pelos quais serão definidas as atitudes e/ou atividades que poderão ou não ser responsabilizadas por danos ambientais. Para Cruz, isso implica o estabelecimento de índices ou níveis de degradação que, uma vez atingidos, pode-se considerar a existência de dano ambiental, exigindo a limitação ou proibição das atividades ou atitudes que vão além dos índices ou níveis preestabelecidos.[303]

Entretanto, muitas vezes, apesar de existir o estabelecimento de regras rígidas com relação à proteção ambiental, há um déficit de execução no sistema de comando e controle público ambiental. O sistema de comando e controle é inserido, principalmente, por instrumentos jurídico-administrativos tanto de regulamentação, quanto de intervenção, como são exemplos os que dizem respeito à implementação do planejamento ambiental. O déficit de execução é evidenciado quando, ainda que sejam respeitadas as determinações quanto à preservação ambiental, são constatados acidentes e danos ambientais de grandes proporções. Ou, ademais, quando os Estados, mesmo possuidores de dispositivos legais ambientais, na prática, não conseguem atingir a meta de proteção ambiental. Um exemplo é a falta de observação do monitoramento e fiscalização ambiental, após a concessão do licenciamento ambiental, ou após a execução de um projeto de recuperação ambiental.[304]

Pode-se dizer que existem dois aspectos quanto à consideração da lesão ao meio ambiente. Primeiro, a mesma deve ocorrer como consequência de uma ação, que deverá trazer uma alteração no princípio ecológico organizativo e, com esta, a alteração do conjunto do ecossistema. Assim, estarão excluídas as alterações que não produzam modificações

---

[301] STEIGLEDER. Annelise, Monteiro, 2004, p. 128-129.

[302] CATALÁ, Lucía Gomis, 1998, p. 75-76.

[303] CRUZ, Branca Martins da, 1997, p. 27.

[304] BENJAMIN, Antonio Herman V. Responsabilidade cível pelo dano ambiental. *Revista de direito ambiental*, São Paulo:RT, v. 9, p. 5-52, jan. 1998.

substantivas no meio ambiente, não se considerando os casos em que a atividade produtiva, ainda que transforme o meio ambiente, não traga resultados considerados lesivos. Portanto, a ação considerada lesiva será aquela que provoque uma desorganização aos ciclos naturais.

Já no segundo aspecto, leva-se em conta o fato de a modificação do caráter substancial do princípio ecológico organizativo trazer ou não efeitos no desenvolvimento da vida, relacionando, por sua vez, o meio ambiente com a vida no seu mais amplo sentido, incorporando os bens naturais e também culturais essenciais para a existência desta.[305] Confira-se o destaque de Leite:

> Se avaliar quando se faz surgir a quebra de equilíbrio da qualidade ambiental, quer na capacidade atinente ao ecossistema, quer na sua capacidade de aproveitamento ao homem e a sua qualidade de vida, isto é, o exame da gravidade do dano ambiental é elemento necessário para a reparação. Portanto, no exame de caso a caso e, alicerçados em perícias, quando necessário, é que se deve apreciar o limite da tolerabilidade aceitável, para que, na ocorrência da intolerabilidade, venha surgir a imputação do agente que praticou a lesão.[306]

A respeito da quebra do equilíbrio ecológico, de acordo com a doutrina jurídica, deve ser definida pela sua "gravidade, anormalidade e periodicidade", ainda que o dano advenha de um único acontecimento.[307] Considera-se que a anormalidade pode ser averiguada quando ocorre alguma alteração das propriedades físicas e/ou químicas dos elementos naturais, de amplitude capaz de fazer com que eles percam uma porcentagem ou a totalidade da sua propriedade para o uso. Portanto, a anormalidade vai estar diretamente relacionada à gravidade do dano, uma vez que uma decorre da outra, tendo em vista que a consequência danosa deve ser grave e, por isso, anormal.

Já a gravidade diz respeito à superação dos limites máximos, dos quais o homem e a natureza possuem a capacidade de absorção. Por fim, a periodicidade deve também existir, não sendo suficientes emissões poluidoras isoladas. No entanto, essa periodicidade não pode ser a mesma de um lapso temporal, é necessário ter transcorrido tempo suficiente para o ocasionamento de um dano, além de substancial, grave.[308]

---

[305] Esses aspectos são destacados por LORENZETTI, Ricardo Luiz. Teoria geral do dano ambiental moral. *Revista de Direito Ambiental*, São Paulo: RT, v. 28, p. 139-149, out./dez. 2002, p. 142.

[306] LEITE, José Rubens Morato, 2003, p. 104.

[307] FUEZALDINA, Rafael Valenzuela. Responsabilidad civil por daño ambiental em la legislacion chilena. *Revista de direito ambiental*, São Paulo: RT, v. 20, p. 20-36, out./dez. 2000, p. 21; DIAS, José de Aguiar. Responsabilidade civil no plano ecológico. *Revista forense*, Rio de Janeiro, v. 317, p. 03-12, 1992, p. 5.

[308] LUCARELLI, Fábio Dutra. Responsabilidade civil por dano ecológico. *Revista dos Tribunais*, São Paulo, v. 700, p. 07-26, fev. 1994.

No aprofundamento dos conceitos de gravidade e anormalidade constata-se a sua relação com os aspectos sociais humanos, como o tratamento dispensado à natureza pelo homem e, principalmente, a noção de tolerância quanto ao uso dos recursos naturais, às emissões de resíduos etc. "É que, implicitamente, a perspectiva antropocêntrica está presente nas hipóteses em que se reputar que uma alteração sobre o ambiente que venha a potencializar a capacidade de uso humano não caracteriza dano ambiental".[309] É necessário que tanto a doutrina quanto o legislador e o julgador sejam muito criteriosos ao delimitar o que irá ser considerado como prejuízo ambiental, não levando somente em conta vantagens para o homem, mas tendo em vista a preservação da biodiversidade. O fato que pode ser encarado como melhoramento para o leigo poderá ser considerado dano pelo cientista, tendo gerado grandes e/ou irreversíveis prejuízos ambientais.[310]

De acordo com a análise da legislação brasileira, o dano ambiental deve ser entendido como toda lesão intolerável, resultado de ação humana, podendo ser ou não culposa ao meio ambiente, "[...] diretamente, como macrobem de interesse da coletividade, em uma concepção totalizante e, indiretamente, a terceiros, tendo em vista interesses próprios e individualizáveis e que se refletem no macrobem".[311] Por isso, a noção do que seja tolerável é imprescindível para a determinação do dano ambiental reparável, já que as emissões de gases tóxicos que corresponderem aos padrões de tolerância preestabelecidos, e que estiverem em conformidades com as licenças emitidas, em uma primeira acepção, não serão considerados danos a serem reparados. Todavia, no direito pátrio, ainda que as atitudes sejam lícitas, a responsabilidade civil não poderá ser excluída. Neste sentido, no Brasil, mesmo que atendido o nível de emissão de poluição legal, se ocorrer o dano ambiental, consecutivamente, existirá o dever de repará-lo.[312]

Entretanto, a maioria dos ordenamentos jurídicos estabelece o grau de anormalidade necessário para concluir se existe um dano reparável em função da superação dos "*standards* de qualidade ambiental" almejados. Alguns exemplos de normas nacionais de outros países, específicas do tema de responsabilidade ambiental, as quais submetem a determinação de responsabilidade por dano ambiental à violação dos referidos *standartds*, são: a *Comprehensive Environmental Response, Compensation and Liability Act* – C.E.R.C.L.A –, a lei sobre responsabilidade norte-americana.

---

[309] STEIGLEDER. Annelise, Monteiro, 2004, p. 131.

[310] BENJAMIN, Antônio Herman V., 1998, p. 49.

[311] LEITE, José Rubens Morato, 2003, p. 104.

[312] STEIGLEDER. Annelise, Monteiro, 2004, p. 133.

A respeito da proteção ambiental norte-americana, foi criada a Agência de Proteção do Meio Ambiente (*Environmental Protection Agency* – EPA), que, muitas vezes, custeia os gastos com descontaminação do ambiente e, posteriormente, é indenizada pelos responsáveis pela degradação. Para esse fim, foi instituído um fundo denominado de *Superfound*, a partir de impostos especiais sobre o petróleo e outros materiais químicos determinados.[313]

Também é exemplo o artigo 18 da Lei italiana n° 349, de 1986. A Lei espanhola de Proteção do Meio Ambiente Atmosférico refere-se à necessidade de determinação dos *standards* de qualidade ambiental concretizados na fixação dos níveis de emissão de resíduos.[314] Em caráter geral, pode-se dizer que

> O limiar de tolerabilidade é necessário para definir o dano reparável e também para a determinação da exclusão da responsabilidade nos sistemas que, diferentemente do Brasil, admitem esta causa como excludente. Deve-se, todavia, enfatizar que, mesmo observadas as normas de emissões de poluentes, se o dano vier a se manifestar, traduzindo desequilíbrio ecológico ou perturbações ao bem-estar e à qualidade de vida das pessoas, haverá o dever de repará-lo.[315]

De acordo com Steigleder, a partir dessa conclusão, haverá o reconhecimento da "conjugação dialógica" de dois critérios para a determinação da gravidade do dano ambiental juridicamente considerado.[316] O primeiro critério é o jurídico, alimentado pelas normas de emissão de poluentes e pelo licenciamento ambiental, estabelecendo o limite para a manutenção da sustentabilidade do meio ambiente, alvo da degradação. O segundo critério é o científico, baseado na abordagem transdisciplinar que possibilitará a comprovação de que os referidos limites e condições estabelecidos irão ou não impedir a quebra do equilíbrio ecológico e a alteração das características essenciais do ecossistema danado, sendo elas: interdependência, capacidade de autorregulação, capacidade de autorregeneração, capacidade funcional ecológica e capacidade de uso dos bens naturais, incluindo o uso humano.

2.1.3.1. Das características essenciais dos ecossistemas

A primeira das características essenciais dos sistemas ecológicos é a "interdependência", que diz respeito à primeira noção de Ecologia, refe-

---

[313] Disponível em: <http//www.epa.gov> Acesso em 14 jan. 2008.
[314] CATALÁ, Lucía Gomis, 1998, p. 78; STEIGLEDER. Annelise, Monteiro, 2004, p. 134.
[315] STEIGLEDER. Annelise, Monteiro, 2004, p. 134.
[316] *Idem, ibidem*, p. 140.

rente à ideia de relação de dependências mútuas entre os seres vivos e seu meio ambiente, noção que, após o descobrimento dos sistemas ecológicos totais, passa a incluir também a interdependência entre os diversos sistemas ecológicos, culminando na "biosfera".[317] Tal característica demonstra que a função mais importante do conceito de ecossistema é trazer à tona as relações de interdependência estabelecidas entre os elementos que compõem um sistema ecológico, as relações entre a comunidade biótica e abiótica ou entre os elementos autotróficos e heterotróficos[318] e, mais além, entre os variados ecossistemas.

Por sua vez, as relações estabelecidas entre os elementos de um ecossistema são variadas e recíprocas, caracterizando a interdependência como múltipla, e não somente como circular ou linear.[319] Além disso, ultrapassam as relações entre os elementos de um mesmo sistema, pois os diferentes ecossistemas também se relacionam, ou seja, existem relações intersistêmicas, o que torna os ecossistemas sistemas "abertos", "[...] semelhantes a zonas autônomas de uma complexa teia global: a biosfera".[320] Por isto, quando da alteração de um componente do sistema, qualquer outro elemento pode ser perturbado e, consequentemente, a modificação em um determinado sistema ecológico poderá trazer a desestabilização de diversos ecossistemas inter-relacionados com este. São estas conexões que possibilitam o equilíbrio – equilíbrio dinâmico do sistema – e, portanto, uma das formas de dano implica, justamente, a ruptura destas ligações. Todavia, é também a complexidade desta rede de ligações que torna difícil a caracterização do dano ambiental e dos elementos que o causaram.

Quanto à segunda característica, a "capacidade de autorregulação", diz respeito ao equilíbrio dinâmico presente nos ecossistemas, uma vez que conseguem manter as suas funções básicas por si mesmos, devido às ações de seus componentes bióticos ao determinarem os seus ciclos vitais nos seus respectivos ambientes. Algumas ações antrópicas não são capazes de trazer alterações na capacidade funcional de determinado ecossistema, pois existem limites de tolerância, que, quando ultrapassados, acarretam a perda desse equilíbrio dinâmico.

Já a terceira característica, a "capacidade de autorregeneração", diz respeito à tendência dos sistemas ecológicos de retornar ao estado de equilíbrio prévio, sem intervenção de fatores alheios.[321] Assim, são capazes de recuperar suas funções ecológicas de forma a regressar a um

---

[317] STEIGLEDER. Annelise, Monteiro, 2004, p. 134.

[318] Cf. Glossário.

[319] Cf. Glossário o conceito de "componentes dos ecossistemas".

[320] SENDIM, José de Sousa Cunhal, 1998, p. 82. Sobre o tema, cf. CAPRA, Fritjof, 1996.

[321] Trata-se do princípio ecológico da Homeostasia.

estado de autossustentabilidade. No entanto, qualquer dano que venha ocasionar a impossibilidade desta autorregeneração pode ser irreparável, uma vez que a reparação ficará condicionada à eventual atitude humana, no sentido de auxiliar no processo de regeneração, caracterizando um dano ambiental grave.

Por fim, deve ser analisada a "capacidade funcional ecológica" dos ecossistemas que pode relacionar-se à "capacidade de uso dos bens naturais" ou, ainda, à "capacidade de uso ou de aproveitamento humano dos bens naturais". No primeiro caso, trata-se da perspectiva ecológica, ou seja, das funções que os bens ambientais desempenham em seus respectivos ecossistemas e também das relações de dependências estabelecidas com estes. De acordo com Sendim, estas funções podem ser energéticas, tróficas (alimentares), de diversificação espacial (*habitat*), de desenvolvimento, de evolução etc. O autor refere como exemplo de função trófica um determinado ecossistema ter componentes autotróficos e heteróficos, acarretando que a capacidade funcional ecológica de um bem natural possa servir ora de alimento ao sistema no qual está inserido, ora a outro sistema interdependente.[322] Na hipótese de a capacidade funcional ser plena, ou seja, quando estiverem presentes todas as funções ecológicas, há um "estado de equilíbrio dinâmico ecológico autossustentado".

A outra perspectiva dessa característica, presente nos sistemas ecológicos, diz respeito a sua "capacidade de aproveitamento para fins humanos", correspondente às inúmeras possibilidades de relações estabelecidas entre o homem e os bens naturais, já que a humanidade é completamente dependente do meio ambiente. Esta inicia pela necessidade da existência e da qualidade do ar e da água, da energia solar e de outros recursos naturais essenciais a sua sobrevivência. Porém, esta dependência é, muitas vezes, a principal causa da degradação ambiental, diante da realidade de utilização exacerbada dos recursos naturais e do crescente descarte de resíduos de longínqua e/ou remota decomposição no meio.

A partir dessas constatações a respeito dos sistemas ecológicos, para a presente abordagem, faz-se necessário o delineamento de algumas considerações sobre o elemento temporal e sua relação com os danos ambientais, fundamental para a implementação de sua reparação.

2.1.3.2. O dano ambiental e o elemento temporal

O elemento temporal é de extrema relevância com relação aos danos ambientais, principalmente, no que concerne ao aparecimento dos efeitos

---

[322] SENDIM, José de Sousa Cunhal, 1998, p. 84.

nefastos nos ecossistemas, pois, muitas vezes, estes não são percebíveis em seguida da ação. E, para o Direito, como já foi demonstrado, é fundamental a certeza do dano para a imposição de sua reparação, ou seja, "[...] a impossibilidade de determinar a existência de um dano ecológico acarreta a consequente inexequibilidade de qualquer sanção jurídica".[323] Somente com a certeza do dano é que ele poderá ser reprimido ou reparado e, até mesmo, que outros danos futuros sejam prevenidos.

Todavia, tendo em vista a complexidade do dano ambiental, são exigidos mecanismos processuais capazes de tutelar o bem ambiental de forma mais eficiente, possibilitando uma atuação precaucional ou preventiva que impeça a concretização ou perpetuação do dano diante de sua mera ameaça. Ciente desta realidade, o legislador brasileiro criou, dentro do sistema da ação civil pública, alguns instrumentos liminares, provimentos cautelares e inibitórios, visando evitar que a longa tramitação do processo traduza-se na não efetividade das normas ambientais. Os provimentos de urgência que podem ser aplicados à tutela jurisdicional coletiva do meio ambiente são: 1) a medida cautelar; 2) a medida liminar e 3) a medida antecipatória do *meritum causae*. Embora existam diferenças quanto à natureza jurídica dessas medidas de urgência, alguns aspectos se assemelham entre elas.

A primeira busca assegurar a satisfação da pretensão de direito material, a qual será, posteriormente, discutida em um processo principal, ou já trazendo o debate, dependendo se for uma medida preparatória ou incidental. Já a segunda diz respeito ao adiantamento da prestação jurisdicional em si, a qual, ao invés de ser dada ao final, é deferida no início da lide. No mesmo sentido da anterior, a terceira diz respeito ao deferimento do que é buscado com o julgamento definitivo da lide. A distinção entre as duas modalidades é o critério topológico, ou seja, esta última pode ser concedida em qualquer momento do processo, enquanto a primeira, somente no início.[324]

Uma primeira semelhança presente na aplicação das medidas diz respeito à necessidade de demonstração de requisitos básicos para a sua concessão judicial, são elas: a relevância da fundamentação (*fumus boni iuris*) e o temor de dano irreparável ou de difícil reparação (*periculum in mora*).[325] Ademais, tanto a concessão quanto a denegação das medidas de urgência devem ser bem justificadas pelo poder judiciário, sob pena de nulidade e, no caso da ação civil pública ambiental, em que os interesses

---

[323] CRUZ, Branca Martins da, 1997, p. 29.

[324] LEITE, José Rubens Morato, 2003, p. 255. Sobre o tema, cf. MARINONI, Luiz Guilherme. *Tutela cautelar e tutela antecipatória*. São Paulo: Revista dos Tribunais, 1994.

[325] *Idem*.

em tela são de extrema relevância, esta determinação deve ser observada estritamente.[326]

Diante da impossibilidade de prestação jurisdicional definitiva, decorrente do processo de cognição integral, pode-se também recorrer à tutela sumária urgente, visando a assegurar a proteção ambiental. Neste sentido, o processo cautelar consiste apenas em resguardar uma pretensão de direito material que será analisada em posterior processo. As medidas cautelares, de forma distinta, possuem natureza satisfatória, sem condicionar-se à propositura de ação principal posterior. Em conformidade com o art. 4º da lei da ação civil pública, são admitidas as duas modalidades de processo cautelar. O procedimento seguido é o estabelecido pela referida lei e, subsidiariamente, o do Código de Processo Civil.[327]

Por outro lado, quando já existirem danos ambientais, é imprescindível uma abordagem transdisciplinar para a avaliação dos mesmos e da sua consequente determinação, somente com a contribuição dos conhecimentos e das tecnologias de ponta das demais áreas do saber, como a geologia, a biologia, a química, dentre outras, o legislador poderá fixar adequadamente os níveis de emissão de poluentes toleráveis ou, ainda, o julgador conseguirá observar algumas das consequências das ações danosas no meio ambiente. Nos dizeres de Cruz, "A incerteza científica barra a certeza jurídica".[328]

Por sua vez, o referido elemento temporal pode ser subdivido em duas hipóteses quanto aos danos ambientais: o futuro e o passado. Quanto à perspectiva futura, ela aponta, inevitavelmente, para as questões relacionadas aos riscos, que estão cada vez mais presentes, principalmente com o desenvolvimento da modernização proporcionada pela sociedade pós-industrial.[329] Esta exposição aos riscos, que são considerados por Beck como imprevisíveis e imperceptíveis, e para os quais ainda não foram desenvolvidos instrumentos de controle suficientemente capazes de contê-los ou, até mesmo, prevê-los, caracteriza o que o autor chama de "sociedade de risco".

Mais além, o modo como o poder público relaciona-se com esses riscos, não viabilizando instrumentos de informação e prevenção eficazes, para que a sociedade possa alterar seu *modus vivendi* e, por outro lado,

---

[326] LEITE, José Rubens Morato, 2003, p. 256.

[327] *Idem, ibidem*, p. 258. Sobre o tema, cf. DANTAS, Marcelo Buzaglo. Tutela de urgência e demandas coletivas. In: OLIVEIRA JÚNIOR, José Alcebíades. *Cidadania coletiva*. Florianópolis: Paralelo 27, 1996; MANCUSO, Rodolfo de Camargo. *Ação civil pública*. 12. ed. São Paulo: Revista dos Tribunais, 2011.

[328] CRUZ, Branca Martins da, 1997, p. 27.

[329] Sobre o tema, cf. BECK, Ulrich. *Sociedade de Risco – Rumo a uma outra modernidade*. São Paulo: Editora 34, 2010; GIDDENS, Anthony; BECK, Ulrich; LASH, Scott. *Modernização reflexiva*: política, tradição e estética na ordem social moderna. São Paulo: Editora da UNESP, 1997.

a própria sociedade, quando detentora de informações sobre os riscos, muitas vezes, prefere seguir com seu modelo de produção e consumo excessivos, acaba gerando o que Beck qualifica de "irresponsabilidade organizada".

Quando esses riscos são relacionados ao meio ambiente, os problemas capazes de serem gerados são ainda mais graves, pois os efeitos danosos podem provocar alterações em todos os ecossistemas envolvidos. Porém, estes efeitos, muitas vezes, somente são percebidos com o decorrer de um longo período, muito depois do final de um eventual processo judicial. Ademais, sempre existirá a possibilidade de virem a ocorrer danos no futuro, em decorrência daquela ação que ocasionou os primeiros impactos.

> A valorização do futuro, na definição do dano reparável, é importante porque traduz uma resposta aos riscos invisíveis, entendidos como um produto global do processo industrial, que se intensificam à medida que também se potencializam nas fontes geradoras. [...], os riscos invisíveis caracterizam-se pela imprevisibilidade de seus efeitos nocivos e por reunirem casualmente o que está separado pelo seu conteúdo, pelo espaço e pelo tempo.[330]

Diante dessas averiguações sobre os riscos e sua relação com o dano ambiental, surge o questionamento da possibilidade de haver responsabilidade sem dano. Tanto a legislação pátria quando estabeleceu a responsabilidade civil objetiva quanto a jurisprudência[331] têm demonstrado a tendência de admissibilidade de responsabilidade por danos eventuais. Além disso, o estudo de medidas precaucionais ou preventivas necessárias para impedir que o dano venha a ocorrer, diante dos riscos representados pelas atividades potencialmente degradadoras, tem servido como um forte embasamento teórico-doutrinário.

De acordo com o princípio da precaução, quando existir perigo da ocorrência de um dano grave ou irreversível, mesmo com a ausência de certeza científica absoluta, devem ser adotadas medidas eficazes, para evitar a degradação ambiental. O meio ambiente é prioritário em relação a uma atividade de perigo ou risco, e as emissões poluentes devem ser reduzidas, mesmo não havendo uma prova científica sobre sua causalidade e seus efeitos. Neste sentido, devem ser considerados os perigos futuros advindos das atividades humanas e os riscos ambientais iminentes que, embora eventuais, possam causar prejuízos ao meio ambiente.

Já a atuação preventiva, esta exige que os perigos comprovados sejam eliminados. A precaução pressupõe uma atuação com racionalidade, que apreenda de forma cuidadosa os recursos naturais, indo além de me-

---

[330] STEIGLEDER. Annelise, Monteiro, 2004, p. 143.

[331] Como exemplo, cf. Tribunal Regional Federal da 5ª Região. Apelação Cível nº 147846, CE, 2ª Turma, Desembargador Federal Araken Mariz, j. 04. 04. 2000, DJU de 25. 08. 2000, p. 1065.

ras medidas de afastar o perigo. Para Rehbinder, o princípio da precaução "[...] assegura que a poluição é combatida na sua incipiência e que os recursos naturais são utilizados numa base de produção sustentada".[332]

Por sua vez, o "dano futuro", ainda que não concretizado quando da avaliação do ambiente em litígio, é um dano certo, devido à grande probabilidade de sua ocorrência, demonstrada cientificamente.[333] Mas, ainda que o dano seja apenas "potencial", ou seja, mais sutil do que o "dano futuro" quanto à certeza de sua ocorrência, a mera probabilidade de sua verificação, deve ser suficiente para evitá-lo.[334] Para Catalá, a complexidade dos possíveis efeitos do dano ambiental deve fazer com que o conceito de risco de dano seja incluído no conceito global de dano ao meio ambiente e que, para isso, será necessário aplicar-lhes o mesmo regime de responsabilidade do dano certo.[335]

Essa discussão a respeito do "dano futuro" e até do "dano potencial" e a sua respectiva ressarcibilidade demonstra, mais uma vez, o relevante papel desempenhado pelo conhecimento científico, o qual, em alguns casos, poderá ser capaz de determinar "[...] as premissas sobre as quais o Direito estabelecerá a fronteira entre o permitido e o proibido".[336] É sempre fundamental uma visão da situação como um todo, percebendo-se a interligação vital presente ou ausente (nos casos de danos) entre os diferentes elementos envolvidos em um determinado ecossistema. E esse olhar global somente será possível se, aliado ao pensamento jurídico, existir uma avaliação eficaz do dano, uma vez que essa pode ser capaz de comprovar a mera suspeita deste.

Ainda no que tange ao elemento temporal, analisando-se agora a sua perspectiva pretérita, existem os denominados "danos históricos" ou "danos originados no passado"[337] e os "danos acumulados" ou "crônicos". São exemplos dos primeiros, os danos originados há muito tempo por depósitos de substâncias tóxicas no solo ou os danos resultantes da chuva ácida. Este último representa um dano tão específico que acabou

---

[332] REHBINDER, Eckard. O direito do ambiente na Alemanha. In: AMARAL, Diogo de Freitas do (Org.). *Direito do ambiente*. Oeiras: INA, 1994, p. 257. Sobre o tema, cf. CANOTILHO, José Joaquim Gomes. *Direito público do ambiente*. Coimbra: Faculdade de Direito de Coimbra, 1995, p. 40-41; KISS, Alexandre. The rigths and interests of fuctere generations and the presutinary principle. In: *The precautionary principle and international law: the challenge of implementation*. Hague: Kluwer Law International, 1996, p. 26-27.

[333] Sobre o tema, cf. CARVALHO, Délton Winter de. *Dano ambiental futuro*. Rio de Janeiro: Forense Universitária, 2008.

[334] CATALÁ, Lucía Gomis, 1998, p. 79-80.

[335] *Idem, ibidem*, p. 79.

[336] STEIGLEDER. Annelise, Monteiro, 1998, p. 144.

[337] Assim denominado pelo Livro Verde da Comissão Europeia.

contribuindo para que a Comissão das Comunidades Europeias apresentasse um sistema alternativo de reparação dos mesmos: os fundos de indenização conjunta,[338] já que um primeiro problema a apresentar-se na reparação do dano histórico é a sua identificação e priorização. Por sua vez, os Estados Unidos, através da C.E.R.C.L.A., elaboraram uma "lista nacional de prioridades", apontando os locais contaminados. Também a União Europeia, mediante a Diretiva do Conselho 78/319, de 20 de março de 1978, determinou que os Estados-Membros identificassem e inventariassem as zonas contaminadas, além de elaborarem um plano de prioridade, de acordo com a gravidade da contaminação.[339] Especificamente na Espanha existe, desde 1995, um Plano Nacional de Recuperação de Solos Contaminados e, para atuar conjuntamente, a Lei de Resíduos.

Por sua vez, no contexto brasileiro, o Estado de São Paulo teve a iniciativa, por meio do Ministério Público e da CETESB – Companhia de Tecnologia de Saneamento Ambiental – de gerenciar as áreas contaminadas neste Estado. O procedimento foi iniciado em 2002, com a divulgação de uma lista de áreas contaminadas. As áreas contaminadas registradas no cadastro vêm recebendo a seguinte classificação: contaminada sem proposta de remediação, com proposta de remediação, com remediação em andamento e com remediação, e concluída para o uso pretendido. Ressalta-se que esta classificação também é averbada nas Escrituras Públicas das respectivas áreas junto aos Cartórios de Registro de Imóveis do Estado.[340] Trata-se de iniciativa fundamental para a precaução de futuros danos ambientais e, consequentemente, de graves riscos à saúde humana.

Outro problema que se apresenta relativo aos "danos históricos" é a identificação dos responsáveis por atividades que foram produzidas há muito tempo, possivelmente, em acordo com a legislação da época, mas intolerável conforme os *standards* atuais, o que dificulta a comprovação

---

[338] CATALÁ, Lucía Gomis, 1998, p. 88. Sobre o tema, cf. a questão do seguro ambiental, que vem sendo amplamente discutido no âmbito internacional, mas ainda é incipiente no Brasil. (TRENNEPOHL, Natascha. *Seguro ambiental*. Bahia: Edições Podivm, 2008).

[339] STEIGLEDER. Annelise, Monteiro, 1998, p. 152.

[340] Disponível em: <http://www.cetesb.sp.gov.br/Solo/areas_contaminadas/relacao_areas.asp> Acesso em: 11 dez. 2007. Sobre o tema, cf. o Parecer: CORREGEDORIA GERAL DA JUSTIÇA DO TRIBUNAL DE JUSTIÇA DO ESTADO DE SÃO PAULO. REGISTRO DE IMÓVEL – Cadastramento de áreas contaminadas sob a responsabilidade da CETESB, qualificado com presunção de veracidade e legalidade, própria dos atos da Administração Pública – Interesse público que envolve a referida matéria ambiental e que impõe amplitude de informação – Segurança jurídico-registral, estática e dinâmica, que reclama concentração da notícia de contaminação, oficialmente declarada, no fólio real – Admissibilidade da publicidade registral de áreas contaminadas por substâncias tóxicas e perigosas, por averbação enunciada de "declaração" ou "termo" emitido pela Cetesb – Inteligência do artigo 246 da Lei de Registros Públicos – Consulta conhecida, com resposta positiva. Parecer: Processo CG nº 167/2005. 17, abr. 2007. Cf. também ALBUQUERQUE, Letícia. *Poluentes orgânicos persistentes*. Curitiba: Juruá, 2006.

do nexo de causalidade entre a atividade danosa e o dano propriamente dito, por parte do legitimado ativo para requerer a reparação do mesmo. Além disso, surge a questão da retroatividade da lei com relação às ações realizadas no passado e cujos efeitos eram imprevisíveis.[341] No caso brasileiro, seriam exemplos as contaminações produzidas anteriormente à instituição da Política Nacional do Meio Ambiente e do regime de responsabilidade objetiva por danos ambientais e seus respectivos efeitos, que somente vieram a aparecer mais recentemente. Também coloca-se o problema da possível prescrição da ação para exigência da reparação civil do dano.[342]

Em casos de danos ambientais continuados no tempo, não são válidas as regras clássicas de prescrição, haja vista o bem pertencer à coletividade. Mesmo assim, existem os casos em que o dano ambiental é reflexo ou é um dano ao microbem ambiental. Para estes casos, existe a previsão de prescrição em três anos, para a pretensão de reparação civil, no art. 206, § 3º, inciso V, do Código Civil de 2002. Todavia, esta regra de prescrição incide a partir da data do conhecimento da lesão ambiental, que diversas vezes ocorre muito depois da data da ocorrência do dano.[343]

Corroborando com a tese de imprescritibilidade dos danos ambientais, em decisão relevante, referente à reparação de danos ambientais causados pela atividade de mineração no Estado de Santa Catarina, o Superior Tribunal de Justiça entendeu que a ação de reparação/recuperação ambiental é imprescritível.[344]

Por fim, relacionados ao elemento temporal pretérito existem os "danos acumulados ou crônicos", que se caracterizam pela sua persistência ao longo dos anos, podendo, inclusive, coincidir com os "danos históricos" que apresentarem as mesmas dificuldades anteriormente mencionadas. Os "danos crônicos" podem ser subdivididos em "danos permanentes ou continuados" e "danos progressivos". Os primeiros são os danos ao meio ambiente causados por uma atividade (única e/ou periódica), a qual se perpetua no tempo, produzindo um dano cada vez maior. Já o "dano progressivo" ocorre em situações em que uma série de

---

[341] CATALÁ, Lucía Gomis, 1998, p. 89.

[342] STEIGLEDER. Annelise, Monteiro, 2004, p. 150. Relacionado ao tema do dano histórico, principalmente no que concerne ao descarte de resíduos tóxicos industriais nos solos, surge a discussão sobre os "passivos ambientais". Sobre o tema, cf. VON ADEMEK, Marcelo Vieira. Passivo ambiental. In: FREITAS, Vladimir Passos de (Org.). *Direito ambiental em evolução*. Curitiba: Juruá, 2000. v. 2, p. 115.

[343] LEITE, José Rubens Morato, 2003, p. 203. Sobre o tema, cf.: NERY JUNIOR, Nelson e NERY, Rosa Maria Barreto B. Andrade. Responsabilidade civil, meio ambiente e ação coletiva ambiental. In: BENJAMIN, Antonio Herman V., 1993, p. 291-292.

[344] Superior Tribunal de Justiça. Recurso Especial nº 647.493, SC, 2ª Turma. Ministro-Relator João Otávio de Noronha, j. 22.05.2007, DJU de 22.10.2007.

atos sucessivos provoca lesões de nocividade mais nefasta do que a mera soma dos repetidos danos.[345]

A principal questão que se apresenta relativa a esse tema é que o efeito acumulativo dos danos pode ser resultado das atividades de diversos agentes, trazendo a impossibilidade de determinação de qual delas origina o dano concreto e, muitas vezes, nenhuma delas demonstra-se como passível de exigência de responsabilidade pelos danos, sendo corriqueiramente somente considerado o conjunto destas.[346] Assim, o dano progressivo aparecerá como resultado do impacto somado de vários danos permanentes. Para Catalá, é evidente que "[...] este tipo de contaminação progressiva por fontes difusas, nas quais é impossível identificar o responsável, impõe-se substituir o mecanismo clássico de responsabilidade civil e estabelecer sistemas alternativos de indenização coletiva".[347]

Assim, a partir deste ponto, será sucintamente abordada a tripla responsabilidade por danos ambientais do sistema jurídico brasileiro, ou seja, civil, administrativa e penal, cujo fundamento constitucional encontra-se no art. 225, § 3º, da Constituição Federal de 1988. O principal objetivo consiste em denotar a relação destas com o instrumento e dever jurídico de restauração ambiental, demonstrando características mais relevantes e algumas de suas fragilidades, inclusive no sentido de refletir sobre as possibilidade de transformação de sua implementação, no intuito de torná-las mais eficazes.

2.2. Da reparação do dano ambiental no ordenamento jurídico brasileiro frente ao dever de restauração ambiental

O ordenamento jurídico brasileiro possui um numeroso aparato legal de controle ambiental, o qual é, inclusive, considerado bastante avançado, possuindo instrumentos preventivos, de que são exemplos o estudo prévio de impacto ambiental, o licenciamento ambiental, o zoneamento ambiental, a auditoria ambiental, dentre outros. Todavia, a atuação do poder público brasileiro não tem conseguido impedir a ocorrência de danos ambientais.[348] Isso ocorre por diversas causas, as quais inibem, até mesmo, a implementação dos referidos mecanismos de prevenção de danos ambientais. Não cabe a este estudo, porém, definir cada uma das suas

---
[345] CATALÁ, Lucía Gomis, 1998. p. 90-91.

[346] *Idem, ibidem*, p. 90-91.

[347] *Idem, ibidem*, p. 91.

[348] LEITE, José Rubens Morato, 2003, p. 207. Sobre o tema, cf. MACHADO, Paulo Affonso Leme, 2006.

razões e, sim, tentar descrever como atua o sistema de reparação dos danos ambientais.

Salienta-se que, no Direito Ambiental, a tutela é predominantemente objetiva, ou seja, busca-se proteger o bem ambiental em si – o interesse objetivo – não o interesse subjetivo daquele que é titular do direito de reparação do dano. Por isso, quando da ocorrência de dano ambiental (dano ao meio ambiente), o interesse afetado é público, o interesse público de conservação de um meio ambiente que é de todos e que deve ser sadio e ecologicamente equilibrado. Assim, a tutela ambiental detém uma ideia principal que é a da conservação do meio ambiente como bem jurídico e a sua manutenção como tal. Desta constatação decorre que as sanções ambientais devam ter a função de reconstituir o equilíbrio perturbado ou de restaurar o meio ambiente afetado. Distintamente de outros direitos sociais, que idealizam criar situações que ainda não existem (como assistência à saúde e à habitação), o Direito Ambiental intenta perpetuar o que existe e recuperar o que deixou de existir, tanto pela ação do Estado quanto de terceiros.[349]

Assim, a ideia central do Direito Ambiental está relacionada com a preservação e até com a reconstituição dos ciclos de vida existentes. Para Sendim, talvez se possa afirmar que a conservação do equilíbrio ecológico seja o fim último do Direito Ambiental, a sua principal orientação, a síntese de seu fundamento dogmático. E, contrariando a forma como a responsabilidade civil e, também, a administrativa desenvolveu-se, no Direito moderno, partindo da atuação sancionatória e preventiva, na atualidade, acentua-se a conservação.[350]

Neste sentido, as ideias motoras do Direito de responsabilidade ambiental são o conceito de restauração e de prevenção do dano ambiental, fazendo com que esse adquira a função específica de garantir a conservação dos bens ambientais juridicamente protegidos.[351]

> Isto significa, em primeiro lugar, que existem direitos e interesses que não podem ser sacrificados por terceiros e face aos quais não é suficiente a existência de um mecanismo de redistribuição de riscos e custos. E, em segundo lugar, que não se visa aqui reconstruir um *statu quo* moral por forma a repor a igualdade (formal) entre lesante e lesado, mas sim garantir a prevalência do interesse público ambiental (protegido de forma específica) face a outros interesses que não lhe são contrapostos.[352]

Cabe, neste momento, denotar que o descumprimento de obrigação ou dever jurídico pode gerar distintos tipos de responsabilidade. Assim,

---
[349] SENDIM, José de Sousa Cunhal, 1998, p. 165-166.
[350] *Idem, ibidem*, p. 166.
[351] *Idem, ibidem*, p. 166-167.
[352] *Idem, ibidem*, p. 167.

aquele que infringir normas ambientais sofrerá o tipo de responsabilidade relacionado à natureza jurídica da sanção estabelecida pelo ordenamento jurídico, evidenciado em cada caso concreto.

A responsabilidade pode ser civil, administrativa e penal e, inclusive, podendo haver a tripla responsabilidade do infrator,[353] se a infração for sancionável por mais de um tipo de penalidade, ainda que seja um único ato ou fato. Tal cumulação é possível, pois as distintas responsabilidades têm em vista finalidades diferentes, o que as torna independentes, ou seja, a aplicação de uma é autônoma da aplicação da outra e, também por isso, podem ser impostas ao mesmo tempo ao infrator sem a averiguação do *bis in idem*.[354]

A seguir passa-se a uma síntese das características das três responsabilidades mencionadas quanto à reparação dos danos ambientais.

2.2.1. Da reparação do dano ambiental na esfera civil

Quando comprovada a responsabilidade civil por danos ambientais, cabe àquele causador do prejuízo o dever de reparar o dano integralmente, como maneira de ressarcir ou compensar a perda sofrida. A base jurídica para a exigência da reparação do dano encontra-se no art. 225, § 3°, da Constituição Federal de 1988 e nos artigos 4°, inciso VII, e 14, § 1°, ambos da Lei n° 6.938, de 1981. Por meio destes dispositivos legais, restou estabelecida a obrigação do degradador de recuperar e/ou indenizar os prejuízos ambientais causados, demonstrando que a recomposição do dano deve ser buscada em primeiro lugar, e somente optar-se pela indenização quando essa não for possível ou de forma cumulada à recomposição.[355] Além disso, estes dispositivos estabeleceram a responsabilidade objetiva do degradador ambiental, ou seja, independentemente de culpa e pelo simples fato da atividade. Desta forma, não foram criadas limitações à responsabilidade por danos ambientais, o que leva à necessidade de interpretar, conforme os referidos dispositivos, também o art. 9° da Lei n° 6.453, de 1977, o qual prevê a tarifação da responsabilidade nos casos de acidentes nucleares.[356]

Por sua vez, a prioridade em relação à recuperação é vislumbrada também no § 2° do art. 225 da Constituição Federal, quando o legislador

---

[353] Art. 225, § 3°, da Constituição Federal de 1988 e art. 14, § 1°, da Lei n° 6.938, de 1981.

[354] SAMPAIO, Francisco José Marques. *Responsabilidade civil e reparação de danos ao meio ambiente*. Rio de Janeiro: Lumem Juris, 1998, p. 17-18.

[355] LEITE, José Rubens Morato, 2003, p. 208.

[356] STEIGLEDER, Annelise, Monteiro, 2004, p. 235.

estabelece que quem explorar recursos minerais obriga-se a recuperar o meio ambiente degradado. Além destes dispositivos, outros tantos preveem a obrigação de recuperar o meio ambiente degrado, e sobre os quais houve oportunidade de abordagem mais explícita. Entretanto, uma das principais ideias vigentes, quando da recuperação do meio ambiente degradado, é que o retorno ao *status quo* é quase sempre impossível, por isto deve sempre prevalecer o ideal de conservação e manutenção de seu equilíbrio dinâmico. Disto conclui-se que o sistema de responsabilidade civil, apesar de baseado em estruturas dogmáticas, demonstra possuir uma função específica, qual seja: prevenir os danos ambientais[357] e conservar o meio ambiente enquanto bem jurídico.[358]

Sendo assim, até mesmo o sistema de indenização dos danos ambientais deve estar voltado ao princípio da conservação, dentre outros princípios, exigindo que as sanções ambientais busquem a reconstituição, restauração e substituição do bem ambiental. Contudo, são inúmeras as dificuldades encontradas para a concretização desta finalidade, tanto ecológicas, quanto técnicas e financeiras. Entretanto, estas dificuldades jamais podem determinar a irreparabilidade do dano ambiental, já que a coletividade possui mecanismos jurisdicionais para a sua reparação, os quais obrigam o agente a ressarcir, da maneira mais ampla possível, o dano ambiental.[359]

Portanto, a reparação deve ser a mais abrangente possível, em conformidade com o nível de desenvolvimento da ciência e da tecnologia, observando-se a singularidade dos bens ambientais lesados, a impossibilidade de quantificar o valor da vida e, principalmente, que a responsabilidade ambiental deve ater-se a um sentido pedagógico não só para o degradador como para toda a sociedade, fazendo com que haja um respeito geral ao meio ambiente. A integralidade da recuperação do dano ambiental decorre do princípio do poluidor-pagador, segundo o qual, aquele que causou uma degradação ambiental, ou que seja responsável por um empreendimento ou atividade que é potencialmente degradadora, tem o dever de internalizar as externalidades negativas, ou seja, arcar com todos os custos com prevenção e reparação dos danos ambientais.[360]

De acordo com o referido princípio, existe a obrigação do empreendedor em arcar com os custos socioambientais de seu empreendimento.

---

[357] Sobre o tema, cf. LEITE, José Rubens Morato; MELO, Melissa Ely. As funções preventivas e precaucionais da responsabilidade civil por danos ambientais. In: *Revista Seqüência*, n° 55, ano XXVII, Dez. 2007. p. 195-218.

[358] SENDIM, José de Sousa Cunhal, 1998, p. 262.

[359] LEITE, José Rubens Morato, 2003, p. 209-210.

[360] STEIGLEDER, Annelise, Monteiro, 2004, p. 235.

Com a imposição de tal medida, o Estado acaba estimulando o planejamento dos processos produtivos, no sentido de minimizar o uso de recursos naturais, a emissão de resíduos, e a consequente degradação ambiental, uma vez que estão sujeitos ao ressarcimento de seus eventuais custos. Ou seja, as atividades com menor potencial de risco ambiental são priorizadas.[361]

Por sua vez, a reparação do dano ambiental pode ocorrer espontaneamente ou por força de medidas administrativas ou judiciais. Na primeira hipótese, o próprio degradador busca reparar o dano, por meio da adoção de medidas reparatórias ou se prontificando ao pagamento de indenização. Já a reparação forçada é buscada pela via administrativa[362] ou judicial. A segunda delas pode ser pelos meios processuais clássicos, quando o prejuízo for individual, e quando os danos forem coletivos, por meio de ação civil pública ou ação popular ambiental.[363]

Destaca-se, ademais, a reparação proporcionada por força do acordo chamado "ajustamento de conduta", formalizado por um termo, originário da Lei nº 8.069, de 1990, conhecido como Estatuto da Criança e do Adolescente, e logo adotado pelo art. 5º, § 6º, da Lei da ação civil pública e pelo art. 113 da Lei nº 8.078 do mesmo ano. Trata-se de um instrumento de caráter preventivo, que possui como finalidade ajustar a conduta do degradador às exigências legais, por meio de cominações.[364]

Muito embora se trate de um instrumento inovador e que traz incentivo à atuação preventiva dos legitimados públicos na tutela de interesses fundamentais da coletividade, necessita de intenso controle judicial, tanto de legalidade quanto de validade, para não se distanciar do seu primordial objetivo, a preservação ambiental. Ainda que seja notoriamente útil na resolução de litígios ambientais, nos casos de dano consumado ou em iminência, diz respeito à tarefa de extrema complexidade, uma vez que os interesses jurídicos ambientais são, conceitualmente, indisponíveis. Segundo Leite, tal compromisso deve ter por objeto, unicamente, a adaptação da irregularidade às determinações legais, versando somente sobre prazos ou condições para o cumprimento efetivo dos dispositivos

---

[361] Sobre o tema, cf. ARAGÃO, Maria Alexandre e Sousa. *O princípio do poluidor-pagador*: pedra angular da política comunitária do ambiente. Coimbra: Coimbra Editora, 1997. (Studia Ivridica, 23), p. 59-61.

[362] Os instrumentos administrativos serão abordados no tópico 2.2.2.

[363] FREITAS, Gilberto Passos de. *Ilícito penal ambiental e reparação do dano*. São Paulo: Revista dos Tribunais, 2005, p. 80.

[364] LEITE, José Rubens Morato, 2003, p. 213. Sobre o tema, cf. FREITAS, Gilberto Passos de, 2005, p. 85-108.

legais do tema, não sendo possível a tolerância de práticas de atos contrários à conservação do bem ambiental.[365]

Observa-se que tal compromisso, tecnicamente, não pode ser considerado uma transação consagrada pelo direito civil; trata-se de um instrumento similar, no qual o degradador se submete às exigências legais, sem uma disposição. Portanto, este compromisso não é disposição de direito material.[366]

Salienta-se que a preocupação central deve ser com a integral reparação dos danos, em face da indisponibilidade de tais direitos, consequentemente, o que seria objeto de pedido em ação civil pública deve constar do compromisso.[367] A legislação qualifica-o como título executivo extrajudicial, porém, para que seja firmado judicialmente, tem que se submeter à avaliação do juiz (quando o processo está em andamento), o qual poderá não homologá-lo quando não seja adequado aos fins propostos. Este instrumento possui duas conotações: por um lado, intenta aliviar a quantidade de processos tramitando no Poder Judiciário e, por outro, oferece mais uma chance para que o degradador cumpra com suas responsabilidades, do contrário, sua obrigação torna-se líquida e certa, gozando de eficácia de título executivo extrajudicial.[368]

No sentido de evitar o desvirtuamento do compromisso de ajustamento, admitindo que certas irregularidades e condutas degradadoras ocorram, a cominação de pena de multa no instrumento revela-se importante. Além da homologação judicial, a qual fornece maior credibilidade ao mesmo, existe a necessidade de sua apreciação pelo Ministério Público, uma vez que é o *custos legis* dos interesses difusos e indisponíveis da coletividade. Por fim, o Conselho Superior do Ministério Público deve ratificar o ato, tornando-o um instrumento mais seguro.[369]

Sinteticamente, Milaré descreve os requisitos de validade da homologação do mencionado instrumento. A primeira é a necessidade de reparação integral do dano, diante de sua natureza indisponível. Somente é passível de ajuste a forma de cumprimento da obrigação, ou seja, o modo, o tempo, o lugar etc. A segunda é a indispensabilidade de que os fatos sejam completamente esclarecidos, para que as obrigações estipuladas possam ser identificadas, uma vez que o termo terá eficácia de título exe-

---

[365] LEITE, José Rubens Morato, 2003, p. 261-262.

[366] *Idem, ibidem*, p. 261. Sobre o tema, cf. FIORILLO, Celso Antônio Pacheco. *Princípios do direito processual ambiental*. 5. ed. São Paulo: Saraiva, 2012.

[367] MILARÉ, Édis. Tutela jurídico-civil do ambiente. *Revista de direito ambiental*. São Paulo: RT, v. 0, 1995. p. 26-72, p. 44.

[368] LEITE, José Rubens Morato, 2003, p. 262-263.

[369] *Idem, ibidem*, p. 263.

cutivo judicial. Por sua vez, a terceira é a obrigatoriedade da estipulação de cominações, nos casos de inadimplemento. E, por último, é preciso que o Ministério Público dê a sua ratificação, nos casos em que não seja firmado por ele.[370]

Depois de cumpridas as exigências legais presentes no acordo, o interesse na demanda será extinto. Todavia, se o compromisso deixar de contemplar alguns dos componentes dos interesses protegidos, poderá ser ajuizada uma eventual ação civil pública. Além disso, existe a possibilidade dos legitimados da referida ação buscarem a desconstituição do instrumento, desde que este contenha vício que possa afetar aos interesses ambientais e/ou atentar contra os objetivos da lei da ação civil pública.[371]

Como mencionado, a forma de reparação mais condizente com o dever constitucional de restauração dos processos ecológicos essenciais é, sem sombra de dúvidas, a restauração ambiental, sem olvidar-se, obviamente, da cessação das atividades degradadoras. Processualmente, para a imposição da cessação da lesão ambiental é preciso postular-se uma prestação positiva do degradador, que se converte no cumprimento de obrigação de fazer, baseada no art. 3º da Lei nº 7.347, de 1985 – a Lei da ação civil pública.[372] Por isto, para a exigência da restauração do bem ambiental degradado, o postulante da ação necessita pedir judicialmente uma prestação positiva do degradador, como a realização do ato de restaurar, recompor e reconstituir os bens em objeto de litígio. Entretanto, quando está em voga uma abstenção, ou seja, uma prestação negativa do degradador, o objetivo é a cessação da atividade degradante, mas não a reparação do dano ambiental em si.[373]

Ressalta-se que os pedidos de condenação em obrigação de fazer e de indenização devem ser cumulados, não havendo *bis in idem*, já que o fundamento para cada pedido é distinto. Primeiramente, o pedido de obrigação de fazer refere-se à restauração ambiental do dano, enquanto ecológico puro, já a indenização refere-se ao ressarcimento dos danos extrapatrimoniais, como a perda da qualidade de vida ou a impossibilidade de fruição do bem, mesmo que temporária. Sendo assim, o próprio reconhecimento destes pedidos demonstra as diferentes faces do dano ambiental.[374] Este corresponde ao posicionamento doutrinário brasileiro.

---

[370] MILARÉ, Édis, 1995, p. 44.
[371] LEITE, José Rubens Morato, 2003, p. 264.
[372] MIRRA, Álvaro Luiz Valery, 1997, p. 26-27.
[373] LEITE, José Rubens Morato, 2003, p. 210.
[374] STEIGLEDER, Annelise, Monteiro, 2004, p. 236.

Em países como a Espanha, não há o reconhecimento da possibilidade de indenização por danos sociais e morais coletivos.[375]

É preciso restar evidenciada a necessidade de busca da reparação do dano ambiental com a maior integralidade possível, por isso, deve ser observada a duplicidade da reparação, ou seja, pela restauração ou compensação do dano e, ainda, pela indenização pecuniária relativa aos danos sofridos, já que as primeiras formas de reparação mencionadas dizem respeito ao dano ao meio ambiente, enquanto o direito à indenização, por sua vez, é concernente aos prejuízos sofridos por intermédio do dano ao meio ambiente. Tratando-se de danos distintos, ambas devem ser amplamente reparadas.

Para Bittencourt e Marcondes, a indenização deve ser requerida em todas as circunstâncias, no intuito de obter uma maior efetividade do princípio do poluidor-pagador, pois não seria suficiente a cessação do dano e a recuperação do bem ambiental, também a coletividade deve ser indenizada pela deterioração do bem de uso comum do povo.[376] Entende-se que o pedido de indenização pode ser cumulado, tendo em vista que mesmo quando a recomposição do dano é possível, ela se prolonga no tempo, não sendo adequado que esse ônus seja simplesmente absorvido pela coletividade lesada.

Quando houver a impossibilidade técnica de aplicação da restauração ambiental ao dano causado, ou ainda, a desproporcionalidade entre os custos da restauração ambiental e os benefícios trazidos por esta, pode ser considerada adequada a substituição da mesma por uma compensação ecológica em outra localidade, desde que proporcione funções ecológicas equivalentes. Para Sendim, trata-se de uma aplicação relativa do princípio da proporcionalidade em sentido estrito, que funciona como um limite à escolha de uma alternativa. Por outro lado, o princípio da necessidade impõe, quando do confrontamento de várias alternativas, que se opte por aquela que encerre a ponderação dos bens com maior grau de proporcionalidade.[377]

Mais uma vez é preciso ficar evidenciado que a restauração ambiental, no local onde ocorreu o dano, deve ser sempre a primeira opção do sistema de reparação dos danos ambientais. Somente depois de devidamente comprovada a sua impossibilidade de concretização ou uma desproporcionalidade realmente excessiva entre os seus custos e os be-

---

[375] CATALÁ, Lucía Gomis, 1998, p. 208.

[376] BITTENCOURT, Darlan Rodrigues; MARCONDES, Ricardo Kochinski. Lineamentos da responsabilidade civil ambiental. *Revista dos Tribunais*, São Paulo, v. 740, p. 53-95, jun. 1997.

[377] SENDIM, José de Sousa Cunhal, 1998, p. 230.

nefícios trazidos é que poderá optar-se pela compensação ecológica.[378] Somente em último caso, quando inexista a possibilidade técnica de se restabelecer as condições ecológicas subsistentes ao dano, pela restauração ambiental e também pela compensação ecológica, resta a alternativa da indenização pecuniária pelo dano ambiental.[379] Lembrando que, mesmo nos casos em que houver a restauração ambiental ou a compensação ecológica, é possível a cumulação da obrigação de indenização, como anteriormente referido.

Cabe, neste momento, distinguir as formas de reparação admitidas no sistema de responsabilidade civil por danos ambientais.

2.2.1.1. Da restauração ambiental

Esta opção de reparação do dano consiste na restauração dos bens naturais diretamente afetados. Porém, como já foi referido em outro momento, a tentativa de mera reposição da situação visual encontrada anteriormente ao dano, por meio do plantio estático de mudas ao longo de toda a área afetada, por exemplo, deve ser prontamente afastada. Neste sentido, afugentou-se a concepção que relacionava exclusivamente a restauração ambiental com a reposição material existente antes do dano. Este entendimento foi trazido pela Convenção de Lugano (v. n° 9 do art. 2°), por influência do Direito norte-americano e é admitido pelos sistemas de imputação de danos ao patrimônio natural em geral.[380]

A base para o referido posicionamento é a busca de uma situação que seja funcionalmente similar àquela que existiria se não tivesse havido o dano ambiental, o que leva a um conceito amplo do que representa a restituição integral do dano. Ou seja, o objetivo central deve a ser a restauração da funcionalidade da área em restauração. A funcionalidade está diretamente relacionada com as características essenciais presentes nos ecossistemas, já analisadas em momento oportuno.

A amplitude do conceito de restituição integral deve levar em conta, por primeiro, que a reprodução de uma situação que seja materialmente idêntica a que havia antes do dano é praticamente impossível, se considerada a multiplicidade, a complexidade e o dinamismo dos elementos presentes nos ecossistemas. Numa segunda perspectiva, tal reprodução pode demonstrar-se ecologicamente nefasta, já que entre o momento do

---

[378] Quanto à prova em matéria ambiental, cf. SARAIVA NETO, Pery. *A prova na jurisdição ambiental*. Porto Alegre: Livraria do Advogado, 2010.

[379] STEIGLEDER, Annelise, Monteiro, 2004, p. 248.

[380] SENDIM, José de Sousa Cunhal, 1998, p. 183-185.

acontecimento do dano e do início da restauração, é provável que a própria natureza tenha agido em busca do restabelecimento do equilíbrio dinâmico. Por isso, a imposição da restituição integral do dano em sentido restrito chega a ser "cega", pois pode causar novo desequilíbrio ecológico. Sendo assim, deve ser buscada a reabilitação ou a restauração dos elementos ambientais, não a reposição material idêntica das condições físico-químico-biológicas do meio ambiente anterior, não bastando a restauração unicamente da capacidade funcional do bem ambiental, mas a restauração das capacidades de autorregulação e de autorregeneração do mesmo. Do contrário, são criados bens ambientais e até ecossistemas incapazes de se manterem a longo prazo.[381]

Conforme Sendim, a restauração ambiental pode ser considerada adequada quando

> [...] permite a recuperação das capacidades de auto-regeneração e de auto-regulação assim como da capacidade funcional de um bem natural determinada pelo sistema jurídico-ambiental, quer essa determinação esteja contida numa normativa típica, quer deva ser identificada pelo intérprete-aplicador através da concretização – para uma dada situação de facto (sic) – da solução imposta pelo direito da ecologia.[382]

Para Antequera, a restauração ambiental tem uma natureza complexa, tanto que a obrigação de concretizá-la pode advir de distintos títulos e, portanto, pode ser exigida de diversos sujeitos. Sendo assim, a obrigação de restauração ambiental pode originar-se de: 1) um dever constitucional, incluído no dever de conservação do meio ambiente (e, no caso brasileiro, do dever de restaurar os processos ecológicos essenciais); 2) *ex lege*, pela existência de responsabilidade ou pelo desenvolvimento de um serviço público; pela titularidade dos bens, no caso dos bens de domínio público; pela atribuição de competência a um órgão administrativo, convertendo-se numa função pública e 3) uma obrigação assumida por vontade própria, no caso de participação em acordos ou convênios ou como exercício de cidadania ambiental.[383]

No Brasil, existem os projetos de restauração, denominados planos de recuperação de áreas degradadas (PRAD), os quais vêm sendo utilizados tanto na restauração quanto na compensação ambiental. Conforme o art. 1º do Decreto 97.632, de 1989, o qual regulamentou o art. 2º, inciso VIII, da Lei n. 6.938, de 1981, que traz como um dos princípios da Política Nacional do Meio Ambiente a recuperação de áreas degradadas, os empreendimentos que se destinam à exploração de recursos minerais, quando da apresentação de Estudo Prévio de Impacto Ambiental (EPIA) e de

---

[381] SENDIM, José de Sousa Cunhal, 1998, p. 182 e 187.

[382] *Idem, ibidem*, p. 182.

[383] ANTEQUERA, Jesús Conde, 2004, p. 103.

Relatório de Impacto Ambiental (RIMA), deverão submeter ao órgão ambiental competente um plano de recuperação de área degradada. Além disso, é mencionado que o objetivo da recuperação deve ser o retorno do sítio afetado a uma forma de utilização, de acordo com um plano preestabelecido para o uso do solo, visando à obtenção de uma estabilidade para o meio ambiente. Todavia, não são estipulados quaisquer critérios técnicos mais específicos que deverão ser observados pelos planos de recuperação, o que dificulta a concretização do dever constitucional de restauração ambiental.[384]

A seguir, passa-se ao estudo de outra opção de reparação do dano ambiental: a compensação ecológica.

2.2.1.2. Da compensação ecológica

Nos casos em que a restauração ambiental dos bens danados não possa ser efetuada de forma total ou parcial, ou ainda quando demonstrar-se desproporcional, surge a possibilidade da reparação do dano ser feita pela compensação ecológica, aparecendo como substituição por bens equivalentes e, assim, permitindo que o patrimônio ambiental, de modo geral, continue qualitativa e quantitativamente semelhante. Resumindo, este instituto representa a compensação da natureza por natureza, e não por valores econômicos.[385] Obviamente que, por este mesmo motivo, esta forma de reparação apresenta vantagens com relação à mera indenização pecuniária. Entretanto, para que sejam obtidas vantagens ecológicas, existem algumas dificuldades a serem enfrentadas.

Estas dificuldades estão relacionadas, principalmente, à delimitação do que seja concebido por equivalência quando se refere aos bens ambientais. Nesta primeira perspectiva, a compensação é entendida segundo uma ideia de unidade do bem ambiental e de avaliação qualitativa do mesmo enquanto unitário. De acordo com ela, o dano causado a um determinado bem ambiental tem correspondência com qualquer outro dano ambiental; sendo assim, a restauração de qualquer dano ambiental vai representar uma vantagem ao meio ambiente como um todo. Por isto, a restauração poderia ser feita em um bem distinto do sujeito à reparação, desde que se aumentasse a qualidade geral do meio ambiente. Neste

---

[384] Para uma visão crítica de como este instrumento tem sido empregado, no que concerne ao Estado de Santa Catarina, cf. CERICATO, Edna de Werk. *A utilização da avaliação do impacto ambiental e do projeto de recuperação de áreas degradadas pelo Ministério Público nos casos de crimes ambientais*: um estudo no Oeste de Santa Catarina. 2007. Dissertação (Mestrado em Ciências Ambientais). Universidade Comunitária Regional de Chapecó, Chapecó, 2007.

[385] SENDIM, José de Sousa Cunhal, 1998, p. 187. Sobre o tema, cf. CATALÁ, Lucía Gomis, 1998, p. 264-265.

ponto de vista, poderia haver a compensação de um bem por outro com características e funções diversas, inclusive existindo a possibilidade da compensação de bens insubstituíveis (como uma espécie que foi extinta) por outro completamente distinto e, provavelmente, que desempenha uma função diferente no ecossistema do qual faz parte, ou seja, a funcionalidade restará prejudicada.[386]

Assim, no entendimento de Sendim, e também para a presente análise, existem alguns problemas em aceitar esta primeira perspectiva, já que está necessariamente relacionada à possibilidade de avaliação da qualidade do patrimônio ambiental de forma global. O problema principal é que a avaliação terá sempre como referência a abordagem da utilidade humana dos bens ambientais, ou seja, "[...] uma avaliação unidimensional da capacidade de proveito humano desse patrimônio. Ou, se quiser, dos elementos do patrimônio natural susceptíveis de terem directa (*sic*) utilidade para o Homem".[387] Sendo assim, esta recuperação pode até recuperar os "valores de uso" dos bens, mas não os "valores intrínsecos" dos bens ambientais objeto de dano, pois, sendo únicos, não poderão ser substituídos por outros.

Por isso, tal perspectiva merece rejeição, já que a proteção jurídica do meio ambiente visa assegurar não só a capacidade de aproveitamento humano dos bens ambientais, mas, sobretudo, a "capacidade funcional ecológica". Sugere-se a adoção não de uma avaliação da equivalência entre os valores de utilidade humana, mas de "equivalência estritamente ecológica", demonstrando que o bem que irá substituir o degradado apresente a mesma "capacidade autossustentada de prestação". Somente assim, pode-se dizer que o dano estará reparado, quando as funções ecológicas essenciais tenham sido restabelecidas e sejam perpetuadas. Ademais, obviamente não pode existir uma equivalência funcional universal entre os bens ambientais.[388]

Existem bens ambientais que são únicos, uma vez que prestam serviços ambientais insubstituíveis, e cujo dano não pode ser compensado por meio da restauração de um dano diverso. Neste fato reside o elo primordial entre a restauração ambiental e a compensação ecológica, já que ambos devem visar à restauração da capacidade funcional ecológica do bem ambiental. Na restauração ambiental, buscando a reposição *in situ* (no local) do bem diretamente afetado e, na compensação ecológica, por

---

[386] SENDIM, José de Sousa Cunhal, 1998, p. 194.
[387] *Idem, ibidem*, p. 195.
[388] *Idem, ibidem*, p. 196.

meio da introdução no meio ambiente de um bem distinto, mas com a mesma capacidade funcional.[389]

No ordenamento jurídico brasileiro, um dos fundamentos legais para a compensação ecológica encontra-se nos *caputs* dos artigos 83 e 84 do Código de Defesa do Consumidor. Segundo Steigleder, ao atribuir ao juiz a capacidade de determinar providências que vislumbrem um resultado semelhante ao do adimplemento, o dispositivo legal possibilita a imposição de obrigações de fazer diversas da restauração ambiental (*in situ*), embora apropriadas à recuperação de funções ecológicas equivalentes. Para a autora, a compensação ambiental permite a aplicação tanto do princípio da responsabilidade quanto da equidade intergeracional, desde que haja a constituição de bens naturais equivalentes.[390]

Além disso, este instituto demonstra-se mais efetivo do que quando os valores são destinados aos fundos de reparação, os quais se têm demonstrado pouco eficazes na recuperação de áreas degradadas, sem falar na inexistência de um controle público capaz de assegurar a sua implementação.[391] A referida autora menciona que o acolhimento das medidas compensatórias no ordenamento jurídico brasileiro teve início no âmbito da responsabilidade *ex ante*, no momento do licenciamento ambiental de atividades potencialmente poluidoras.

Neste sentido, quando o Código Florestal trata da reserva legal, em seu art. 44, determina que o "[...] proprietário ou possuidor de imóvel rural com área de floresta nativa, natural, primitiva ou regenerada ou outra forma de vegetação nativa, em extensão inferior ao estabelecido [...]" no art. 16, deve adotar alguma das alternativas nele expostas, isoladas ou conjuntamente. Dentre estas medidas, encontra-se a de compensação da reserva legal por outra área equivalente em importância ecológica e em extensão.[392] Também a Lei nº 9.985, no *caput* de seu art. 36 e parágrafos, obriga o empreendedor, nos casos de licenciamento ambiental de empreendimentos de significativo impacto ambiental, a apoiar a implan-

---

[389] SENDIM, José de Sousa Cunhal, 1998, p. 196-197.

[390] STEIGLEDER. Annelise, Monteiro, 2004, p. 249.

[391] *Idem, ibidem*, p. 250. Sobre o tema, cf. AKAOUI, Fernando Reverendo Vidal. *Compromisso de ajustamento de conduta ambiental*. São Paulo: Revista dos Tribunais, 2003, p. 124; LEITE, José Rubens Morato, 2003, p. 225-228.

[392] Sobre o tema, cf. STEIGLEDER, Annelise, Monteiro. Medidas compensatórias e a intervenção em áreas de preservação permanente. In: BENJAMIN, Antônio Herman V., et. al. (Org.). CONGRESSO INTERNACIONAL DE DIREITO AMBIENTAL, 11, 2007 Meio Ambiente e Acesso à Justiça – Flora,Reserva Legal e APP. Anais... São Paulo: Imprensa Oficial do Estado de São Paulo, 2007. v. 3, p. 3-19.

tação e manutenção de unidade de conservação do grupo de proteção integral.[393]

Quanto à responsabilidade *ex post*, é originária do ordenamento jurídico norte-americano. Surgiu com o Federal Water Pollution and Control Act – FWPCA – que fala em *replacing of or adquiring the equivalent of damage resources* (substituição ou aquisição de recursos equivalentes). Posição que, posteriormente, foi adotada pelo *Compreensive Environmental Response and Liability Act* – CERCLA – e pelo *Oil Pollution Act* – OPA – além de sugeridas pela jurisprudência norte-americana em alguns casos. Esta orientação é expressa também no atual direito europeu, constando no n° 9 do art. 2° da Convenção de Lugano e no n° 1 do art. 48 da Lei de Bases do Ambiente de Portugal.[394]

Também é bastante evidente no modelo de sistema de reparação de danos ambientais do ordenamento brasileiro. Entretanto, o ideal de atuação sempre será a anterior à ocorrência do dano, até para que se tenha um inventário ecológico da área, capaz de auxiliar nos projetos de restauração ou compensação ecológica.

Por sua vez, Leite faz uma classificação da compensação ecológica, distinguindo-a em quatro subespécies: jurisdicional, extrajudicial, preestabelecida ou normativa e a de fundos autônomos. A primeira delas, a "jurisdicional", trata de imposições trazidas por sentenças judiciais transitadas em julgado, as quais impõem a substituição do bem danado por equivalente ou o pagamento de uma quantia em dinheiro pelo responsável pelo dano, ou seja, é imposta pelo poder judiciário e advinda de uma lide ambiental. Já a "extrajudicial" decorre do "termo de ajustamento de conduta", documento que, conforme visto, se firmado entre as partes, detém eficácia de título executivo extrajudicial.[395]

Quanto à compensação "preestabelecida" ou "normativa", considera-se a parte da tríplice responsabilidade adotada no Brasil, pois se trata daquela compensação imposta pelo legislador, independente das sanções trazidas pela responsabilidade civil, administrativa e penal, como é exemplo a do art. 36 da Lei do SNUC (Lei n° 9.985, de 1998). Por fim, a compensação por "fundos autônomos", também chamados "formas alternativas de solução de indenizar o bem ambiental". Estes fundos são independentes da responsabilidade civil, são financiados por degradadores

---

[393] Ainda que em sede da ADIN n. 3.378-6, de 2008, o montante de recursos a serem destinados pelo empreendedor, anteriormente fixado em meio por cento dos custos totais previstos para a implantação do empreendimento, tenha sido declarado inconstitucional.

[394] SENDIM, José de Sousa Cunhal, 1998, p. 189-193.

[395] De acordo com o art. 5°, § 6°, da Lei n° 7.347, de 1985.

em potencial, que efetuam pagamento de quotas de financiamento para a reparação de danos ambientais.[396]

Evidencia-se, portanto, que estes fundos são distintos do Fundo de reparação de bens lesados, oriundo das condenações em face do dano ocasionado e instituído pelo art. 13 da Lei nº 7.347, de 1985. Também do Fundo Nacional do Meio Ambiente – FNMA – trazido pela Lei 7.797, de 1989, e cujo objetivo é o desenvolvimento de projetos de uso sustentável dos recursos naturais. Quanto ao primeiro, destaca-se que os valores arrecadados têm previsão de aplicação na recuperação de bens lesados, dentre outras. Este Fundo é regulamentado pelo Decreto federal nº 1.306, de 1994, e constitui-se das indenizações advindas das condenações em ação civil pública e multas decorrentes de decisões judiciais. Por sua vez, seus recursos devem, de preferência, ser empregados no local do dano.

Ainda, como outra espécie de compensação, pode ser citado o Imposto sobre a Circulação de Mercadorias e Serviços – ICMS – Ecológico, constituindo-se numa compensação fiscal, uma introdução de critérios ambientais na distribuição de parte do ICMS, cuja competência é estadual.[397]

Como pôde ser percebido, algumas vezes, a compensação ecológica parece confundir-se com a indenização, no entanto, no ordenamento jurídico brasileiro, a indenização é medida subsidiária, somente aplicável quando não é possível nem a restauração *in situ*, nem a compensação ecológica prevista no art. 84, § 1º, do Código de Defesa do Consumidor. Steigleder esclarece que a defesa do meio ambiente diz respeito a interesses indisponíveis; os sujeitos ativos dessas ações não possuem a opção de conversão da obrigação em perdas e danos, opção disponível somente para os titulares de interesses individuais – individuais homogêneos.[398]

Além disso, não existem critérios jurídicos para a avaliação da indenização por danos ambientais, a qual deverá ser revertida para o Fundo de reparação de bens lesados. Por isto, é recomendado que a doutrina e a jurisprudência estabeleçam alguns parâmetros mínimos na avaliação da indenização.[399] Por sua vez, Leite menciona quatro parâmetros a serem observados para obter-se um mecanismo de indenização eficaz:

1. Em primeiro lugar, deve-se fazer uma valoração econômica do bem ambiental. Trata-se de um processo que deve levar em consideração as gerações futuras e fundamentar-se em uma visão ecocêntrica, abandonando o clássico antropocentrismo utilitarista. 2. Em segui-

---

[396] LEITE, José Rubens Morato, 2003, p. 214.

[397] FREITAS, Gilberto Passos de, 2005, p. 84.

[398] STEIGLEDER. Annelise, Monteiro, 2004, p. 255.

[399] *Idem, ibidem*, p. 255; CRUZ, Branca Martins da, 1997, p. 37.

da, considera-se que as medidas utilizadas no sistema de compensação devem observar os princípios de equivalência, razoabilidade e proporcionalidade. 3. Outro parâmetro é trazido pela Comissão Européia que, no Livro Branco, preceitua que a avaliação das indenizações deve utilizar como medida o custo da restauração, da reabilitação, da substituição ou da aquisição de recursos equivalentes, incluindo a compensação das perdas temporárias e os custos razoáveis da avaliação dos danos. 4. Por fim, convém observar que o valor obtido com a compensação deve ser destinado primordialmente ao local afetado, pois é neste onde ocorrem impactos negativos à natureza. As medidas compensatórias aplicadas no local afetado beneficiam tanto o meio ambiente como toda a comunidade prejudicada.[400]

Conforme o autor, o Código Civil de 2002 iniciou a discussão sobre elementos ou parâmetros a serem considerados na valorização da indenização, segundo os art. 944, 945, 946 e seguintes. Em tese, o arbitramento do dano material deve ser calculado com base no valor que seria despendido com a restauração *in situ* do dano, inclusive os gastos com os estudos prévios indispensáveis, no caso de esta ser possível. Este argumento tem por base o fato de que a indenização deve ser destinada a um fundo, o qual, por sua vez, tem o intuito de restaurar áreas degradadas, quando os responsáveis por essa degradação não podem ser identificados ou são insolventes.[401]

Também Mirra compartilha deste entendimento, acrescentando que não há livre arbítrio para o uso dos valores arrecadados com a indenização; deve ser utilizado na restauração de áreas degradadas, se não for possível no próprio local, pelo menos em outro semelhante.[402] Sendim acrescenta que, apesar do valor dos bens ambientais não estar normalmente expresso por meio do mercado financeiro, isto não significa que não possa ser objeto de avaliação econômica e que pode ser apreciado de acordo com algumas metodologias desenvolvidas pela economia dos recursos naturais e do meio ambiente.

Resumidamente, tais metodologias distinguem-se em indiretas e diretas (avaliação contingente). A primeira delas se subdivide em: a) fator de entrada (*factor income*); b) análise do custo de deslocação (*travel cost analisys*) e c) preço hedônico (*hedonic pricing*).[403] No sistema brasileiro de reparação do dano, a fixação do valor a ser indenizado é feita pelos juízes e tribunais, os quais, via de regra, se baseiam na avaliação feita por peritos que determinam a extensão do dano. Os critérios variam conforme o bem

---
[400] LEITE, José Rubens Morato, 2003, p. 214-215.
[401] STEIGLEDER. Annelise, Monteiro, 2004, p. 255.
[402] MIRRA, Álvaro Luiz Valery, 2002, p. 326.
[403] Sobre o tema cf. SENDIM, José de Souza Cunhal, 1998, p. 170-173; SILVA, Danny Monteiro da. *Dano ambiental e sua reparação*. Curitiba: Juruá, 2006, p. 220-227.

ambiental agredido, por isso são diversos os métodos empregados para a quantificação do dano, inclusive os anteriormente mencionados.[404]

2.2.2. Da reparação do dano ambiental na esfera administrativa

Inicialmente, cabe ressaltar que o enfoque metodológico a ser dado na abordagem do sistema de responsabilidade administrativa por danos ambientais será o estritamente relacionado com o tema em debate, qual seja, a reparação do dano ambiental. Sendo assim, diversos tópicos referentes à esfera administrativa da responsabilidade por danos ambientais deixarão de ser expostos.[405]

Por sua vez, a responsabilidade administrativa por danos ambientais[406] é derivada do poder de polícia. Quando da atribuição deste tipo de responsabilidade são impostas sanções administrativas, as quais, de acordo com o art. 9º, inciso IX, da Lei nº 6.938, de 1981, são instrumentos da Política Nacional do Meio Ambiente. Diferentemente das demais sanções (civis e penais), somente atribuídas pelo Poder Judiciário, as administrativas são aplicadas aos infratores diretamente pelos órgãos que compõem a administração direta ou indireta tanto da União quanto dos Estados e Municípios. Deve-se destacar que a aplicação das sanções administrativas está ligada à atividade exercida pela "polícia administrativa". E, para melhor compreender a função desempenhada pelas sanções administrativas, é necessário analisar as fases integrantes do "ciclo de polícia administrativa ambiental".

Na primeira fase do ciclo de polícia administrativa ambiental, o objetivo é identificar a existência ou não do direito ao exercício da atividade específica ou de determinado uso da propriedade privada, quando se abrem duas possibilidades. Ou seja, algumas vezes o poder público veda o desempenho de determinadas condutas ou atividades, ao considerá-las

---

[404] FREITAS, Vladimir Passos de; FREITAS, Gilberto Passos de. *Crimes contra a natureza* (de acordo com a Lei 9.605/98). 7. ed. rev. atual. e ampl. São Paulo: Revista dos Tribunais, 2001, p. 71. Sobre o tema, cf. CRUZ, Branca Martins da. Princípios jurídicos e econômicos para a avaliação do dano florestal. *Revista de Ciência e Cultura*. Série de Direito nº 2 (1998), p. 587; TESSLER, Marga Barth. O valor do dano ambiental. In: FREITAS, Vladimir Passos de. *Direito ambiental em evolução* nº 2. Curitiba: Juruá, 2001, p. 164; RIBAS, Luiz César. Metodologias para avaliação de danos ambientais: o caso florestal. In: *Revista de direito ambiental*. São Paulo: Revista dos Tribunais, 1996, v. 4, p. 72; MOTTA, Ronaldo Seroa. *Manual para valoração econômica de recursos ambientais*. Brasília: Ministério do Meio Ambiente, dos Recursos Hídricos e da Amazônia Legal, 1998.

[405] Sobre o tema, cf. FREITAS, Vladimir Passos de. *Direito administrativo e meio ambiente*. 4. ed. Curitiba: Juruá, 2010.

[406] Sobre a responsabilidade administrativa, cf. DI PIETRO, Maria Silvia Zanella. *Direito administrativo*. 19. ed. São Paulo: Atlas, 2006; MELLO, Celso Antonio Bandeira de. *Curso de direito administrativo*. 22. ed. São Paulo: Malheiros, 2007.

incompatíveis com o interesse público de preservação ambiental. Já em outras circunstâncias, a mesma conduta ou atividade pode ser permitida, desde que sejam observadas algumas exigências presentes na lei e em atos regulamentares.[407]

A partir desse ponto, inicia a segunda fase do ciclo, quando são aplicados os condicionamentos administrativos, os quais podem representar limites às atividades e condutas – obrigações de não fazer; encargos – obrigações de fazer ou sujeições – obrigação de suportar. Por fim, a terceira fase consiste na fiscalização do cumprimento das medidas determinadas nas fases anteriores. Esta última atuação se faz imprescindível, já que seria insuficiente a proibição, a determinação ou condicionamento de determinadas condutas sem a adoção de instrumentos jurídicos repressivos, no caso de não cumprimento. Quando do desempenho da função de fiscalização, pode-se dizer que as sanções administrativas aparecem como instrumentos capazes de garantir o respeito às proibições (absolutas ou não) e dos condicionamentos administrativos (limites, encargos, sujeições) determinadas a algumas condutas e formas de utilização da propriedade.[408]

A sanção administrativa pode ser definida como uma consequência desfavorável imposta ao particular pela Administração no desempenho de sua função administrativa, em face de uma infração administrativa ambiental.[409] Para Antequera, nem todas as infrações administrativas geram danos ambientais, já que, em alguns casos, a infração é consumada somente pondo em perigo o meio ambiente ou o bem ambiental protegido pela norma. Nestes casos, são previstas sanções para estas condutas de maneira a trazer um efeito preventivo, para evitar futuras condutas lesivas, embora não se possa exigir a reparação do dano, já que o mesmo não ocorreu.[410]

No mesmo sentido, Leite e Papp entendem que não há empecilhos para que o ordenamento jurídico tipifique como ilícito administrativo uma conduta, mesmo não tendo havido um efetivo resultado danoso. Portanto, o dano não diz respeito a um elemento essencial do ilícito administrativo e, por isso, pode ser prevista a aplicação de sanções administrativas sem ter havido o resultado danoso da conduta. Para a aplicação da sanção administrativa descrita neste dispositivo legal, basta que seja

---

[407] LEITE, José Rubens Morato; Papp, Leonardo. *Responsabilidade civil ambiental e sanção administrativa*. Apostila do Curso de pós-graduação latu sensu em Direito Ambiental e Políticas Públicas. 2006, p. 52.

[408] *Idem, ibidem*, p. 53.

[409] *Idem, ibidem*.

[410] ANTEQUERA, Jesús Conde, 2004, p. 185.

verificado o desenvolvimento de uma atividade sem o necessário licenciamento ambiental.[411]

Por sua vez, o aporte legal para a imposição de sanções administrativas por condutas lesivas ao meio ambiente, no âmbito federal é a Lei nº 9.605, de 1998 (que dispõe sobre as sanções penais e administrativas derivadas de condutas e atividades lesivas ao meio ambiente), e do decreto que a regulamenta, o Decreto nº 6.514, de 2008. Além disso, algumas infrações relativas aos recursos hídricos são definidas pela Lei nº 9.433, de 1997.

Conforme o *caput* do art. 70 da referida Lei nº 9.605, de 1998, é considerada infração administrativa ambiental toda ação ou omissão que viole as regras jurídicas de uso, gozo, promoção, proteção e recuperação do meio ambiente. O mesmo artigo, em seus parágrafos, define as autoridades competentes para lavrar auto de infração ambiental e instaurar processo administrativo, além dos designados para as atividades de fiscalização. Também menciona a possibilidade de exercício de poder de polícia por qualquer pessoa que constate a infração. Ademais, estipula a obrigação da autoridade ambiental que tiver conhecimento de infração ambiental em promover a sua apuração imediata, sob pena de responsabilidade. Por fim, fala do processo administrativo próprio das infrações administrativas.

Denota-se, entretanto, que a referida norma não define as infrações com especificidade, nem traz a tipificação de cada uma, o que a caracteriza como norma infracional em branco, por isto qualquer desobediência à norma ou regulamento ambiental, tanto federal quanto estadual e municipal, ou às exigências estabelecidas por autoridades revestidas de competência e, de acordo com o licenciamento ambiental, representará uma infração administrativa.[412] Encontram-se listadas no referido Decreto nº 6.514/08 algumas infrações, outras estão espalhadas no restante da legislação.[413] Para Costa Neto e Castro e Costa, tais obrigações devem ser baseadas em lei, ainda que seu detalhamento seja explicitado por ato administrativo ou normativo.[414]

Respeitados os limites de competência estabelecidos pela Constituição Federal de 1988, os Estados e Municípios podem legislar a respeito

---

[411] LEITE, José Rubens Morato; Papp, Leonardo, 2006, p. 55.

[412] COSTA NETO, Nicolao Dino de Castro et al., 2000, p. 327.

[413] Como exemplo pode ser mencionado o art. 6º, inciso I, da Lei nº 9.503, que institui o Código de Trânsito Brasileiro. Tal dispositivo estabelece como objetivo básico do Sistema Nacional de Trânsito a defesa ambiental, além de outros artigos da mesma lei que cuidam da proteção ambiental, mais especificamente, zelando pelo controle da poluição, incluindo a sonora.

[414] COSTA NETO, Nicolao Dino de Castro e et al., 2000, p. 532. Em conformidade com o princípio da legalidade, consagrado no art. 5º, inciso II, da Constituição Federal de 1988.

de infração administrativa ambiental. Também no que concerne à fiscalização, não há empecilhos para que um ente fiscalize infrações de competência do outro.[415] Por sua vez, as sanções, em geral, são as mesmas para todos os entes da federação, quais sejam, advertência (art. 72, inciso I e § 2º, da Lei nº 9.605 de 1998); multa (art. 72, inciso II e III, § 3º, e incisos I e II, §§ 4º e 5º); apreensão (art. 72, inciso IV e § 6º); destruição ou inutilização do produto (art. 72, inciso V); suspensão de venda e fabricação do produto (art. 72, inciso VI); embargo de obra ou atividade ou demolição de obra (art. 72, inciso VII e VIII; suspensão parcial ou total da atividade (art. 72, inciso IX) e restritiva de direitos (art. 72, § 8º).

Quanto à sanção de multa diária, observa-se que é aplicada nos casos em que haja infração continuada, a qual se caracteriza pela permanência tanto da ação quanto da omissão e perdura até a cessação ou até a assinatura de termo de compromisso de reparar o dano. Evidencia-se, portanto, que o termo de ajustamento de conduta é igualmente utilizado na via administrativa para a reparação do dano ambiental.

Segundo Ráo, as referidas sanções administrativas visam respectivamente: 1) proteger o direito ameaçado, impedindo a consumação da ilicitude; 2) restaurar o direito violado, evitando e combatendo a continuidade da ilicitude; 3) reparar as consequências nefastas da ilicitude; 4) punir a ocorrência da ilicitude.[416]

Mesmo que a finalidade das sanções administrativas seja garantir a observação das normas jurídico-ambientais, ou seja, estejam focadas para o ilícito, na prática, desempenham diversas funções, o que deve ser considerado na sua aplicação. De acordo com a função desempenhada, as sanções administrativas podem ser classificadas em diferentes espécies. São elas: as preventivas; as de restabelecimento; as reparatórias e as punitivas. As primeiras, as preventivas, são empregadas antes da realização do comportamento sancionado, atuando na prevenção da conduta lesiva, evitando a violação concreta da norma jurídica. São exemplos deste tipo de sanção as medidas administrativas que evitam que determinados empreendimento iniciem as suas atividades sem as devidas licenças ambientais.[417]

Já as sanções de restabelecimento são as medidas relativas ao restabelecimento da normalidade jurídica diante do ilícito já consumado ou que está sendo cometido. Como exemplo pode ser referida a apreensão de madeira transportada sem as respectivas autorizações do órgão ambiental competente. Neste caso, o ilícito administrativo já foi iniciado (com o transporte ilegal) e a imposição da sanção tem o intuito de impedir

---

[415] FREITAS, Vladimir Passos de; FREITAS, Gilberto Passos de, 2001, p. 306.

[416] RÁO, Vicente. *O direito e a vida dos direitos*. 5. ed. São Paulo: Revista dos Tribunais, 1999, p. 199.

[417] LEITE, José Rubens Morato; PAPP, Leonardo, 2006, p. 54.

a continuidade da conduta ilícita. Por sua vez, as sanções administrativas reparatórias possuem a função de promover a reparação dos danos causados em consequência da prática ilícita. Por fim, as sanções administrativas punitivas dizem respeito a uma punição pela prática de ilícito, como no caso da multa simples.[418]

Interessa especificamente para a presente abordagem, pela relação com o tema, as sanções reparatórias. Assim, nos casos em que a consumação da ilicitude traz como resultado algum tipo de dano, não é suficiente a adoção de medidas destinadas a impedir a continuidade da ilicitude, fazendo-se necessária a aplicação de mecanismos sancionatórios capazes de tutelar os que toleram, de maneira indevida, os danos advindos da violação da norma. Como já mencionado, tais sanções podem ser agrupadas como "sanções reparatórias", as quais não podem ser confundidas com as "sanções de restabelecimento", já que se pode dizer que estas estão voltadas para o futuro, pois intentam impedir com que uma determinada situação ilícita se perpetue ao longo do tempo. Por sua vez, as reparatórias, estão direcionadas para os danos causados por ocasião ou em consequência da consumação do ilícito, ou seja, se voltam para o pretérito.[419]

A função das sanções reparatórias pode ser atingida por distintos caminhos, por isso a possibilidade de sua classificação em subespécies. Como uma primeira subespécie, podem ser referidas as "sanções reconstitutivas", pelas quais se objetiva repor uma situação que existia anteriormente à violação da norma, sem a necessidade de recorrer a outro bem inexistente no momento.[420] É a chamada reconstituição em espécie (*in natura*), ou seja, estão diretamente relacionadas com o dever de restauração ambiental. Entretanto, existem situações, como já foi visto, em que a reconstituição natural pode não ser possível, não é equitativa, ou não se demonstra suficiente para superar a violação causada.[421] Nestes casos, são necessárias as "sanções ressarcitórias", cujo objetivo é a produção de um resultado equivalente ao que deveria ter sido feito ou que, ao menos, compense a violação da norma, por meio de pagamento de valor monetário ou outra forma de atenuar os efeitos nefastos da violação.[422]

---

[418] LEITE, José Rubens Morato; PAPP, Leonardo, 2006, p. 54.

[419] PAPP, Leonardo. *Fundamentos da sanção ambiental administrativa*: uma abordagem integrativa. 2005. Dissertação (Mestrado em Direito), Universidade Federal de Santa Catarina, Florianópolis, 2005, p. 162.

[420] Sobre o tema, cf. JUSTO, A. Santos. *Introdução ao estudo do Direto*. Coimbra: Coimbra Editora, 2001, p. 156.

[421] Sobre o tema, cf. ASCENSÃO, José de Oliveira. *O direito*: introdução e teoria geral. 2. ed. Rio de Janeiro: Renovar, 2001, p. 65.

[422] PAPP, Leonardo, 2005, 162-163. Sobre o tema, cf. TALAMINI, Eduardo. *Tutela relativa aos deveres de fazer e de não fazer*. São Paulo: Revista dos Tribunais, 2001, p. 183.

Portanto, o ressarcimento pode ser feito de maneira específica, isto é, quando a reparação é concretizada por meio da reposição de um bem, que apesar de não ser aquele danificado, irá desempenhar uma função equivalente. Pelo que já se analisou, anteriormente, tal reparação pode ser entendida como a compensação ecológica. Ou, o ressarcimento pode ser feito pecuniariamente, obtendo do sancionado um valor monetário que se equipare aos prejuízos sofridos. Por sua vez, tal ressarcimento concerne à indenização também tratada em momento anterior. Pelo exposto, pode ser percebido que a concretização das sanções reparatórias vai ser efetuada de maneira idêntica ao que ocorre no âmbito civil, pela restauração ambiental, compensação ecológica e/ou indenização pecuniária.

Desta forma, a reparação do dano ambiental demonstra-se como um elo entre a responsabilidade administrativa e a civil, por isto o mesmo dever de dar sempre prioridade para a restauração ambiental e, somente no caso de impossibilidade técnica de sua concretização, a compensação ecológica será a escolha de mecanismo de reparação do dano. Quanto à indenização, assim como no âmbito cível, no administrativo, deve ser a última opção, somente na impossibilidade comprovada das duas primeiras. Entretanto, nada impede a sua cumulação com as demais formas de reparação, desde que referente à compensação de prejuízos causados pelo dano ambiental sob análise. A busca deve ser sempre pela reparação integral do dano.[423]

Já no que respeita a apuração das infrações administrativas ambientais, é válido mencionar que necessitam de procedimento próprio, cabendo à pessoa jurídica de Direito Público fixar as suas regras. Assim, no âmbito federal, o procedimento administrativo também é regulado pela Lei nº 9.605, de 1998. Nos âmbitos estaduais e municipais e do Distrito Federal cabe a cada ente estabelecer seus ritos próprios ou valer-se da norma federal. Não se pode olvidar que sempre deve ser previsto o direito de ampla defesa e contraditório ao infrator.[424] Ademais, outra característica do processo administrativo é que, na defesa, inverte-se o ônus da prova, haja vista a presunção de veracidade de que goza o auto de infração.

Também, especificamente no que toca à pena de multa, exige-se a via judicial. Distintamente das outras sanções, as quais a autoridade administrativa tem a competência para impor,[425] esta somente pode ser executada pelo poder judiciário. Ainda denota-se que o particular, uma

---

[423] Por conta desta equiparação, tais formas de reparação do dano ambiental não serão abordadas novamente, já que as anotações feitas são também válidas para estes casos.

[424] FREITAS, Vladimir Passos de; FREITAS, Gilberto Passos de, 2001, p. 307. Quanto ao direito de ampla defesa, está previsto no art. 5º, inciso LV da Constituição Federal de 1988.

[425] Em conformidade com o princípio da autoexecutoriedade dos atos administrativos.

vez tendo insucesso na esfera administrativa, pode propor ação perante o Poder Judiciário.[426] A respeito do processo administrativo, destaca-se que se aplica a Lei nº 9.784, de 1999, para a instrução e demais atos procedimentais. Todavia, quanto aos prazos, o art. 71 da Lei nº 9.605, de 1998, estabelece algumas peculiaridades. Embora, conforme Milaré, as normas relativas ao processo administrativo, estipuladas pela referida lei, não sejam obrigatórias aos Estados, já que estes são regidos pelas Constituições e leis próprias, bem como os municípios quanto às leis.[427]

No que diz respeito ao sujeito ou sujeitos responsáveis, devem ser determinados ou perfeitamente determináveis. De maneira geral, a lei considera infrator a pessoa física ou jurídica que realiza a ação ou omissão que se encontra tipificada como infração, entretanto, nem sempre coincide o responsável com a pessoa que diretamente realizou a ação danosa. Por exemplo, no ordenamento jurídico espanhol, o art. 45 da Lei de Energia Nuclear considera responsável o produtor, possuidor ou gestor dos resíduos e, por sua vez, o art. 37 da Lei das Costas e o art. 79 de seu respectivo regulamento, consideram responsável pelos danos o titular do direito de ocupação. Em caso de danos que venham a ser produzidos por atividades, usualmente, são os responsáveis as pessoas físicas ou jurídicas titulares da mesma, a qual emita poluentes que superem os níveis admitidos pelas normas técnicas de proteção ambiental. De maneira geral, o responsável é o sujeito contaminador, este é também o entendimento da Recomendação do Conselho 75/436/Euratom, CECA, CEE de 3 de março de 1975, concernente à atribuição de custos e intervenção dos poderes públicos em matéria ambiental, a qual entendeu como contaminador aquele que causa dano ao meio ambiente, tanto direta quanto indiretamente, ou seja, aquele que cria as condições para que ocorra. Além disso, a legislação ambiental administrativa espanhola opta pela responsabilidade solidária no caso de pluralidade de responsáveis.[428]

Também no Brasil, no caso de haver mais de um causador de um mesmo dano ambiental, conforme o posicionamento do Superior Tribunal de Justiça em decisão referida anteriormente quanto à reparação do dano causado por atividade de mineração, o entendimento foi de que respondem solidariamente pela reparação, na forma do art. 942 do Código Civil.[429]

---

[426] FREITAS, Vladimir Passos de; FREITAS, Gilberto Passos de, 2001, p. 308.

[427] MILARÉ, Édis. *Direito do ambiente*. São Paulo: Revista dos Tribunais, 2000, p. 329

[428] ANTEQUERA, Jesús Conde, 2004, p. 187.

[429] Superior Tribunal de Justiça. Recurso Especial nº 647.493, SC, 2ª Turma. Ministro Relator João Otávio de Noronha, j. 22.05.2007, DJU de 22.10.2007.

Outra questão relevante abordada por Antequera que, embora seja relativa ao ordenamento jurídico espanhol, apresenta muita relação com o brasileiro, diz respeito à função pública administrativa de restauração ambiental. Para o autor, a proteção ambiental constitui-se numa função pública há muito consolidada e, segundo ele, deve-se concluir que o dever de restauração ambiental é um dos objetivos básicos e mais importantes desta função. Tanto é que o artigo 45.2 da Constituição espanhola dispôs de forma expressa que a restauração do meio ambiente trata de uma das finalidades da atribuição do dever de utilização racional dos recursos naturais. Neste sentido, tanto a legislação posterior ao referido dispositivo como a jurisprudência asseguram esta função pública de maneira geral a todos os poderes públicos (incluindo Legislativo, Executivo e Judiciário, em qualquer âmbito territorial espanhol).[430]

Além disso, o ordenamento jurídico espanhol prevê a administração pública como sujeito restaurador. Para esta finalidade, Antequera salienta que a atividade de restauração poderá conceituar-se como um serviço público, desde que esteja de acordo com a previsão legislativa administrativa vigente e previamente planejada. Este planejamento deverá ser evidenciado por meio de planos, os quais, segundo ele, correspondam à forma mais racional e adequada de empreender a restauração, quando não apresenta características de urgência. Sendo assim, o autor sugere o estabelecimento de "planos para a restauração de recursos naturais".[431]

Outra proposta feita pelo referido autor, em relação ao tema em debate, é o Estudo de Restauração Ambiental – ERA – que consistiria em estudos e/ou programas de restauração ambiental para ações relacionadas à restauração, como o reflorestamento ou restauração de áreas degradadas, nos casos de atividades que possam causar dano ambiental e que não tenham previsto medidas de recuperação ou quando estas sejam insuficientes ou inadequadas. Tratar-se-ia de um estudo semelhante ao Estudo de Impacto Ambiental, já que seria um instrumento técnico, apresentado pelo titular do projeto ou atividade no qual seriam estabelecidas as medidas restauradoras, bem como seus prazos de execução, sua influência no meio ambiente, alternativas possíveis e circunstâncias mais adequadas. Ele poderia servir de base ao procedimento administrativo que autoriza a implementação tanto da atividade quanto da restauração.[432]

Esse instrumento apresenta semelhanças com o plano de recuperação de áreas degradadas – PRAD – já utilizado no Brasil, conforme expos-

---

[430] ANTEQUERA, Jesús Conde, 2004, p. 321. Conforme o autor, a posição é apoiada pelo Supremo Tribunal espanhol em diversas sentenças.

[431] *Idem, ibidem*, p. 337.

[432] *Idem, ibidem*, p. 381-382.

to. Todavia, o ERA apresenta a vantagem de poder funcionar prevenindo e avaliando os possíveis efeitos nefastos de uma determinada atividade ou empreendimento, bem como de sua recuperação ambiental, se não for prevista em conformidade com os parâmetros exigidos, ou seja, em desacordo com o dever constitucional de restauração dos processos ecológicos essenciais. Assim, podendo analisar os possíveis efeitos danosos ao meio ambiente, para reduzi-los, compensá-los ou eliminá-los mais adequadamente, antes mesmo de serem causados. Além disso, a regulamentação deste instrumento poderá estabelecer padrões técnicos para a implementação dos PRADs.

Dada esta breve análise, passa-se ao estudo, também sintético, da responsabilidade penal por danos ambientais.

2.2.3. Da reparação do dano ambiental na esfera penal

Assim como no tópico anterior, o enfoque a ser dado na abordagem da responsabilidade penal por danos ambientais será apenas relacionado com a reparação do dano ambiental. Portanto, muitos tópicos referentes à responsabilidade penal deixarão de ser analisados, ou mesmo mencionados.[433]

Diante da realidade de que muitas sanções administrativas e civis são insuficientes para a repressão da degradação ambiental, o processo penal adquire extrema relevância, pois o estigma gerado por ele traz efeitos que as outras formas de reparação são incapazes de proporcionar.[434] Este efeito contribui, inclusive, para a tutela preventiva dos danos ambientais. E, levando-se em conta as dificuldades em reparar o dano causado, prevenir a sua ocorrência tem sido uma grande meta almejada, fazendo com que boa parte da doutrina defenda o emprego da técnica dos crimes de perigo, até mesmo o abstrato.[435]

Conforme já foi mencionado, os art. 225, § 3º, da Constituição Federal, de 1988, e o art. 14, § 1º, da Lei nº 6.938, de 1981, enfatizam a possibilidade de tripla responsabilidade, excluindo a possibilidade do degradador, ainda que tenha reparado o dano, ser isento das sanções penais. Todavia,

---

[433] Para uma visão geral sobre o direito penal relativo ao meio ambiente, cf. PRADO, Luiz Regis. *Direito penal do ambiente*. 3. ed. São Paulo: Revista dos Tribunais, 2011.

[434] FREITAS, Gilberto Passos de, 2005, p. 108.

[435] Esses são os posicionamentos de LECEY, Eládio. A proteção do meio ambiente e a responsabilidade penal da pessoa jurídica. In: FREITAS, Vladimir Passos de. *Direito ambiental em evolução*. Curitiba: Juruá, 1998, v.1, p. 38; RODRIGUES, Marcelo Abelha. *Instituições de direito ambiental*. São Paulo: Max Limonad, 2002, p. 164; MACHADO, Paulo Affonso Leme, 2006, p. 463; BENJAMIN, Antônio Herman V. *Crimes contra o meio ambiente*. Livro de Teses do 12º Congresso Nacional do Ministério Público, t. II, Fortaleza, maio 1998, p. 397; dentre outros.

mesmo tendo havido uma preocupação do legislador em elaborar um diploma legal que contenha sanções penais e administrativas derivadas de condutas e atividades lesivas ao meio ambiente – a Lei nº 9.605, de 1988, a legislação penal ambiental não se encontra concentrada, por quanto o enquadramento penal das referidas condutas implica na análise de alguns dispositivos legais federais.

Exemplos de outros tipos penais relativos a condutas lesivas ao meio ambiente são encontrados: no art. 26, alíneas *c, e, j, l* e *m* da Lei nº 4.771, de 1965 – contravenções remanescentes contra a flora; na Lei nº 6.453, de 1977 – Lei sobre Atividades Nucleares; no Decreto Lei 3.688, de 1941 – Lei de Contravenções Penais; no art. 250 do Código Penal – o crime de incêndio.

Também existem diversos tipos penais ambientais que são normas penais em branco, o que exige a utilização de diferentes normas. Apesar de o tema sofrer inúmeras críticas, inclusive referindo o princípio da legalidade, para Freitas e Freitas, devido às características de certos crimes contra o meio ambiente, é necessário que a lei se remeta a disposições externas, a normas e conceitos técnicos.[436]

Por sua vez, o bem juridicamente protegido na tutela penal consiste em valores éticos sociais, bens que têm objetivo de assegurar a paz social, abrangendo a vida, a saúde não só das presentes, mas das futuras gerações e, por isso, protegidos pelo Direito, para que não corram perigo de serem lesados.[437] Tendo em vista a Lei nº 9.605, de 1998, o crime ambiental é considerado uma "[...] ação típica, derivada de uma conduta humana ou de uma atividade de pessoa jurídica, violadora da lei dos crimes ambientais, culpável e punida com uma sanção determinada".[438]

Diferentemente de outros crimes tipificados pelo direito penal tradicional, no ambiental, em alguns tipos penais, os sujeitos passivos podem ser constituídos de vítimas diluídas. Além disso, muitas vezes, o grau de degradação em que o bem se encontra, dificulta a descrição completa da conduta lesiva.[439] E, embora o princípio da tipicidade imponha uma descrição detalhada do tipo penal, tal tarefa demonstra-se praticamente impossível para o legislador do tema ambiental, já que o meio ambiente é passível de inúmeras atividades com resultados lesivos.[440] Decorre, então,

---

[436] FREITAS, Gilberto Passos de, 2005, p. 120.

[437] Sobre o tema, cf. TOLEDO, Francisco de Assis. *Princípios básicos de direito penal*. São Paulo: Saraiva, 1994, p 16.

[438] FREITAS, Gilberto Passos de, 2005, p. 114.

[439] *Idem, ibidem*, p. 115.

[440] Sobre o tema, cf. SANTOS, Claudia Maria Cruz; DIAS, José Eduardo de Oliveira Figueiredo; ARAGÃO, Maria Alexandra de Souza. In: CANOTILHO, José Joaquim (Coord.). *Introdução ao direito do ambiente*. Coimbra: Universidade Aberta, 1998, p. 159.

a utilização de tipos penais abertos, os quais são adaptados das regras e dos princípios do direito penal tradicional ao ambiental, inclusive rompendo paradigmas.[441]

Ademais, pode acontecer de alguns crimes ambientais serem pluriofensivos, ou seja, ofenderem mais de um bem jurídico. Nestes casos, diante da diversidade dos bens lesados, a reparação do dano deve ser realizada diferenciadamente, pois é possível que um seja passível de reparação e outro não. Assim, poderá ocorrer de um bem ser restaurado e ser obtida uma indenização com relação ao outro, por isso, o jurista terá que estar preparado para a busca da solução mais condizente com o dever de restaurar os processos ecológicos essenciais, em conformidade com a Constituição Federal.[442]

Assim como ocorre entre a responsabilidade administrativa e a civil, também acontece com a responsabilidade penal, no que concerne à reparação do dano ambiental, já que, ao abordar o tema, a Lei nº 9.605, de 1988, traz reflexos cíveis e elementos que dependem da responsabilidade civil nas funções primárias do processo penal em suas distintas fases.[443] Um primeiro exemplo do que foi dito pode ser percebido quando da introdução do instituto da transação, feita pelo art. 27, o qual prevê que nos crimes de menor potencial ofensivo, a proposta da aplicação imediata da pena restritiva de direitos ou de multa (prevista no art. 76 da Lei 9.099, de 1995) somente poderá ser feita se tiver havido a "prévia composição do dano" (referida no art. 74 da mesma lei), menos nos casos de impossibilidade comprovada. Observa-se também na esfera penal que a reparação do dano deve ser integral, uma vez que o bem ambiental é indisponível.

Logo adiante, no art. 28 e incisos da Lei nº 9.605, de 1998, referente à suspensão condicional do processo, indica-se a aplicação das disposições do art. 89 da Lei nº 9.099, de 1995, a qual prevê para os crimes de menor potencial ofensivo, que a possibilidade de declaração de extinção da punibilidade dependerá de laudo de constatação de reparação do dano ambiental, com ressalvas para a sua impossibilidade. Ademais, o art. 20 determina que a sentença condenatória, sempre que possível, deve fixar o "valor mínimo para a reparação dos danos causados pela infração", levando em conta os prejuízos causados ao ofendido ou ao meio ambiente. Bem como na execução (art. 17), na qual a verificação da reparação (referida no § 2º do art. 78 do Código Penal) deve ser feita por meio de laudo

---

[441] FREITAS, Gilberto Passos de, 2005, p. 116.
[442] Idem, ibidem, p. 124.
[443] Leite, José Rubens Morato, 2003, p. 134-137; LEITE, José Rubens Morato; PAPP, Leonardo, 2006, p. 39-40.

de reparação do dano ambiental, cujas condições serão estipuladas pelo juiz, em conformidade com a proteção do meio ambiente.

Por sua vez, a pena restritiva de direitos, quando em forma de pena pecuniária, (trazida pelo art. 12) refere que o valor a ser pago deve ser deduzido do montante da reparação civil (quando existir) a que o infrator for condenado. Ressalta-se que a sentença que estipular uma sanção pecuniária possui caráter reparatório, já que o valor pago poderá ser deduzido da indenização em eventual ação civil.[444] Também o art. 9º, ao tratar novamente da pena restritiva de direitos, mas na forma de prestação de serviços à comunidade, atribui ao condenado a elaboração de atividades não remuneradas nos parques e jardins públicos e unidades de conservação e, ainda, em caso de dano a bens particulares, públicos ou tombados, a restauração do bem, quando possível.

Além de prever a reparação espontânea do dano como circunstância atenuante da pena, no art. 14, inciso II, e prevê-la como modalidade de pena de prestação de serviços à comunidade para a pessoa jurídica, no art. 23, inciso II. Por último, os institutos do livramento condicional, estabelecidos no art. 83, inciso IV, do Código Penal, e da reabilitação, prevista no art. 94, inciso III, do mesmo diploma legal (os quais se aplicam aos delitos ambientais por força do art. 79 da Lei nº 9.605, de 1998) têm todos, como requisito de concessão, a reparação do dano.

Com o exposto, evidencia-se que a regulamentação dos crimes ambientais trazida pela Lei nº 9.605, de 1998, apresentou preocupação com a reparação do dano ambiental. Embora não se possa deixar de mencionar que a maior parte das condutas delitivas nela previstas são passíveis de suspensão do processo, o que exige um grande cuidado por parte dos juristas, sob pena de não concretizarem o dever de reparação deste tipo de dano, cujo interesse e importância já restou evidenciada.

Considerando a importância da reparação do dano ambiental e ainda o princípio da obrigatoriedade da ação penal, a doutrina sugere uma alteração legislativa, pois mesmo que a reparação do dano seja prevista no âmbito penal, entende-se ser necessária a conjugação adequada das soluções já consagradas no ordenamento jurídico. Assim, a doutrina posiciona-se no sentido de que deva ser prevista como causa de extinção da punibilidade a reparação integral do dano ambiental, quando efetuada antes do recebimento da denúncia. Bem como a suspensão do prazo prescricional nos casos em que seja necessário algum tempo para a concretização da reparação do dano.[445]

---

[444] Sobre o tema, cf. SAMPAIO, Francisco José Marques, 1998, p. 19-23.
[445] FREITAS, Gilberto Passos de, 2005, p. 170.

Atualmente, uma ação causadora de dano ambiental configura um ilícito penal e, em conformidade com o princípio da obrigatoriedade ou legalidade, é perseguível por meio de ação penal pública, impondo-se ao Ministério Público a tarefa de instaurar a referida ação. Entretanto, diante da possibilidade de ser processado criminalmente,[446] o degradador tende a negar-se em firmar compromisso de reparação do dano, o que é extremamente nefasto ao meio ambiente. Pelo exposto, segundo Freitas e Freitas, a adoção do princípio da oportunidade demonstra-se mais condizente com o dever de preservação ambiental. Para os autores, deve caber ao Ministério Público, enquanto defensor dos interesses difusos, examinar a conveniência do início da ação penal, valorando o momento e as circunstâncias envolvidas em cada caso concreto.[447]

Outra questão relevante é a admissibilidade da reparação do dano como sanção penal, atuando como alternativa à pena privativa de liberdade em delitos específicos, sendo assim um substitutivo penal. Desta forma, a reparação do dano pode ser encarada como uma espécie de "solução alternativa" às penas tradicionais, sem, todavia, deixar de lado o seu caráter penal.[448] Nesse sentido, para Marques, este tipo de reparação vem trazendo consequências positivas na medida em que substitui a pena privativa de liberdade nas infrações de menor gravidade em conformidade com a legislação dos Juizados Especiais de Pequenas Causas e das Penas Alternativa.[449]

Ainda, considera-se que a aplicação da pena alternativa constitui-se em valioso instrumento pedagógico, já que força o infrator a reparar o dano causado, instigando-o a respeitar a natureza.[450] Além disso, reconhece-se a insuficiência da pena de prisão para a recuperação social do condenado e até a impropriedade da mesma em face das características do criminoso ambiental, justificando-se, assim, a aplicação das penas alternativas.[451]

Por sua vez, a avaliação do dano, nos casos de crime ambiental, trata-se de um dos mais relevantes temas do processo penal ambiental. Esta importância relaciona-se à configuração do ilícito penal ambiental, além

---

[446] Em face ao art. 846 do Código Civil.
[447] FREITAS, Gilberto Passos de, 2005, p. 183-185.
[448] *Idem, ibidem*, p. 152.
[449] MARQUES, Oswaldo Henrique Duek. *Fundamentos da pena*. São Paulo: Juarez de Oliveira, 2000, p. 99.
[450] PIERECK, Eliane; VALLE, Sandra. A pena alternativa no crime ambiental. In: VARELA, Marcelo Dias; BORGES, Roxana Cardoso B. (Coord.). *O novo em direito ambiental*. Belo Horizonte: Del Rey, 1998, p. 76.
[451] FERREIRA, Ivette Senise. A Lei 9.099/95 e o direito penal ambiental. In: PITOMBO, Sérgio Moraes (Coord.). *Juizados Especiais Criminais*: interpretação e crítica. São Paulo: Malheiros, 1997, p. 35.

de servir de base para a graduação da pena, para a concessão de benefícios (transação penal; suspensão condicional do processo e da pena; livramento condicional; reabilitação) e para requisitar a hipoteca ou o sequestro de bens do degradador. Também quando da conclusão de que o dano é insignificante, poderá o fato ser considerado atípico. Além de que é de acordo com a avaliação do dano que o juiz fixará o valor pecuniário mínimo para a reparação do dano. Portanto, os art. 172 do Código de Processo Penal e 19 da Lei nº 9.605, de 1998, devem ser cumpridos com todo o rigor, observando a habilitação técnica dos peritos, a formulação dos quesitos e a fundamentação das respostas, já que a avaliação deve ser concluída na fase investigatória, sem o direito ao contraditório.[452]

Não sem mencionar a importância da perícia na elaboração do projeto de restauração ambiental e, também, para a compensação ecológica, quando for o caso. Todavia, tendo-se conhecimento das dificuldades que permeiam a realização da perícia ambiental, restou estabelecido que a perícia feita tanto no inquérito civil quanto no juízo cível poderá ser aproveitada no processo penal, desde que, neste momento, seja instaurado o contraditório. Assim, garante-se o princípio da economia processual. Ademais, cabe mencionar algumas das medidas assecuratórias previstas no Código de Processo Penal, dentre elas, as que interessam ao tema em tela são: o sequestro (arts. 125 a 132 do Código de Processo Penal), a hipoteca (arts. 134 do Código de Processo Penal e 1.489, III, do Código Civil) e a busca e apreensão (arts. 240 a 250 do Código de Processo Penal).

A respeito da sentença penal condenatória, salienta-se que, uma vez transitada em julgado, poderá ser executada pelo ofendido no âmbito civil, em conformidade com o art. 63 do Código de Processo Penal, ou seja, aquele que sofre o dano incitado pelo ilícito penal. Entretanto, no caso dos danos ambientais, em que o bem lesado é de interesse difuso, algumas considerações devem ser feitas sobre a legitimidade ativa. Nestes casos, não só o Estado, em sentido *lato,* como o Ministério Público possuem legitimidade para promover a execução da sentença penal no âmbito civil, de acordo com a Constituição Federal.[453]

Quanto ao Ministério Público, os arts. 127, 129, III, e 225, *caput,* da Constituição Federal de 1988 atribuem ao mesmo a incumbência de defesa dos interesses sociais e individuais indisponíveis, além da legitimidade para promover o inquérito e a ação civil pública para defender o meio ambiente. Também a função institucional de proteger o meio ambiente e, uma vez que a reparação do dano ambiental é concernente ao interesse

---

[452] FREITAS, Gilberto Passos de, 2005, p. 191.
[453] *Idem, ibidem*, p. 207.

da coletividade, está ele legitimado para a promoção da execução da sentença penal condenatória.

Quanto à legitimidade passiva, a execução da sentença penal condenatória deve dirigir-se àquele que foi condenado, isto é, ao responsável pelo dano ambiental, a pessoa física ou jurídica que se encontrava no polo passivo da ação penal. O terceiro, mesmo que civilmente responsável, não pode ser executado na execução, para o que é necessário contra ele mover ação de conhecimento, já que não foi atingido com os efeitos da coisa julgada.[454]

Quando são criminalmente condenadas mais de uma pessoa, poderá ser promovida execução contra todas elas, sendo solidariamente responsáveis. Além disso, de acordo com os arts. 63 e 64 do Código de Processo Penal, a ação ou execução civil para a reparação do dano pode ser proposta contra os herdeiros do autor do fato danoso. Ainda, a Constituição Federal de 1988 determina que tal obrigação pode estender-se aos sucessores e contra eles executada, respeitado o limite do valor do patrimônio herdado, nos termos da lei. Já no caso de condenação de pessoa jurídica, quando esta é insolvente, conforme o art. 4º da Lei dos crimes ambientais, a execução da sentença pode ser dirigida contra os sócios, enquanto pessoas físicas.[455]

Em relação aos beneficiários da condenação penal, quando o dano ambiental não deteriorou nenhum bem particular, ou seja, não trouxe prejuízo à pessoa física e/ou jurídica identificável, de acordo com o art. 13 da Lei da ação civil pública, a indenização reverte-se em benefício do Fundo de reparação dos bens lesados, como já evidenciado. Além disso, no caso de o dano atingir área de um determinado município, se este tiver um Fundo municipal, a indenização deve ser revertida para o mesmo. No caso do referido município não dispor de um Fundo, deve ser revertido para o Fundo estadual e, sucessivamente, se este não tiver um Fundo, o valor deve ser revertido ao Fundo Nacional do Meio Ambiente – FNMA – e o mesmo procedimento deve ser feito quando o dano atingir mais de um Estado.[456]

Por fim, menciona-se que, muito embora a "ação civil *ex delito*" seja um importante instrumento para a tarefa de preservação ambiental, pouco tem sido utilizada. Assim, a doutrina tem sugerido que os órgãos legitimados promovam a execução da sentença penal condenatória no âmbito

---

[454] FREITAS, Gilberto Passos de, 2005, p. 208.
[455] *Idem, ibidem,* p. 210.
[456] *Idem, ibidem,* p. 211.

civil, em casos de condenação definitiva de autor de crime ambiental, tanto quando de pessoa física, quanto jurídica.[457]

2.3. Síntese do capítulo

Neste Capítulo, foram evidenciadas as complexidades que permeiam o bem ambiental, as quais necessitam ser percebidas na mensuração do dano para que a sua reparação seja condizente com o dever de restauração dos processos ecológicos essenciais. O dano ambiental, por sua vez, foi caracterizado e classificado. Foram evidenciadas, também, as principais características dos ecossistemas, com objetivo de considerá-las na reparação do dano. A restauração ambiental foi analisada como opção prioritária do sistema de responsabilidade por danos ambientais no Brasil. Outras formas de reparação do dano – compensação ecológica e indenização – ademais, foram estudadas.

Por todo o exposto, entende-se que o ordenamento jurídico brasileiro dispõe de diversos instrumentos para fazer valer o dever de proteção ambiental. Entretanto, constatando a realidade, verifica-se a perpetuação dos danos ao meio ambiente. E ainda que existam mecanismos de reparação do dano ambiental, inclusive aliando as três esferas – civil, administrativa e penal – muitos destes danos seguem sem ser reparados ou são reparados de maneira não condizente com o dever de restauração dos processos ecológicos essenciais.

Acredita-se que um dos grandes problemas a serem enfrentados, quando da reparação de danos ambientais, seja a restrição do diálogo entre os saberes científicos, essencial para a avaliação dos danos e, posteriormente, elaboração, execução e monitoramento de projetos eficazes para a restauração dos mesmos. Assim, no Terceiro e último Capítulo desta obra, optou-se por fazer uma abordagem transdisciplinar das técnicas empregadas na restauração ambiental.

---

[457] FREITAS, Gilberto Passos de, 2005, p. 218; FELIPETO, Rogério. Eficácia da coisa julgada penal no juízo cível. In: *Revista forense*, v. 174, p. 17 e ss.

3. Restauração ambiental: parâmetros, dificuldades e possibilidades de implementação

Acredita-se, como foi demonstrado ao longo dos dois capítulos anteriores, que a abordagem transdisciplinar das técnicas de restauração ambiental seja um caminho para buscar-se a maior eficácia dos projetos envolvidos nesta tarefa. Assim, a abordagem transdisciplinar será, primeiramente, justificada. E, posteriormente, posta em evidência, quando da descrição das referidas técnicas.

3.1. Transdisciplinaridade: opção de abordagem

Em diversos momentos do texto, foi observada a relevância da abordagem transdisciplinar para a melhor compreensão das complexidades envolvidas no bem ambiental, na avaliação do dano ambiental e, agora, na elaboração, implementação e monitoramento de um projeto eficaz de restauração ambiental. Neste sentido, é requerida uma visão integrativa das ciências. Somente por meio da percepção desta complexidade é possível compreender que todas as questões humanas são intricadas, nenhum problema surge em âmbito isolado e nenhuma solução completa será encontrada enquanto for analisada de forma parcial.[458]

É sabido que o paradigma científico dominante separa as distintas formas de conhecimento, compartimentando-as, ao invés de buscar abordagem que tente enfrentar os problemas por meio de olhar mais amplo, perpassando as fronteiras do saber. Neste sentido, como já mencionado, Latour[459] propõe a noção de que nosso cotidiano é repleto de "híbridos" e a questão ambiental é, sem dúvidas um híbrido e, como tal, requer este olhar complexo.

---

[458] Sobre o tema, cf. FAGUNDES, Paulo Roney Ávila. *Direito e holismo* – introdução a uma visão jurídica da integridade. São Paulo: LTr, 2000.

[459] LATOUR, Bruno, 2000, p. 11.

Para Morin, a complexidade encontra-se em um ponto de saída em busca de ação mais rica, menos mutiladora.[460] Por isto, a perspectiva escolhida para a abordagem que se pretende é a transdisciplinar, já que permite integrar, articular e refletir sobre os distintos conhecimentos científicos.[461] Também Leite e Ayala tecem críticas à tendência de purificação do pensamento científico, apontando para a insuficiência dos modelos de gestão, uma vez que estes

> [...] revelam-se incompatíveis com a qualidade dos novos problemas, definidos a partir de valores, como a instabilidade cognitiva, a incerteza, a imprevisibilidade e, fundamentalmente, o desequilíbrio, que colocam ao conhecimento especializado, técnico e à perspectiva disciplinar da ciência desafios e problemas que não podem ser solucionados a partir de uma proliferação de redes institucionais e privadas de securitização pessoal e social, responsáveis pela difusão de promessas de uma vida segura e de um futuro durável [...].[462]

Além destes, também outros autores apontam para a maior eficácia do pensamento complexo e transdisciplinar, no intuito de melhor compreender os problemas enfrentados pela sociedade atual. E, quando estes problemas dizem respeito à questão ambiental, a necessidade de diálogo parece ainda mais manifesta. O Direito Ambiental pressupõe uma visão diferenciada e, embora muito tenha evoluído na tentativa de acompanhar as demandas surgidas e de contemplar a conservação do meio ambiente, considera-se que

> A ecologia reclama conceitos englobantes e condições evolutivas, o direito responde com critérios fixos e categorias que segmentam o real. A ecologia fala em termos de ecossistema e de biosfera, o direito responde em termos de limites e de fronteiras; uma desenvolve o tempo longo, por vezes extremamente longo, dos seus ciclos naturais, o outro impõe o ritmo curto das previsões humanas. E eis o dilema: ou o direito do ambiente é obra de juristas e não consegue compreender, de forma útil, um dado decididamente complexo e variável; ou a norma é redigida pelo especialista, e o jurista nega esse filho bastardo, esse 'direito de engenheiro', recheado de números e de definições incertas, acompanhado de listas intermináveis e constantemente revistas.[463]

Esta incompatibilidade ocorre pela dificuldade de compreensão do que seja e de como concretizar a transdisciplinaridade. Para melhor entendê-la, faz-se necessário conhecer, ainda que superficialmente, os conceitos de pluridisciplinaridade ou multidisciplinaridade e de interdisciplinaridade. Para Nicolescu, a pluridisciplinaridade é relativa ao estudo de objeto de uma disciplina única por diversas disciplinas ao mesmo tem-

---

[460] Morin, Edgar, 2007, p. 83

[461] *Idem, ibidem*, p. 51.

[462] LEITE, José Rubens Morato; AYALA, Patryck de Araújo. Transdisciplinaridade e a proteção jurídico-ambiental em sociedades de risco: direito, ciência e participação. In: LEITE, José Rubens Morato; BELLO FILHO, Ney de Barros. *Direito ambiental contemporâneo*. São Paulo: Manole, 2004. p. 118.

[463] OST, François, 1995, p.111.

po. Assim, por exemplo, uma obra de arte pode ser estudada pelo olhar da história da arte, conjuntamente com o da física, da química, da história das religiões etc. Desta forma, o objeto será enriquecido pelo cruzamento das distintas disciplinas, ou seja, o conhecimento do objeto na sua disciplina própria é aprofundado devido a uma contribuição pluridisciplinar. Entretanto, mesmo que esta abordagem ultrapasse as disciplinas, a sua finalidade permanece inserida na estrutura da pesquisa disciplinar.[464]

Já a interdisciplinaridade possui outro intuito, pois ela consiste na transferência de métodos de uma disciplina para a outra. Podem ser distinguidos três graus de interdisciplinaridade: de aplicação; epistemológico e de geração de novas disciplinas. A título de exemplo do primeiro grau, o de aplicação pode ser mencionado relativamente às descobertas da física nuclear, quando transferidas para a medicina, trouxeram novos tratamentos para o câncer. No segundo grau, o epistemológico, por exemplo, a transferência de métodos pertencentes à lógica formal para a área do Direito gera boas análises na epistemologia do Direito. Por último, também como exemplo, na geração de novas disciplinas, a transferência dos métodos da matemática para o campo da física deu origem à física-matemática.[465]

Tanto a abordagem da interdisciplinaridade quanto da pluridisciplinaridade, embora ultrapassem as disciplinas, as suas finalidades ficam adstritas à pesquisa disciplinar. Mais complexamente, a transdisciplinaridade (como o próprio prefixo "trans" demonstra) é relativa ao que está ao mesmo tempo entre as disciplinas, "através" das distintas disciplinas e "além" de qualquer disciplina. Ela intenta compreender o mundo atual, cujo pressuposto é a unidade do conhecimento. A partir deste enfoque, questiona-se se existe algo entre e através das disciplinas e além das mesmas. Considerar-se o pensamento clássico, não haveria nada, o espaço seria vazio.[466]

De acordo com o pensamento clássico, a transdisciplinaridade é absurda por não ter objeto; para a transdisciplinaridade, o pensamento clássico não é absurdo, ainda que seu campo de aplicação seja restrito. Para Nicolescu, todavia, a disciplinaridade, a pluridisciplinaridade, a interdisciplinaridade e a transdisciplinaridade são os quatro componentes de uma só coisa: o conhecimento.[467]

---

[464] NICOLESCU, Basarab. *O manifesto da transdisciplinaridade*. Tradução: Lucia Pereira de Souza. 2. ed. São Paulo: TRIOM, 2001, p. 50.

[465] *Idem, ibidem*, p. 51.

[466] *Idem, ibidem*, p. 51-53.

[467] *Idem, ibidem*, p. 51.

Para a transdisciplinaridade, não existem espaços vazios, apenas níveis distintos de realidade.

> A estrutura descontínua dos níveis de Realidade determina *a estrutura descontínua do espaço transdisciplinar*, que, por sua vez, explica porque a pesquisa transdisciplinar é radicalmente distinta da pesquisa disciplinar, mesmo sendo complementar a esta. *A pesquisa disciplinar diz respeito, no máximo, a um único e mesmo nível de Realidade*, aliás, na maioria dos casos, ela só diz respeito a fragmentos de um único nível de Realidade. Por outro lado, *a transdisciplinaridade se interessa pela dinâmica gerada pela ação de vários níveis de Realidade ao mesmo tempo*.[468] (grifo do autor)

Para acessar esta dinâmica, entretanto, é necessário passar, primeiro, pelo conhecimento disciplinar, já que a transdisciplinaridade nutre-se da pesquisa disciplinar, que ganha uma nova forma, mais fecunda, pelo conhecimento transdisciplinar. Portanto, as pesquisas disciplinares e transdisciplinares não são antagônicas e, sim, complementares. Apesar de que as diferenças entre elas não possam deixar de ser evidenciadas (bem como entre a inter e a pluridisciplinaridade), sob pena de se olvidar as distintas finalidades destas abordagens. Por outro lado, esta distinção não pode ser tomada como absoluta, para não correr o risco de esvaziar o conteúdo e a eficácia da transdisciplinaridade.[469]

Por sua vez, o modelo transdisciplinar de realidade gera importantes consequências para o estudo da complexidade, pois permite que o fluxo de informação atravesse os diferentes níveis de realidade, orientando coerentemente os níveis de percepção.[470] Para Leff, o Direito possui relevante papel na abordagem transdisciplinar, no sentido de contribuir, juntamente com outras áreas do saber, para a elaboração e concretização de "[...] políticas alternativas de organização social e produtiva".[471]

O referido autor define a transdisciplinaridade como processo de troca entre várias áreas do conhecimento científico, por meio dos quais são transferidos métodos, conceitos, termos e, até mesmo, teorias inteiras de uns para os outros, os quais são absorvidos pelos últimos. Por sua vez, estes processos causam crescimento contraditório, que, em determinados momentos, faz avançar e, em outros, retroceder o conhecimento, caracterizando o desenvolvimento da ciência.[472]

Leite e Ayala, voltando-se mais especificamente ao Direito Ambiental, entendem que é necessário ultrapassar a perspectiva restrita em que este é tomado horizontalmente, por meio da evidente imprescindibilida-

---

[468] NICOLESCU, Basarab, 2001, p. 51.

[469] *Idem, ibidem*, p. 53.

[470] *Idem, ibidem*, p. 62.

[471] LEFF, Enrique. *Epistemologia ambiental*. São Paulo: Cortez, 2001, p. 82.

[472] *Idem, ibidem*, p. 83.

de de utilização de conceitos e elaborações científicas, cujos conteúdos são metajurídicos. Assim, a nova proposta epistemológica de leitura do meio ambiente, através do Direito Ambiental, tem que ser essencialmente ecológica, embora não possa deixar de ser jurídica. Portanto,

> [...] a proposta de transdisciplinaridade proporciona a revisão da *tendência paralisante* que a imposição de leituras dogmáticas de disciplinas afins ou mesmo o Direito, freqüentemente, realizam sobre a questão ambiental, ao mesmo tempo em que oportuniza o desenvolvimento da *essencialidade do princípio democrático*, ao constituir discurso de interação/integração, dialógico e ontologicamente aberto. (grifo do autor).[473]

Para os mencionados autores, esta percepção assinala a evidência de uma nova postura do homem em relação à natureza, estabelecendo limites para a intervenção humana no meio ambiente. Mais além, indica a concepção de nova ética, da alteridade, do cuidado, do confisco aos danos ao meio ambiente, pela responsabilidade que o homem assume em relação à natureza e, também, para com as futuras gerações.[474] Por sua vez, este novo comportamento, possui relação direta com a abordagem feita no primeiro capítulo, no qual foi salientada a ideia de "meio justo" da natureza, não como objeto ou sujeito, mas como projeto. Projeto pelo qual o homem, que vem comportando-se como destruidor da natureza, possa ser encarado como auxiliar para a sua perpetuação. Nas palavras de Ost,

> Depois de muito ter destruído, o homem pode também reconstruir. Depois de se ter, durante muito tempo, comportado como aprendiz de feiticeiro, ele pode agora adoptar (*sic*) o papel de feiticeiro mestre, aquele que se lembra da palavra e pára os elementos desencadeados, que põe um termo ao dilúvio que ele próprio desencadeou.[475]

A partir dessa noção, a implementação dos projetos de restauração ambiental, em conformidade com o dever constitucional de restauração dos processos ecológicos essenciais, adquire status de postura mais adequada frente à natureza, mas também frente às gerações humanas vindouras.

Por sua vez, os parâmetros norteadores das técnicas de restauração ambiental a serem evidenciados são tomados por esta pesquisa como condizentes com toda a construção teórica feita até o momento. É preciso deixar claro, no entanto, que não se tem a pretensão de encontrar as soluções inquestionáveis para os problemas ambientais atualmente enfrentados.

Nem mesmo por meio da abordagem transdisciplinar a ser feita revela-se a intenção de demonstrar a infalibilidade das referidas técnicas de restauração ambiental, já que um dos pressupostos pelos quais a pre-

---

[473] LEITE, José Rubens Morato; AYALA, Patryck de Araújo. A transdisciplinaridade do Direito Ambiental e a sua eqüidade intergeracional. In: *Revista Seqüência*, vol. 41. Ano XXI. Dez. 2000, p. 126.

[474] *Idem, ibidem.*

[475] OST, François, 1995, p. 274.

sente análise foi concebida é o da não existência de uma ciência infalível. Portanto, tão somente acredita-se que, diante do dever constitucional de restaurar os processos ecológicos essenciais, as referidas técnicas, a serem apresentadas em seguida, caminham no sentido de concretizá-lo, pois, como será evidenciado, esta preocupação está presente como pano de fundo das mesmas.

3.2. Restauração ambiental: o paradigma norteador das técnicas

A vasta diminuição de áreas com vegetação nativa de diversos biomas[476] tem resultado em grandes perdas em termos de biodiversidade e recursos genéticos,[477] por isso a conservação *in situ* demonstra-se como a melhor forma de mantê-las, ao propiciar a ininterrupção dos processos evolutivos.[478] Todavia, ainda que a implementação de unidades de conservação seja a forma mais apta a efetivar a conservação *in situ*, para que a diversidade genética efetivamente seja mantida, são requisitadas tecnologias eficientes, uma vez que os ecossistemas se encontram intensamente fragmentados.[479]

Diante de tal constatação, ganha relevância a pesquisa de campo[480] realizada por Pinho. A autora, ao pesquisar sobre as medidas de reposição natural do dano ambiental, constatou que a restauração ambiental *in situ* na grande parte das vezes não propicia a reparação integral do dano, havendo a necessidade de conjugação da reposição natural à compensação ambiental *lato sensu*. Por isso, para a autora, existindo dano ambiental, quase sempre as medidas compensatórias poderão ser aplicadas. Na referida pesquisa de campo evidenciou-se que há quase unanimidade (entre os entrevistados) no que concerne a não formulação de recomenda-

---

[476] Cf. Glossário.

[477] Sobre o tema, cf. MYERS, N. *et al*. Biodiversiy hotsopts for conservation priorities. *Nature*, nº 403, 2000. p. 853-858.

[478] Sobre o tema, cf. KAGEYAMA, P. Y. Conservação "in situ" de recursos genéticos de plantas. *IPEF*, nº. 35, 1987. p. 7-37.

[479] Cf. Glossário. REIS, Ademir *et al*. Restauração de áreas degradas: a nucleação como base para incrementar os processos sucessionais. In: Fundação O Boticário de proteção à natureza. *Natureza e Conservação*. Curitiba. v. 1. nº 1. p. 1-116. Abril, 2003a. p. 28-36, p. 28.

[480] Trata-se pesquisa realizada junto aos Ministérios Públicos Estaduais (de diversos Estados brasileiros), tendo como informantes 55 Promotores de Justiça atuantes na área ambiental, no ano de 2004. O número de entrevistados representa 0,63% do total de Promotores de Justiça em atividade no Brasil, no referido ano. Segundo a autora existe representatividade na amostra, uma vez que o grupo é composto por especialistas da área ambiental, representando 14,51% dos promotores integrantes da Associação dos Promotores de Justiça do Meio Ambiente – ABRAMPA. (composta por 379 promotores). (PINHO, Hortênsia Gomes. *Prevenção e reparação de danos ambientais*: as medidas de reposição natural, compensatórias e preventivas e a indenização pecuniária. Rio de Janeiro: GZ Ed, 2010, p. 417)

ções ou critérios metodológicos capazes de orientar e padronizar as ações dos Promotores de Justiça com relação às compensações ambientais.[481]

Existe, conforme Aumond, a carência de "concepção metodológica integradora", que depende de abordagem sistêmica, abrangendo as diferentes áreas da ciência. Esta nova concepção deve estar baseada na inter-relação e inter-dependência essencial dos elementos, fenômenos físicos, biológicos e químicos.[482]

A proposta feita pelo autor é a consideração da área degradada como sistema aberto em termos de organização, no qual existe uma estrutura dissipativa, de fluência de matéria e energia, embora o sistema mantenha a sua estrutura de forma estável. Desta forma, a principal tarefa na restauração da área é a internalização de matéria e energia no sistema, ou seja, transformação das entradas (*inputs*) da área degradada em saídas (*outputs*) de maneira ideal para acabar com a degradação.[483]

Quando a área encontra-se degradada, o seu fluxo de matéria e energia, considerando-a como sistema aberto, é encarado de maneira negativa (o nível de retenção interna é baixo), agindo como fonte de perdas irreversíveis e empobrecimentos, traduzidos no aumento da degradação ambiental. Os ecossistemas preservados, ao contrário, possuem estrutura organizacional fechada, com populações[484] de animais e vegetais estabelecidas em permanente estado de mudanças e com a cadeia alimentar[485] cíclica, alimentada pelo fluxo externo de matéria e energia, como gás carbônico e energia solar.[486]

Em ecossistemas preservados, cada grupo de organismo exerce suas funções ecológicas. Por exemplo, as plantas captam energia solar e realizam a fotossíntese, os herbívoros se alimentam dos vegetais, e os fungos fazem a reciclagem dos nutrientes. O exercício destas funções permite que o ecossistema se mantenha em funcionamento e em autoprodução, respeitando os limites da termodinâmica.[487]

O processo de restauração ambiental, desta forma, só pode ser compreendido a partir da noção de circulação dos fluxos de matéria e energia que mantêm os seres vivos em estado de equilíbrio dinâmico, dentro de

---

[481] PINHO, Hortênsia Gomes, 2010, p. 421.

[482] AUMOND, Juarês José. Teoria dos sistemas: uma nova abordagem para recuperação e restauração ambiental. II Simpósio Brasileiro de Engenharia Ambiental – UNIVALI/ Itajaí, realizado de 05 a 08 de outubro de 2003. *Livro de resumos*. p. 43-49, p. 43.

[483] *Idem, ibidem*, p. 43-44.

[484] Cf. Glossário.

[485] *Idem*.

[486] AUMOND, Juarês José, 2003, p. 44.

[487] *Idem, ibidem*, p. 44.

um sistema instável. Existe nestes sistemas processo de incorporação contínua de matéria e energia, que faz surgir da instabilidade nova estabilidade, isto é, da desordem vem nova ordem, do desequilíbrio vem novo estado de equilíbrio instável.[488]

As áreas degradadas, por seu turno, como sistemas abertos, têm suas estruturas e padrões de organização em estado de equilíbrio estável, faltando-lhes os básicos mecanismos de vida. Para a recuperação da vida, portanto, necessitam ter o desequilíbrio proporcionado, ativando os mecanismos ecológicos, as condições de instabilidade e o fluxo de matéria e energia.[489]

Deve haver o fechamento organizacional e, ao mesmo tempo, a abertura para o fluxo de matéria e energia, para que a restauração atinja o estado ecologicamente ativo. Conforme Aumond, é preciso desorganizar a paisagem morta no sentido de organizar nova paisagem viva. E, embora os processos naturais não possam ser substituídos, podem ser estimulados na busca desse novo estado. As práticas de recuperação tradicional, entretanto, não têm considerado os mecanismos de causa e efeito, as interações entre meio biótico e abiótico e suas consequências.[490]

Muitos dos projetos de recuperação de áreas degradadas, ademais, vêm sendo implementados com falhas, prejudiciais à conservação *in situ*. Dentre os problemas apresentados nesses projetos, podem ser listados os seguintes: preocupação muito marcante com o uso de espécies arbóreas (árvores); emprego de espécies exóticas, que acarreta a contaminação biológica no local e potencial degradação, conforme já foi evidenciado; uso de tecnologias bastante custosas, que impossibilitam a introdução de projetos de restauração em pequeno porte, os quais poderiam ser responsáveis pela restauração de biodiversidade.[491]

Os modelos tradicionais de recuperação priorizam o plantio de espécies de árvores nativas na totalidade da área, sem considerar o valor de outras formas de vida. Estas plantações acarretam a criação de bosques nativos com elementos arbóreos todos da mesma idade, não condizendo com a dinâmica existente em ambientes naturais. Estas plantas, apesar de desenvolverem-se rapidamente em altura e diâmetro, não propiciam

---

[488] AUMOND, Juarês José, 2003, p. 44. Sobre o tema, cf. PRIGOGINE, Ilya; GLANSDORFF, Paul. *Termodinamic theory of structure, stability and fluctuations*. New York: Wicey, 1971.

[489] AUMOND, Juarês José, 2003, p. 45.

[490] *Idem, ibidem*.

[491] REIS, Ademir *et al.*, 2003a, p. 28.

interações com outras espécies, impedindo a perpetuação dos processos ecológicos essenciais.[492]

Aliada a esses fatores é evidenciada, também, a pouca iniciativa dos proprietários de terras (utilizadas para atividades agropecuárias e silvicultura, por exemplo) e dos responsáveis por outros empreendimentos e/ou atividades impactantes, na restauração de áreas degradas em decorrência dessas.[493] Salienta-se que, muitas vezes, esses não podem ser percebidos como guardiões da natureza e, sim, como exploradores desta, não superando o paradigma antropocêntrico utilitarista. Desta forma, a restauração ambiental é somente concretizada quanto existe a sua imposição administrativa ou judicial, não sendo suficiente a previsão constitucional do dever da coletividade em defender e preservar o meio ambiente para as presentes e futuras gerações.

E, por fim, constata-se a ineficiência do poder público, que, apesar de contar com um vasto aparato legal de prevenção e reparação dos danos ambientais, conforme visto, com frequência não consegue impô-lo. Bem como a sua incapacidade em orientar e fiscalizar os projetos de restauração ambiental, para que cumpram com o dever constitucional de restauração dos processos ecológicos essenciais.

Diante da evidência da necessidade de reparar os danos ambientais e, prioritariamente, da restauração ambiental, é preciso evidenciar qual a preocupação que está presente como pano de fundo, qual o paradigma norteador das técnicas. Pode-se dizer que, não raras vezes, o êxito da recuperação tem sido exclusivamente relacionado ao bom crescimento em termos de altura e diâmetro das mudas plantadas, responsáveis pela produção de madeira em larga escala, não abandonando o modelo de produção, ao exemplo da silvicultura. Neste tipo de recuperação, não há preocupação com os fundamentos básicos da ecologia, sendo unicamente relacionados com o plantio de mudas, em detrimento da regeneração natural. Desta forma, não existe a busca pela restituição da complexidade presente na biodiversidade, nem pela representatividade de diferentes populações.[494]

Outro fator de distinção bastante relevante entre os dois processos (recuperação e restauração) é a relevância atribuída aos aspectos da Ecologia da região a ser recuperada ou restaurada. Ou seja, de acordo com

---

[492] BECHARA, Fernando Campanhã. *Unidades demonstrativas de restauração ecológica através de técnicas nucleadoras*: floresta estacional semidecidual, cerrado e restinga. 2006. Tese (Doutorado em Recursos Florestais), Universidade de São Paulo – Escola Superior de Agricultura – "Luiz de Queiroz", Piracicaba, 2006, p. 223.

[493] REIS, Ademir *et al.*, 2003a, p. 28.

[494] BECHARA, Fernando Campanhã, 2006, p. 14.

a valoração dada aos detalhes de Ecologia básica, o processo poderá ser considerado de recuperação ou restauração. Assim, a importância dada aos processos interativos e sucessionais vai trazer consequências fundamentais aos processos.[495]

Os processos sucessionais ou "desenvolvimento do ecossistema" podem ser entendidos como alterações trazidas por uma comunidade ao meio ambiente, suficientes para possibilitar que outra comunidade ocupe o local. Conforme Odum, existem três parâmetros para defini-los.

> (1) É um processo ordenado de desenvolvimento da comunidade que envolve alterações na estrutura específica e nos processos da comunidade com o tempo; é razoavelmente dirigido e, portanto, previsível. (2) Resulta da modificação do ambiente físico pela comunidade; isto é, a sucessão é controlada pela comunidade, embora o ambiente físico determine o padrão e o ritmo de alteração e imponha com freqüência limites à possibilidade de desenvolvimento. (3) Culmina num ecossistema estabilizado, no qual são mantidos, por unidade de corrente de energia disponível, a máxima biomassa (ou elevado conteúdo de informação) e a função simbiótica entre organismos.[496]

Ainda, caso de o desenvolvimento iniciar em área que não tenha sido previamente ocupada por uma comunidade (por exemplo, uma rocha ou superfície de areia com exposição recente ou uma corrente de lava), o processo será de "sucessão primária". Quando o desenvolvimento da comunidade ocorre em área cuja comunidade tenha sido removida (por exemplo, área agrícola ou floresta desmatada), o processo será e "sucessão secundária". Este último é, em geral, mais rápido, uma vez que alguns organismos e seus propágulos[497] já estão presentes. A área previamente ocupada também é mais propícia ao desenvolvimento da comunidade em relação às estéreis. A sucessão primária, por sua vez, apresenta tendência a iniciar com um nível de produtividade inferior em relação à outra.[498]

Segundo Reis, existe uma tendência em apreender o processo de restauração como uma utopia, já que jamais um ecossistema será refeito em toda a sua biodiversidade preexistente. Para ele, todavia, o fator mais relevante em projetos de restauração é o auxílio dado à natureza em se recompor, possibilitando que os processos sucessionais aconteçam na área degradada. Desta forma, será recomposta a biodiversidade compatível com o clima da região e com as potencialidades do solo no local.[499]

---

[495] REIS, Ademir. Sucessão. In: REIS, Ademir (Org.), 2006. p. 9-24, p. 11.

[496] ODUM, Eugene Pleasants, 1988a, p. 403.

[497] Cf. Glossário.

[498] ODUM, Eugene Pleasants, 1988a, p. 415.

[499] REIS, Ademir, 2006, p. 12.

Considerando o art. 2º, inc. XIV, da Lei nº 9.985, de 2000, restauração é a "[...] restituição de um ecossistema ou de uma população silvestre degradada o mais próximo possível da sua condição original", como já foi exposto. Na prática, isto significa trazer de volta à área, além das espécies que lá existiam, as interações que havia entre elas. Essa complexidade, porém, não pode ser determinada temporalmente pelos profissionais que estarão desenvolvendo o projeto, somente poderá ser suposto que, com o passar do tempo, o local irá apresentar semelhanças com aquele que lá existia antes da degradação.[500]

De acordo com Pimm, ainda mais importante do que a proximidade com a situação anterior deve ser o alcance de certos níveis de sucessão que atendam ao conceito de estabilidade, que engloba: resiliência, persistência, resistência e variabilidade.[501]

A resiliência consiste na intensidade em que o equilíbrio dinâmico é alcançado depois da degradação e, por isso quando a implementação de um projeto trouxer acréscimo na resiliência ambiental, este processo deve ser considerado como de restauração, na medida em que estará contribuindo para que a natureza refaça um ou mais ecossistemas, ainda que não seja idêntico ao que havia anteriormente à degradação. Inclusive, pois, ao final ele tenderá a ser bastante semelhante, uma vez que as condições do clima possuem predisposição a manterem-se por um longo período.[502]

Considera-se persistência a constância, a pertinácia.[503] A resistência é a capacidade de o ecossistema suportar modificações, no caso de ser submetido a alterações ambientais ou potenciais perturbações.[504] Já a variabilidade é a capacidade de submeter-se a variações ou mudanças.[505]

Em geral, os projetos de recuperação propõem o "plantio estático", isto é, a colocação de plantas no intuito de haver exclusivamente a revegetação do local a ser recuperado. Por outro lado, na "restauração" existe o cuidado em refazer os ecossistemas ainda que de forma artificial, ou seja, o processo é encarado como um desafio no sentido de iniciar processos de sucessão que se aproximem o máximo possível aos processos na-

---

[500] REIS, Ademir, 2006, p. 12.

[501] PIMM, S. L.. *The balance of nature?* Ecological issues in the conservation of species and communities. Chicago: University Press, 1991.

[502] REIS, Ademir, 2006, p. 12.

[503] INSTITUTO ANTONIO HOUAISS. *Dicionário Houaiss da Língua Portuguesa*. Rio de Janeiro: Objetiva, 2009, p. 1479.

[504] WATANABE. Shigueo (Coord.). *Glossário de ecologia*. 2. ed. Rio de Janeiro: ACIESP n. 103. 1997, p. 208.

[505] INSTITUTO ANTONIO HOUAISS, 2009, p. 1923.

turais, formando comunidades[506] que, além de possuírem biodiversidade, encontrem mais rapidamente a estabilidade. Ao contrário do modelo de recuperação tradicional, que não abandonou o paradigma antropocêntrico-utilitarista, o modelo de restauração a ser proposto, ao levar em conta os princípios básicos da Ecologia, promove a restituição de produtores,[507] consumidores[508] e decompositores,[509] gerando a efetiva conservação dos ecossistemas, condiz com o dever constitucional de restauração dos processos ecológicos essenciais e reafirma o compromisso de responsabilidade com as futuras gerações.[510]

A seguir encontra-se um quadro sinóptico, objetivando facilitar a visualização das características gerais dos distintos processos.[511]

RECUPERAÇÃO X RESTAURAÇÃO	RECUPERAÇÃO TRADICIONAL	RESTAURAÇÃO POR MEIO DA NUCLEAÇÃO
PARADIGMA	ANTROPOCÊNTRICO UTILITARISTA	ANTROPOCÊNTRICO ALARGADO
VISÃO	DENDROLÓGICA (ESPÉCIES ARBÓREAS)	ECOLÓGICA (DIVERSIDADE – TODAS AS FORMAS DE VIDA)
OBJETIVO	DESENVOLVIMENTO EM ALTURA E DIÂMETRO	INTERAÇÕES ENTRE ESPÉCIES (POLINIZAÇÃO, DISPERSÃO E PREDAÇÃO)
NÍVEIS ALIMENTARES	PRODUTORES	PRODUTORES, CONSUMIDORES E DECOMPOSITORES
BASE TEÓRICA	CIÊNCIAS AGRÁRIAS	ECOLÓGIA BÁSICA
MECANISMO	PLANTAÇÃO	TÉCNICAS NUCLEADORAS, SUCESSÃO NATURAL
ASPECTO INICIAL	ÁREA REGULAR, "LIMPA", DE FÁCIL ACESSO	ÁREA IRREGULAR, "SUJA", DE DIFÍCIL ACESSO
RESULTADO EM LONGO PRAZO	BOSQUE	MOSAICO FLORESTAL
COMPROMISSO	REVEGETAÇÃO, APARÊNCIA	CONSERVAÇÃO, FLUXOS GÊNICOS E FUTURAS GERAÇÕES

---

[506] Cf. Glossário.

[507] Cf. Glossário os conceitos de "produtividade primária e secundária".

[508] Cf. Glossário.

[509] Cf. Glossário os conceitos de decompositor e decomposição.

[510] BECHARA, Fernando Campanhã, 2006, p. 15.

[511] O presente quadro é uma adaptação da tabela feita por BECHARA, Fernando Campanhã, 2006, p. 227.

Ressalta-se a necessidade de o poder público estar ciente das diferenças ecológicas existentes entre os projetos de recuperação tradicionais e os de restauração por meio da nucleação, no intuito de poder exigir a reparação integral do dano nos casos de sua ocorrência. Nesse sentido, destaca-se a preocupação com a capacitação técnica daqueles que exercem função de imposição e fiscalização desses projetos nos órgãos públicos, principalmente os órgãos ambientais, o Ministério Público e o Poder Judiciário. Com objetivo de evidenciar a distinção fundamental presente entre os projetos no que concerne ao dever de restaurar os processos ecológicos essenciais.

Denota-se, portanto, a relevância do diálogo proposto pelo presente trabalho, pois ainda que advindo das ciências jurídicas, a preocupação com o saber ecológico permeia a discussão proporcionada, almejando efetivar a comunicação entre as referidas áreas do conhecimento.

3.2.1. Níveis de restauração e valoração das espécies

É sabido que as formas e níveis de degradação possuem grande variedade. Assim, por exemplo, os ecossistemas podem ser totalmente destruídos ou somente determinadas populações de espécies. Também, quanto ao solo, podem ser perdidas apenas algumas de suas camadas ou ocorrer perda mais intensa. Portanto, de acordo com estas variações, os níveis de degradação podem ocasionar o comprometimento total da resiliência ou diminuir a sua intensidade. Diante desta constatação, é recomendado que a restauração seja precedida de avaliação dos níveis de resiliência, ou seja, do grau de intensidade em que o equilíbrio dinâmico está sendo alcançado no local. Por meio desta avaliação, será possível evidenciar a situação de perda da biodiversidade e do meio ambiente em geral.[512]

Nos casos de empreendimentos que geram muito impacto, como, por exemplo, em grandes barragens de hidrelétricas, a demanda por argila é bastante acentuada, por isso são retiradas todas as camadas de solo de vastas áreas e, com ele, o banco de sementes.[513] Para a posterior restauração destas áreas, será necessária a formação de ambos, processo bastante lento. Entretanto, como algumas espécies vegetais, denominadas rústicas, possuem a habilidade de se desenvolver em fendas entre pedras

---

[512] REIS, Ademir, 2006, p. 12.
[513] Sobre o tema, cf. o tópico 3.2.2.3 e o Glossário.

ou em camadas superficiais de solo, elas podem dar início ao processo de restauração do solo destas áreas.[514]

Ao se desenvolverem, as raízes dessas plantas irão penetrar no solo que restou depois da degradação e, juntamente com elas, serão arrastados água e nutrientes, permitindo também o desenvolvimento de microorganismos no solo. Desta forma, iniciarão processos de sucessão de flora e fauna, aos poucos reconstituindo o banco de sementes, trazendo probabilidade de germinação, de desenvolvimento, de alimento, para o ano todo, o que, por sua vez, aumenta a biodiversidade do banco de sementes. Para Reis, esse papel desempenhado pelas raízes significa o início da resiliência no processo de restauração ambiental em uma área gravemente degradada. Por isso, é preciso que ele seja dinâmico o suficiente para possibilitar que novas raízes se desenvolvam.[515]

Quando a restauração tem como base os processos de sucessão, é necessário que o primeiro grupo ocupante seja brevemente reciclado,[516] trazendo as mudanças pressupostas para a existência da comunidade posterior. Esta reciclagem pode ocorrer com a morte destes indivíduos ou com a perda de determinadas partes deles, ocorrendo a sua decomposição e a agregação dos nutrientes ao solo.[517]

Quanto à recomendação ecológica de espécies para ser introduzidas nos projetos de restauração ambiental, existem algumas ponderações a ser feitas. Tecendo críticas aos métodos atualmente empregados na avaliação de biodiversidade, Hulbert indica a elaboração de estudos com o objetivo de calcular o valor ecológico que cada espécie possui dentro das comunidades. Segundo o autor, o cálculo deve ser feito tendo por base a capacidade de cada uma em ocasionar "probabilidade de encontros interespecíficos" (interações entre as espécies[518]).[519] Neste sentido, o projeto deve visar à atração de sementes e biodiversidade para a comunidade, pois "[...] quanto maior for a capacidade de uma comunidade em atrair, nutrir e dar condições de reprodução, mais rápida será sua restauração".[520]

Conforme Reis, a seleção de espécies para iniciar o processo de restauração é de extrema relevância. Pode-se dizer que elas devem ser ajusta-

---

[514] REIS, Ademir, 2006, p. 13.

[515] *Idem, ibidem.*

[516] Cf. Glossário conceito de "reciclagem".

[517] REIS, Ademir, 2006, p. 13.

[518] Sobre o tema, cf. o tópico 3.3.2 e, no Glossário, o conceito de "interação ecológica".

[519] HULBERT, S. The nonconcept of species diversity: a critic and alternative parameters. *Ecology*, n° 52 (4), 1971. p. 577-586.

[520] REIS, Ademir, 2006, p. 14.

das com as características do local (com o solo encontrado, por exemplo), além de possuírem elevado nível de "interação ecológica", ou seja, interagirem intensamente com outras espécies. Uma vez que, quanto mais alto for o nível de interação, maior será a rapidez com que as espécies envolvidas serão diversificadas, resultando em restauração ambiental mais breve. Respeitados esses princípios, haverá restauração de acordo com as características ecológicas do local, geradora de crescimento de biodiversidade, sem o emprego de esforços excessivos.[521]

É relevante salientar que a avaliação do desenvolvimento em altura das espécies presentes na área em restauração, por si só, não é parâmetro eficiente. Demonstra-se mais importante a avaliação do nível de reprodução das plantas, ou seja, se está havendo fluxo gênico e interações entre as espécies (dispersão de sementes, polinização etc.).[522]

Observa-se, sobretudo no Brasil, a preponderância do uso de espécies arbóreas nas fases iniciais dos projetos de restauração ambiental, conforme mencionado. Esta característica pode estar ligada ao tipo de relação que, muitas vezes, é mantida entre o homem e a natureza, qual seja, natureza-objeto. Tal utilização pode ser vista como economicamente mais vantajosa, haja vista a possibilidade de alta rentabilidade com a posterior venda dos subprodutos dessas espécies (principalmente a madeira). Entretanto, esta visão pode, além de encarecer o projeto, não ser adequada para o tipo de meio ambiente a ser restaurado. Por isso, diversas espécies herbáceas e arbustivas não só podem ser mais indicadas à restauração em determinados locais, como podem apresentar grande potencial, como ervas medicinais ou geradoras de outros produtos, capazes de adquirir valor no mercado financeiro, desde que devidamente pesquisadas e divulgadas.[523]

Além disso, a seleção das espécies deve ser dirigida às plantas que vão fazer parte de cadeias alimentares complexas, que irão interagir fortemente com outras espécies, na área a ser restaurada. A implantação destas cadeias deve ocorrer de forma mais natural possível, embora quando o processo de restauração encontra-se nas fases iniciais, o emprego de técnicas que auxiliem a colonização[524] da área seja imprescindível. Na natureza, diversas são as possibilidades de interações complexas entre a flora

---

[521] REIS, Ademir, 2006, p. 14.

[522] BECHARA, Fernando Campanhã, 2006, p. 80. Estas noções ecológicas serão abordadas no tópico 3.2.2.

[523] REIS, Ademir, 2006, p. 15.

[524] Cf. Glossário.

e a fauna, cabendo ao responsável pelos projetos de restauração observá-los atentamente, para a escolha das espécies mais favoráveis ao uso.[525]

Um exemplo de interação existente na natureza ocorre com as bromélias, que possuem reservatórios de água que servem de abrigo para larvas de insetos e de anfíbios, bem como de fonte hídrica para diversos animais arbóreos (adaptados a viver em árvores). Também as bases de suas folhas são utilizadas como fonte de alimento para os primatas.[526] Outro exemplo são as formigas saúvas, que possuem a capacidade de estocar grande quantidade de folhas, formando acúmulos de matéria orgânica. E, muito embora, na fase inicial da restauração, elas possam ser interpretadas como "pragas", são essenciais para as comunidades em processo de restauração.[527]

Diante dessas evidências da importância da observação dos processos ecológicos para a restauração de áreas degradadas, além da constatação da maior amplitude do processo de restauração em detrimento do processo de recuperação ambiental, diante do dever de restauração dos processos ecológicos essenciais, partir-se-á para o estudo das técnicas nucleadoras de restauração ambiental, tomadas como mais condizentes com o referido dever.

Desta forma, o último dos objetivos específicos da presente obra será alcançado, qual seja: estudar as técnicas nucleadoras de restauração ambiental segundo uma perspectiva transdisciplinar.

Antes, entretanto, entende-se necessária a reflexão sobre algumas noções ecológicas, no sentido de melhor compreendê-las.

3.2.2. Algumas noções ecológicas preliminares

Neste momento, serão brevemente expostas algumas noções sobre Ecologia básica, cuja compreensão se faz imprescindível para a abordagem das técnicas nucleadoras de restauração.

3.2.2.1. Da polinização

De forma sucinta, pode-se dizer que o processo de polinização consiste no transporte de grãos de pólen (célula masculina) para o aparelho

---

[525] REIS, Ademir, 2006, p. 19.

[526] Sobre o tema, cf. BONNET, Annete. Componente epifítico como indicador em florestas tropicais. In: *Reunião técnica "Indicadores na recuperação de áreas degradadas"*. Realizada em Curitiba, nos dias 10 e 11 de novembro de 2007. Disponível em: <http://www.sobrade.com.br/reuniaotecnica/palestras.html> Acesso em: 10 mar. 2008.

[527] REIS, Ademir, 2006, p. 19.

reprodutor feminino, que se encontra na flor e é denominado estigma. Para que ocorra este processo, vários são os elementos que contribuem, como o vento e os animais, estes últimos constituindo-se nos principais vetores responsáveis pelo referido fenômeno. Devido ao grau de dificuldade existente na realização desse processo, já que os parâmetros de dimensão do estigma são muito diminutos (normalmente inferior a 1 mm²), o processo de polinização exige um nível de especificidade bastante acentuado.[528]

Levando em consideração a imobilidade das plantas, no intuito de reproduzir-se ao longo de sua evolução, as mesmas desenvolveram estratégias de atração de animais para o transporte do pólen. Estas estratégias dizem respeito ao formato das flores, às suas cores, a seus aromas, seus néctares, além de demais substâncias que apresentam nutrientes para os animais. Assim, a necessidade mútua de ambos fez com que houvesse um processo de coevolução.[529]

Odum define a coevolução como forma de evolução da comunidade, por meio de interações evolutivas entre organismos, nas quais a troca de informação genética entre os diferentes tipos de organismos é mínima ou até nula. A coevolução concerne à interação seletiva recíproca entre os principais grupos de organismos envolvidos, isto é, uma relação ecológica estreita. Por exemplo, entre plantas e herbívoros, entre organismos grandes e microrganismos em simbiose com esses ou entre parasitas e hospedeiros.[530]

Essa coevolução, todavia, pressupõe uma proporção equilibrada entre a população de animais responsáveis pela polinização (polinizadores) e as plantas polinizadas, sob pena de extinção de ambos. Com a posse deste conhecimento, ele pode ser empregado para aumentar o número de espécies nas áreas em restauração, gerando maior quantidade de sementes, o que poderá possibilitar a ocorrência de distintas plantas, ou seja, trazendo biodiversidade para a área.[531]

Por sua vez, na restauração, os polinizadores representam uma função insubstituível, pois garantem o fluxo gênico e o desenvolvimento de sementes de espécies que se reproduzem por meio de dois indivíduos de sexos diferentes (alogamia[532]- processo anteriormente descrito). Por isso, por meio da seleção das espécies a serem utilizadas nos programas de restauração, é possível determinar o tipo de polinização que irá ocorrer

---

[528] REIS, Ademir, 2006, p. 20.
[529] Idem, ibidem.
[530] ODUM, Eugene Pleasants, 1988a, p. 439.
[531] REIS, Ademir, 2006, p. 20.
[532] Cf. Glossário.

(síndrome de polinização). Poderá ser induzido o aparecimento de floração durante todos os meses do ano, assim, fixando os polinizadores na área em restauração.[533]

Evidencia-se, portanto, que o estudo dos fenômenos biológicos mais frequentes, bem como das causas de sua ocorrência, no que diz respeito às forças seletivas bióticas e abióticas e de seus efeitos para com a espécie, ou as espécies envolvidas, além dos diversos ciclos das espécies vegetais (fenologia),[534] deve servir de base para a escolha das espécies a serem utilizadas nos projetos de restauração ambiental.[535]

3.2.2.2. Da dispersão de sementes

A dispersão[536] de sementes é entendida como "[...] o transporte das sementes para local próximo ou distante da planta geradora destas (planta-mãe)".[537] Sabe-se que esta distância pode se estender de centímetros até quilômetros.[538] O papel de dispersor pode, por exemplo, ser desempenhado por um animal que, ao transportar uma semente ou um fruto, o perde no caminho. Tal papel é de fundamental relevância para a restauração ambiental, importância tanto ecológica quanto econômica, já que ele diminui os gastos com mudas.[539]

Por meio de estudos, foi evidenciado que, em florestas tropicais, a dispersão ocorre mais usualmente por meio de animais. Diferentemente do que ocorre com a polinização, a dispersão não exige grande especificidade, ou seja, uma mesma espécie pode atrair diversas espécies de animais. Existe, porém, a tendência de os animais dispersores fixarem-se em locais onde haja alimentos durante o ano inteiro. Por isso a importância da seleção de espécies que irão apresentar frutos durante todo este período, desempenhando o papel de atrativas de animais e contribuindo para aumentar a biodiversidade da área.[540]

---

[533] REIS, Ademir, 2006, p. 20.

[534] Sobre o tema, cf. LIETH, H.. Purposes of a phenology book. In: LIETH, H.. *Phenology and seasonality modeling*. New York: Springer-Verlag, 1974. p. 3-19.

[535] REIS, Ademir, 2006, p. 20.

[536] Cf. Glossário.

[537] REIS, Ademir, 2006, p. 21.

[538] Sobre o tema, cf. HOWE, H. F. Seed dispersal by fruit-eating birds and mamals. In: Murray, D. R. (ed.). *Seed Dispersal*. New York: Academic Press,1986. p. 123-183.

[539] REIS, Ademir, 2006, p. 21.

[540] *Idem, ibidem*, p. 21. Sobre o tema, cf. o tópico 3.3.2, em particular, a referência às espécies "bagueiras".

Como foram evidenciadas, as noções da fenologia são essenciais para a escolha das espécies a serem empregadas nos programas de restauração. Estes estudos vêm sendo cada vez mais valorizados na atualidade, principalmente no que concerne ao desempenho alcançado no manejo e conservação de espécies nativas. Conhecimentos que possibilitam a compreensão dos fenômenos de regeneração e reprodução das plantas, além de sua organização temporal e das interações estabelecidas entre as espécies, seja de alimentação, polinização ou dispersão.[541]

Por meio da compreensão dos referidos fenômenos é possível a noção global do funcionamento dos ecossistemas florestais. Em determinados ambientes, como as zonas temperadas, estes estudos já são desenvolvidos desde o século IX. Nas zonas tropicais, entretanto, o estudo ainda é incipiente, ocorrendo de forma imprecisa e fragmentada, o que dificulta a elaboração de projetos de restauração ambiental.[542]

Em locais onde ainda não existem estudos sobre a fenologia, o conhecimento tradicional é indicado, muitas vezes, para auxiliar os referidos projetos. Por exemplo, determinando a época de florescimento de cada espécie e identificando as espécies-chave[543] do local. Todavia, há que ser considerado que o conhecimento da fenologia da área não basta para o processo de escolha das espécies, diz respeito a um dos fatores de influência. O sucesso da restauração ambiental se encontra na integração de todos esses fatores.[544]

3.2.2.3. Do banco de sementes

A expressão "banco de sementes" é utilizada para denominar o reservatório de sementes viáveis[545] encontradas em uma área específica de solo no período em que o mesmo estiver sendo analisado.[546] O banco de sementes pode ser entendido com um depósito composto por grande número de sementes, as quais se encontram no solo, em estado de dormência ou latência, desde as camadas mais profundas até a serapilheira.[547] Ele

---

[541] REIS, Ademir, 2006, p. 22.
[542] *Idem, ibidem*, p. 23.
[543] Cf. Glossário.
[544] REIS, Ademir, 2006, p. 23-24.
[545] Cf. Glossário conceito de "viabilidade".
[546] Sobre o tema, cf. ROBERTS, H. A. Seed Banks in the soil. In: *Advances in Applied Biology*, Cambridge: Academic Press, v. 6, 1981.
[547] Cf. Glossário.

é formado pela "chuva de sementes",[548] vinda tanto da comunidade local, quanto dos arredores e, até mesmo, de áreas mais longínquas. A forma como essas sementes chegam até o banco de sementes varia bastante, dependendo de como ocorre a dispersão (pelo vento, por animais, pela água etc.).[549]

Além da dispersão, a formação do banco de sementes está ligada à função desempenhada pelos filtros encontrados no meio ambiente, ou seja, pelo filtro histórico, filtro fisiológico e filtro biótico. O filtro histórico está relacionado às razões históricas pelas quais inúmeras espécies são ausentes em determinadas comunidades vegetais. Assim, estas espécies podem evoluir em uma região distinta, mas jamais ter sido dispersada para a área em análise, por exemplo, nas formações dos continentes e nas glaciações.[550]

No caso do filtro fisiológico, embora as espécies tenham sido dispersadas no local, suas características fisiológicas foram incompatíveis com o meio físico do local, o que impediu a sua sobrevivência. Por último, o filtro biótico é constituído das barreiras próprias do local às quais as espécies encontram-se sujeitas, como os predadores e as doenças ocasionadas por vírus ou bactérias.[551]

As sementes presentes no banco podem ser classificadas em dois grupos distintos: o grupo das recalcitrantes e o das ortodoxas. As primeiras possuem, quase sempre, grandes medidas e elevadas taxas de metabolismo e respiração, o que impede a sua sobrevivência em locais secos ou com alta umidade e torna a sua viabilidade bastante curta, ou seja, ela se deteriora em pouco tempo. Ao contrário, as sementes ortodoxas são, normalmente, de pequeno porte, possuem baixas taxas de metabolismo e respiração, o que lhes permite perpetuarem-se durante um longo período, mesmo em locais com baixa umidade e temperatura.[552]

Em geral, as espécies arbóreas, denominadas de clímax ou secundárias tardias, ou seja, aquelas encontradas no final da sucessão ecológica, nas comunidades estáveis, em florestas úmidas do mundo todo, possuem semente recalcitrante. Já as espécies pioneiras têm sementes ortodoxas,

---

[548] Cf. Glossário.

[549] VIEIRA, Neide K. O papel do banco de sementes na restauração. In: REIS, Ademir (Org.), 2006. p. 37-40, p. 37.

[550] Idem, ibidem, p. 37.

[551] Idem, ibidem. Sobre o tema, cf. LAMBERS, H. et al. *Plant physiological ecology*. New York: Springer-Verlag,1998.

[552] VIEIRA, Neide K., 2006, p. 38.

por isso permanecem viáveis por muito tempo nos bancos de sementes.[553]

À medida que as sementes evoluíram, foi possível a sua adaptação para a permanência no banco de sementes. Esta evolução está relacionada à capacidade de ser dormente, isto é, de aguardar o momento certo para a germinação, mantendo a sua viabilidade. Desta forma, a germinação somente ocorre quando encontram as condições favoráveis ao seu desenvolvimento, ou seja, a época do ano em que as características ambientais são ideais.[554]

Por sua vez, o banco de sementes pode ser classificado de acordo com a permanência das sementes pelas quais ele é formado. Sendo assim, pode ser transitório, quando as sementes têm vida breve, o que corresponde a um período de viabilidade de aproximadamente um ano, depois da ocorrência da dispersão, pois não apresentam dormência. Ou o banco pode ser persistente, quando é composto por sementes dormentes que continuam viáveis no solo durante um período maior do que um ano.[555]

A característica de persistência das sementes permite a existência de reserva do potencial genético, o que possibilita a conservação da diversidade genética em comunidades e populações.[556] Em ambientes fechados, como nas florestas tropicais, no momento em que as sementes saem do banco, vêm para a superfície, quando da abertura de clareiras e se encontrarem condições ambientais favoráveis, como luminosidade e temperatura, podem chegar à germinação. Por isso, a característica das sementes em se manterem dormentes funciona como uma tática biológica para a sobrevivência das populações, já que, desta forma, ao serem abertas clareiras, estas áreas poderão ser colonizadas por meio de regeneração natural, pela ativação do banco de sementes.[557]

A dinâmica das clareiras diz respeito ao processo por meio do qual as espécies vegetais de determinado meio ambiente regeneram-se e desenvolvem-se naturalmente. Este processo ocorre após alguma abertura na área onde se encontram, que pode ter sido provocada pela queda natural de árvore, por incêndio, por desmatamento etc. O fato é que elas surgem constantemente em diferentes pontos das florestas e, com o seu aparecimento, são criados distintos microclimas (temperatura, umidade,

---

[553] VIEIRA, Neide K., 2006, p. 38.

[554] *Idem, ibidem*.

[555] *Idem, ibidem*.

[556] Sobre o tema, cf. SIMPSON, R. L. *et al.* Seed banks: general concepts and methodological issues. In: LECK, M. A. et al.. (Ed.). *Ecology of soil seed banks*. London: Academic Press, 1989. p. 3-8.

[557] VIEIRA, Neide K.,2006, p. 38. Sobre o tema, cf. RICHARDS, P. W. *The tropical rain forest: an ecological study*. Cambridge: University Press, 1998. p. 115-116.

incidência luminosa), tornando possível o aparecimento e estabelecimento de vários grupos de espécies.[558]

A partir da noção dos processos de regeneração natural, é possível delinear os procedimentos mais apropriados à restauração e à manutenção da biodiversidade. Assim, é indicado o estudo do banco de sementes em áreas a serem restauradas para auxiliar na condução da regeneração artificial. Ao observar-se a existência de banco de sementes e de áreas de vegetação próximas à área degradada, haverá duas fontes de sementes e poderá não ser necessária a introdução de espécies, uma vez que é provável que haja regeneração natural, o que é mais indicado para a revegetação da área.[559]

Nos casos de áreas fortemente degradadas, onde o banco de sementes seja inexistente ou insignificante, e que não ocorra a dispersão, será necessária a intervenção humana, para tornar possível a recomposição do mesmo, por meio de uma estratégia de restauração da área. Esta recomposição pode ser implementada pelo emprego de técnicas bastante simples e de baixo investimento financeiro, mas capazes de aumentar a chuva de sementes do local, como, por exemplo, com a utilização de poleiros artificiais ou com a transposição de solo de áreas não degradadas.[560]

3.2.2.4. Da conectividade e diversidade genética

Durante um longo período, a biodiversidade em ambientes tropicais foi entendida como mais relacionada aos fatores abióticos. Na atualidade, entretanto, os fatores abióticos e bióticos têm sido concebidos como complementares. Neste sentido, a correlação entre estes fatores possibilita a diversidade e a manutenção da complexidade destes ecossistemas. As relações que se estabelecem entre os elementos bióticos de uma determinada comunidade possuem algumas denominações, como a "conectância", que é relativa à proporção existente entre todas as interações presumíveis dentro do sistema onde ocorrem. Também a "conectividade" referente à quantidade de interações, de cada elemento da comunidade. E a "força de interação" mais relacionada com a intensidade destas relações em detrimento da quantidade.[561]

---

[558] FERRETI, André Rocha. Fundamentos ecológicos para o planejamento da restauração florestal. In: EMBRAPA, 2002. p. 21-26, p. 23.

[559] VIEIRA, Neide K., 2006, p. 39. Sobre o tema, cf. KAGEYAMA, P.; GANDARA, F. B. Revegetação de áreas ciliares. In: RODRIGUES, R. R.; LEITÃO-FILHO, H (Ed.). *Matas ciliares*: Conservação e recuperação. São Paulo: Universidade de São Paulo, 2000. Cap. 2. p. 27-32.

[560] VIEIRA, Neide K., 2006, p. 39-40. As referidas técnicas serão analisadas no decorrer do presente capítulo.

[561] ROGALSKI, Juliana. Conectividade e diversidade genética. In: REIS, Ademir, 2006. p. 61-63.

É fundamental salientar que em uma comunidade a diversidade presente não é somente de espécies e formas de vida, mas diversidade genética. E esta constatação deve ser considerada nos projetos de restauração ambiental, no que diz respeito às espécies utilizadas, já que a complexidade (a diversidade genética) das comunidades está diretamente relacionada com a sua estabilidade. Por sua vez, a estabilidade pode ser subdividida em: resiliência, persistência, resistência e variabilidade, termos já referidos anteriormente.[562]

A alta diversidade encontrada em ambientes tropicais está ligada ao grau de complexidade presente nas relações entre as espécies (relações interespecíficas),[563] que demonstram a interdependência existente entre as mesmas. Portanto, ao elaborar e implementar um projeto de restauração, o objetivo deve ser recompor comunidades de maneira a torná-las funcionais, ou seja, reativando esta interdependência.[564]

Levando em consideração o conceito legal de restauração ambiental, qual seja restituir o ecossistema o mais próximo possível de sua condição original, deve existir uma preocupação com o material genético empregado, garantindo-se que ele represente, em termos genéticos, o meio ambiente no qual a área a ser restaurada está inserida.[565]

Para a concretização desta tarefa, o ideal é que as sementes sejam coletadas na mesma área ou em áreas próximas não degradadas. Nos casos de áreas drasticamente degradadas, em que nem mesmo existam remanescentes de vegetação nas proximidades, é indicada a definição de áreas ecologicamente semelhantes, presumindo que as adaptações genéticas das espécies se equivalham.[566]

Uma das preocupações presentes na restauração ambiental é assegurar que as espécies trabalhadas desenvolvam, no local, uma "população mínima viável", isto é, que a população de determinada espécie permaneça viável por um período. Embora não exista um número específico de exemplares necessários para assegurar esta viabilidade, a determinação do "tamanho efetivo da população", ou seja, o número de indivíduos que

---

[562] Idem, ibidem.

[563] Sobre o tema, cf. GILBERT, L. E. Food wed organization and the conservation of neotropical diversity. In: SOULÉ, M. E. (Ed.). *Conservation biology*. Sunderland: Sinauer, 1980. p. 11-33.

[564] ROGALSKI, Juliana, 2006, p. 61.

[565] Idem, ibidem,

[566] REIS, Ademir, 2006, p. 61. Sobre o tema, cf. KAGEYAMA, P. Y. Reflexos e potenciais da resolução SMA-21 de 21/11/2001 na conservação da biodiversidade específica e genética. In: Seminário temático sobre recuperação de áreas degradadas. São Paulo, 2003. *Anais...* São Paulo: Instituto de Botânica. p. 7-12.

efetivamente irão produzir descendentes em uma determinada população,[567] vem sendo utilizada como parâmetro para estimá-lo.[568]

Nos processos naturais de dispersão das sementes, existe a tendência em manter-se a diversidade genética das populações. Nestes casos, a disseminação ocorre aleatoriamente, raras vezes dando privilégios às sementes de um ou outro indivíduo ao longo da colonização de determinado local. Em decorrência desta diversidade genética, a adaptação às modificações ambientais é favorecida.[569]

Tem sido evidenciado nos processos de restauração, entretanto, a ocorrência de populações com baixo tamanho efetivo, isto é, poucos indivíduos que geram descendentes na população, impedindo a sua viabilidade. Rogalski aponta que este fenômeno vem acontecendo porque, frequentemente, a coleta de sementes para o uso nesses projetos é feita em um único ou em poucos indivíduos (matriz).[570]

Tal coleta induz à produção de muitas mudas "meio-irmãs", já que advindas do mesmo indivíduo. Sugere-se, então, para os viveiros florestais: a escolha aleatória de matrizes; a coleta de sementes do maior número possível de matrizes e a coleta do mesmo número de sementes de cada matriz.[571]

A regulamentação da produção e comercialização de sementes, por sua vez, é feita pela Lei nº 10.711, de 2003, que instituiu o Sistema Nacional de Sementes e Mudas, e pelo Decreto nº 5.153, de 2004, que a submetem a fiscalização ao Ministério da Agricultura, Pecuária e Abastecimento (MAPA) e ao Registro Nacional de Sementes e Mudas (RENASEM), cujo objetivo é inscrever e cadastrar as pessoas físicas e jurídicas que exerçam as atividades previstas no referido Sistema.

Com relação às sementes para uso nos projetos de restauração ambiental, no entanto, o mercado permanece deficitário, por isso algumas considerações merecem ser tecidas.

No que concerne às espécies entendidas como "facilitadoras",[572] nos processos de restauração; às espécies que possuem sementes recalcitrantes e às espécies raras e ameaçadas de extinção (podendo ser que coincidam umas com as outras), são as espécies com maior carência de

---

[567] WATANABE. Shigueo (Coord.), 1997, p. 249.

[568] ROGALSKI, Juliana, 2006, p. 61. Sobre o tema, cf. REIS, M. S. *Distribuição e dinâmica da variabilidade genética em populações naturais de Euterpe edulis Martius*. 1996. Tese (Doutorado) – ESALQ/ Universidade de São Paulo, Piracicaba, 1996.

[569] ROGALSKI, Juliana, 2006, p. 61.

[570] *Idem, ibidem*, p. 61-62.

[571] *Idem, ibidem*, p. 52.

[572] Sobre o tema, cf. o tópico 3.3.2 e o Glossário.

sementes no mercado, ainda que existam todas as evidências de seu papel fundamental para a restauração, conforme será demonstrado.[573]

Desta forma, recomenda-se a instituição de áreas planejadas no sentido de garantir a produção de sementes que, atendam aos parâmetros necessários para a eficácia da restauração ambiental. Assim, uma das possibilidades é a implementação de áreas produtoras de sementes o mais próximo possível das áreas objeto de restauração. Ou, ademais, o uso das próprias áreas em restauração como fontes de produção de sementes para as futuras restaurações em áreas próximas.[574]

Além disso, é relevante que as áreas produtoras de sementes apresentem um caráter misto, pois a maioria das espécies nativas é passível de coexistência. Com isso, as áreas poderão ser melhor aproveitadas e garantir maior diversidade. Aliando todas estas considerações, ou seja, a produção mista e a sua localização próxima de áreas não degradadas, resultam na probabilidade de existir fluxo genético mais intenso nestas áreas, o que leva, também, à maior produção de sementes.[575]

Outras medidas passíveis de ser tomadas são a instituição de programas de coleta de sementes ao longo de todos os meses do ano e o mapeamento da maior quantidade possível de representantes das espécies selecionadas para uso em projeto de restauração.[576] Bechara sugere, além do rastreamento físico, o genético das áreas conservadas da região onde a área a ser restaurada está localizada, salientando que esta busca pode ser bastante extensa, de acordo com a necessidade, podendo variar de cinco a cem quilômetros ou mais.[577]

A coleta de semente pode ser feita por meio da inserção de coletores de sementes com caráter permanente dentro de comunidades florestais, os quais podem ser espalhados em comunidades próximas às áreas degradadas. Os coletores irão captar a chuva de sementes destes locais, acarretando na representação de distintas formas de vida, de espécies e, ainda, garantindo a variabilidade genética das mesmas, para o posterior sucesso da restauração ambiental.[578]

---

[573] REIS, Ademir; WIESBAUER, Manuela. O uso de sementes na restauração ambiental. In: REIS, Ademir (Org.), 2006. p. 63-68.

[574] *Idem, ibidem.*

[575] *Idem, ibidem*, p. 66.

[576] REIS, Ademir *et al*. Técnicas para a restauração através da nucleação. In: REIS, Ademir (Org.), 2006. p. 40-54, p. 52.

[577] BECHARA, Fernando Campanhã, 2006, p. 102.

[578] REIS, Ademir *et al*, 2006, p. 52. Sobre o tema, cf. REIS, et al. Recuperação de áreas florestais degradadas utilizando a sucessão e as interações planta-animal. *Série cadernos da biosfera*, nº 14. Conselho Nacional da Reserva da Biosfera da Mata Atlântica. Governo do Estado de São Paulo, São Paulo, 1999.

A disposição do que foi coletado poderá ser feita em sementeiras ou diretamente nas áreas em restauração, criando-se núcleos com esse material, que possivelmente criarão núcleos de vegetação, iniciando o processo sucessional nessas áreas.[579]

Por fim, ressalta-se que até mesmo áreas urbanas, como praças e ruas, podem ser utilizadas como locais para o plantio de mudas e, consequentemente, produção de sementes, desde que esse plantio seja das mudas advindas das referidas sementeiras. Desta maneira, será possível aliar a função ecológica da restauração à educação ambiental, uma vez que a sociedade estará em contato direto com este tipo de projeto.[580]

3.2.2.5. Da ecologia da paisagem

Outra noção bastante relevante para a restauração ambiental é a de "Ecologia da paisagem", a qual diz respeito a uma nova área de conhecimento relacionada à Ecologia, e que possui duas abordagens principais: a geográfica e a ecológica. A primeira delas tem enfoque no estudo da influência humana na paisagem e na gestão do território. Já a segunda privilegia a relevância do contexto do espaço nos processos ecológicos e a ligação destas relações para a conservação da biodiversidade. Portanto, o conceito de "Ecologia da paisagem"[581] adotado vai depender da abordagem escolhida.[582]

Quando se opta pela "Ecologia espacial da paisagem", existe a preocupação com a forma pela qual a diversidade (heterogeneidade) se expressa nos processos ecológicos, ou seja, na estrutura de funcionamento dos ecossistemas na paisagem. Quando o enfoque é na "Ecologia humana da paisagem", ela é centrada nas relações do homem com o meio ambiente, portanto, a paisagem é concebida como fruto da interação da sociedade com a natureza.[583]

Evidencia-se, no entanto, que as duas abordagens devem ser entendidas como complementares e não como antagônicas. Nesta perspectiva, é proposta, por Metzger, a definição "integradora da paisagem", que a conceitua como "[...] um mosaico heterogêneo formado por unidades interativas, sendo esta heterogeneidade existente para pelo menos um fa-

---

[579] REIS, Ademir et al., 2006, p. 52.
[580] REIS, Ademir; WIESBAUER, Manuela, 2006, p. 66.
[581] Cf. Glossário.
[582] TRES, Deisy Regina. Ecologia da paisagem aplicada à restauração ecológica. In: REIS, Ademir, 2006. p. 3-9, p. 3.
[583] METZGER, Jean Paul, 2001, p. 3.

tor, segundo um observador e numa determinada escala de observação.[584] Ou seja, a paisagem tem como definição ser a unidade heterogênea, formada por um complexo de unidades que interagem umas com as outras, sendo que a estrutura da paisagem é definida pela área que abrange, pela sua forma e pela maneira como as unidades são dispostas no espaço.[585] Assim, o observador opta pela forma de representar as unidades da paisagem, isto é, pelos ecossistemas, pelas unidades de vegetação ou pelo uso e ocupação das áreas.

Dessa maneira, determinada paisagem pode aparecer na forma de mosaico,[586] com manchas[587], corredores e uma matriz[588] ou, ainda, na forma de gradiente ecológico.[589] Segundo o autor, esse "mosaico heterogêneo" é contemplado pelo olhar humano segundo suas necessidades e planos de ocupação do território, na abordagem geográfica, e pelo olhar das espécies ou comunidades, considerando o mosaico como o conjunto de *habitats*, os quais apresentam melhores ou piores condições para a sobrevivência daquelas (espécies ou comunidades) em estudo, na abordagem ecológica. Nesta segunda abordagem, o olhar sobre a paisagem é em função da espécie analisada, isto é, das suas características biológicas, seu território no ciclo de vida, alimentação, abrigo, reprodução etc.[590]

Sendo assim, o foco central de análise da Ecologia de paisagem deve ser o reconhecimento da existência da dependência espacial entre as unidades da paisagem, ou seja, o funcionamento de cada unidade da paisagem depende das interações existentes entre as várias unidades vizinhas. Desta forma, a Ecologia da paisagem deve combinar a análise espacial da geografia com o estudo funcional da Ecologia.

A partir da noção de paisagem, surge a necessidade de compreensão de sua estrutura,[591] como ela influencia na dinâmica das populações, modificando os riscos de suas extinções e as perspectivas de seus deslocamento dentro da paisagem. Por exemplo, quando o *habitat* é fragmentado pela ação antrópica, isto é, quando ocorre a ruptura da continuidade espacial de uma ou mais unidades da paisagem, que possuíam maior quantidade e qualidade de recursos para as populações ali existentes, altera-se

---

[584] METZGER, Jean Paul, 2001, p. 1.
[585] Sobre o tema, cf. FORMAN, R. T. T.; GODRON, M. *Landscape ecology*. New York: John Wiley e Sons Ed., 1986.
[586] Cf. Glossário.
[587] *Idem*.
[588] *Idem*.
[589] *Idem*.
[590] METZGER, Jean Paul, 2001, p. 4.
[591] Cf. Glossário conceito de "estrutura da paisagem".

a estrutura da paisagem e a composição e diversidade das comunidades é modificada. Portanto, a fragmentação gera a ruptura dos fluxos gênicos que existiam entre as populações que ali habitavam. Por sua vez, essa ruptura, leva a redução e ao isolamento das áreas onde essas populações viviam, causando, então, extinções, as quais se intensificam de acordo com a diminuição das populações.[592]

Para Espíndola, a fragmentação dos ecossistemas influencia tanto fatores abióticos (como a alteração da intensidade dos ventos), quanto bióticos (como a determinação da presença ou não de dispersores, de acordo com a conservação da área).[593]

A dimensão da área e o isolamento dos fragmentos, embora sirvam de parâmetros para determinar a dinâmica das populações, não são capazes de explicar completamente a imensa variabilidade de espécies. Ainda assim, considera-se a área do fragmento como o mais importante parâmetro para justificar essa grande variabilidade. Conforme estudos específicos, quando a área do fragmento fica menor do que é considerado como área mínima necessária para a sobrevivência das populações (que varia em função da espécie), a riqueza da variabilidade das espécies diminui.[594]

Por sua vez, o isolamento atua de maneira negativa na riqueza de espécies, já que diminui o potencial de imigração (ou recolonização) da área. Em fragmentos isolados, as espécies aptas à sobrevivência tendem a tornarem-se dominantes, diminuindo a diversidade do habitat, por causa da redução da riqueza de espécies e da "equidade biológica".[595] Em oposição à ideia de fragmentação, existe a de "conectividade", anteriormente mencionada.[596]

Os "corredores" ou "corredores ecológicos"[597] são considerados fundamentais para o controle dos fluxos biológicos na paisagem,[598] já que exercem função de facilitação dos mesmos e, portanto, são essenciais para que haja conectividade.[599] Como a taxa de mortalidade é inferior dentro dos corredores em relação à matriz (em áreas destinadas à produção de

---

[592] TRES, Deisy Regina, 2006, p. 5.

[593] ESPÍNDOLA, Marina Bazzo de. O papel da chuva de sementes na restauração de áreas degradadas. In: REIS, Ademir (Org.), 2006. p. 34-37, p. 36.

[594] TRES, Deisy Regina, 2006, p. 5.

[595] Cf. Glossário. TRES, Deisy Regina, 2006, p. 5. Sobre o tema, cf. HANSON et al. Landscape fragmentation and dispersal in a modelo of riparian forest dynamics. *Ecological Modelling*, nº 49, 1990. p. 277-296.

[596] TRES, Deisy Regina, 2006, p. 5.

[597] Cf. Glossário.

[598] Sobre o tema, cf. FORMAN, R. T. T.; GODRON, M., 1986.

[599] Sobre o tema, cf. SAUDERS, D. A.; HOBBS, R. J. The role of corridor in conservation: what do we know and where do we go? In: SAUDERS, D. A.; HOBBS, R. J. (Ed.). *Nature conservation 2*: the role of corridors. Chipping Norton, Surrey Beatty and Sons, 1991. p. 421-427.

uma espécie predominante), ocorre um movimento mais intenso do fluxo pelos corredores,[600] com isso auxiliam na redução dos riscos de extinção local de espécies, além de favorecerem a recolonização e estimularem a sobrevivência das metapopulações, ou seja, do conjunto das subpopuplações vizinhas interligadas.[601]

A função dos corredores em servir de áreas de refúgio para fauna nos casos de ocorrência de degradação, também pode ser destacada. Resumidamente, os corredores funcionam como "filtros seletivos" que permitem ou não a circulação de determinadas espécies, haja vista algumas de suas características, tais como: a largura, a composição interna e o contexto espacial em que é encontrado. O valor biológico dos corredores, todavia, está relacionado com as características tanto das espécies, quanto do tipo de vegetação levados em consideração.[602]

Além dos corredores, o grau de "permeabilidade da matriz"[603] também tem relação com os deslocamentos das espécies na paisagem e, por isso, pode influenciar nos processos de extinção de populações que sejam fragmentadas. Ela pode ser determinada pela densidade dos pontos de ligação e pelo grau de resistência das unidades da paisagem aos fluxos biológicos. Por sua vez, os pontos de ligação são pequenas áreas de *habitat* espalhadas na matriz. Para as espécies que não necessitam de grandes porções de habitat para sobreviver, os pontos de ligação exercem função relevante na sua persistência em paisagens fragmentadas ou, ainda, na circulação de outras espécies.[604]

De porte de algumas dessas noções, é preciso utilizá-las no intuito de aumentar a conectividade da paisagem, nos projetos de restauração ambiental. Para Metzger, existem duas opções básicas para reconectar populações que se encontram isoladas em fragmentos de *habitat*: melhorar a rede de corredores e aumentar a permeabilidade da matriz da paisagem.[605] Como já mencionado, os corredores reduzem os riscos de extinção

---

[600] Sobre o tema, cf. SOULÉ, M. E.; GILPIN, M. E. The theory of wildlife corridor capability. In: SAUDERS, D. A.; HOBBS, R. J., 1991. p. 3-8.

[601] TRES, Deisy Regina, 2006, p. 6. Sobre o tema, cf. SAUDERS, D. A.; HOBBS, R. J.; MARGULES, C. R. Biological consequences of ecosystem fragmentation: a review. *Conservation Biology*. v. 5, p. 18-32, 1991. Cf. Glossário.

[602] TRES, Deisy Regina, 2006, p. 5-6. Sobre o tema, cf. METZGER, Jean Paul. Estrutura da paisagem e fragmentação: análise bibliográfica. *Anais da Academia Brasileira de Ciências*, 1999, v. 71. p. 445-463.

[603] Cf. Glossário conceito de "permeabilidade".

[604] TRES, Deisy Regina, 2006, p. 6. Sobre o tema, cf. GUEVARA, S.; LABORDE, J. Monitoring seed dispersal at isolated stand trees in tropical pastures: consequences for local species availability. *Vegetatio*, v. 107-108, 1993. p. 319-338.

[605] METZGER, Jean Paul. Como restaurar a conectividade de paisagens fragmentadas? In: KAGEYAMA, P. Y.; et al. (Org.e Ed.). *Restauração ecológica de ecossistemas naturais*. São Paulo: Fundação de Estudos e Pesquisas Agrícolas e Florestais, 2003. p. 49-76.

nos fragmentos ao auxiliarem na recolonização destes fragmentos por meio dos fragmentos próximos, além de levar ao acréscimo na probabilidade de sobrevivência das populações em toda a paisagem. Ao serem associados aos rios, eles apresentam outras vantagens, como: a estabilização das margens e a contenção da erosão hídrica. Considera-se, ainda, que os corredores possibilitam a maior diversidade da paisagem, que pode estar relacionada com o acréscimo da diversidade de espécies.[606]

Sugere-se, também, que a substituição da matriz com pouca permeabilidade (geralmente muito distinta florística e fisionomicamente dos habitats) por uma matriz que tenha maior permeabilidade (mais semelhante com os habitats), pode auxiliar na conservação de espécies mesmo em uma paisagem fragmentada, desde que haja fragmento maior, em que as populações possam persistir estavelmente. Quando os fragmentos não possuem área muito abrangente, fazer com que a matriz tenha maior permeabilidade, pode ajudar na recolonização por meio dos fragmentos próximos.[607]

Uma forma de melhorar a permeabilidade da matriz é aumentar a quantidade e qualidade de "trampolins ecológicos"[608] na paisagem. Entende-se por "trampolins ecológicos" as áreas reduzidas de habitat espalhadas na matriz. Como exemplo, considerando a floresta como *habitat*, a existência de uma árvore na paisagem pode ser um trampolim ecológico. Assim, árvores isoladas podem formar "núcleos de regeneração" na pastagem, e o crescimento destes núcleos podem ser "sementes de uma nova floresta".[609]

Tres considera que a melhor estratégia para aumentar a conectividade da paisagem deve ser percebida caso a caso e, com a adoção de conjunto de medidas, levando em conta o tamanho, a qualidade e a localização do fragmento em análise. Os projetos, portanto, devem ser elaborados com base em diagnóstico prévio das deficiências mais relevantes de cada fragmento da paisagem.[610] Segundo Metzger, os projetos de restauração devem intentar conciliar as áreas de produção sustentáveis com as áreas de conservação biológica. Desta forma, por meio da restauração da conectividade existe a possibilidade de permitir o fluxo mínimo entre os

---

[606] TRES, Deisy Regina, 2006, p. 6.

[607] *Idem, ibidem*, p. 6.

[608] Também chamados de *stepping-stones* ou pontos de ligação. Sobre o tema, cf. o item 3.3.2.

[609] TRES, Deisy Regina, 2006, p. 6-7. Sobre o tema, cf. NEPSTAD, D.; UHL, C.; SERRÃO, E. A. S. Recuperation of a degraded amazonian landscape: Forest recovery and agriculture restoration, *Ambio*, v. 20, 1991. p. 248-255; UHL, C.; NEPSTAD, D.; SILVA, J. M. C.; VIEIRA, I. Restauração da floresta em pastagens degradadas. *Ciência hoje*, v. 13, 1991. p. 23-31.

[610] TRES, Deisy Regina, 2006, p. 7.

remanescentes de vegetação natural, mantendo, ainda, biodiversidade considerável em áreas de produção.[611]

Segundo Bechara, é necessária a compreensão e a incorporação dos processos ecológicos exteriores à área objeto de restauração, pois o histórico da área e os fatores ambientais que influenciam ou até limitam a dinâmica da comunidade; as características da paisagem; os processos que ocorrem nas zonas vizinhas que podem ser manejados são todos elementos relevantes na definição dos objetivos da restauração, tanto na escala espacial, quanto na temporal.[612]

Neste momento, passa-se à descrição das técnicas de restauração ambiental empregadas na metodologia denominada de nucleação, a qual é suscitada como mais condizente com o dever constitucional de restauração dos processos ecológicos essenciais.

3.3. Nucleação: panorama das técnicas restauradoras

3.3.1. Da nucleação

Nos processos de recuperação tradicionais, como já foi evidenciado, a principal técnica empregada é a do plantio de mudas, ocasionando a rápida cobertura vegetal da área degradada. Estes processos, porém, além de demonstrarem-se bastante custosos e trabalhosos, não são capazes de recompor a paisagem natural do ecossistema, tampouco os processos sucessionais existentes na área, portanto, não são condizentes com o dever constitucional de restauração dos processos ecológicos essenciais.[613]

Neste sentido, a concretização desse dever exige a aplicação de técnicas que objetivem a restauração total do ecossistema, auxiliando nos processos sucessionais.[614] Ao contrário da recuperação tradicional, a restauração de acordo com o princípio da nucleação é tomada como a mais propícia para esta tarefa.

Por meio da ponderação de todas as considerações tecidas quanto aos aspectos ecológicos básicos, desenvolveu-se a restauração ambiental conforme uma nova perspectiva, na busca pela "imitação" da natureza, na qual o conjunto de técnicas é empregado em núcleos distribuídos pela

---

[611] METZGER, Jean Paul, 2003.

[612] BECHARA, Fernando Campanhã, 2006, p. 222. Sobre o tema, cf. PARKER, V. T.. The scale of successional models and restoration objectives. *Restoration Ecology*, Malden, v. 5, 1997. p. 301-06.

[613] REIS, Ademir, 2006, p. 53.

[614] *Idem, ibidem.*

área em restauração, procurando recompor o mosaico ambiental.[615] Estas técnicas foram denominadas por Reis *et al.* como "técnicas nucleadoras de restauração".[616]

A nucleação é definida por Yarranton e Morrison como forma de sucessão na qual a introdução de uma "espécie pioneira",[617] em determinada área anteriormente sem cobertura vegetal, acarreta transformações no meio ambiente, capazes de criar condições para que ali exista a primeira comunidade natural, isto é, facilitando o aparecimento de flora, fauna e microorganismos. Desta forma, estes autores, ao estabelecerem o conceito de nucleação, perceberam a capacidade de certas espécies em propiciar meio mais adequado ao surgimento de outras, que se beneficiam das modificações trazidas pelas primeiras.[618]

Assim, a nucleação pode ser compreendida como a capacidade de determinadas espécies em promover melhora no meio ambiente, capaz de aumentar a probabilidade de este ser ocupado por demais espécies. Durante os processos de sucessão, com a implantação de espécies que vão compor a comunidade e, posteriormente, com a sua morte, ocorrem mudanças, as quais vão permitir a colonização por outras espécies mais exigentes. Neste sentido, sabe-se que existem espécies com maior capacidade de modificar o meio ambiente, as quais recebem tratamento diferenciado da doutrina ecológica. Estas espécies são denominadas de "espécies facilitadoras", já que fazem a facilitação para a existência de outras espécies, ou seja, alteram as condições ambientais da comunidade, facilitando o estabelecimento de outras espécies.[619]

Dentro de uma comunidade, cada indivíduo possui determinado potencial de interação com os demais que habitam esta mesma comunidade. Por meio do estudo da "probabilidade de encontros interespecíficos",[620] que cada espécie possui, evidencia-se mecanismo básico para a compreensão da estabilidade da comunidade em análise. Portanto, é possível o estabelecimento de critério pelo qual as espécies que apresentam maior "probabilidade de encontros interespecíficos" colaborem mais para a aceleração da sucessão naquela comunidade.[621]

---

[615] BECHARA, Fernando Camanhã, 2006, p. 19.

[616] REIS, Ademir *et al*. A nucleação como ferramenta para a restauração ambiental. Seminário Temático sobre Recuperação de Áreas Degradadas. Realizado em São Paulo, nos dias 12 e 13 de setembro de 2003b. *Anais ...* Instituto de Botânica.

[617] Cf. Glossário.

[618] REIS, Ademir, *et al*., 2003a, p. 28. Sobre o tema, cf. YARRANTON, G. A.; MORRISON, R. G. Spatial dynamics of primary succession: nucleation. *Journal of ecology* 62 (2). p. 417-428, 1974.

[619] REIS, Ademir *et al*., 2003a, p. 28.

[620] Sobre o tema, cf. HULBERT, S., 1971.

[621] REIS, Ademir *et al*., 2003a, p. 28.

Yarranton e Morrinson[622] evidenciaram que a ocupação das áreas que se encontram em processo primário de formação do solo, por meio de espécies arbóreas pioneiras, levou ao desenvolvimento de pequenos núcleos de outras espécies em volta das "espécies colonizadoras", o que apressou a sucessão primária. Essa aceleração do processo de colonização, por meio de uma espécie, é que foi chamado de "nucleação". A partir desta constatação, diversos estudos foram feitos, com variadas espécies e associações de espécies, na tentativa de proporcionar e/ou facilitar estes processos de sucessão.[623]

Nesta direção, os estudos feitos por Miller[624] e Winterhalder[625] indicaram que a capacidade de determinadas espécies pioneiras em formar núcleos, chamada de "capacidade nucleadora", possui importância vital para a revegetação de áreas degradadas. Já Robinson e Handel,[626] ao implementarem a teoria da nucleação na restauração ambiental, obtiveram conclusões no sentido de que os núcleos propiciam o incremento da sucessão, inclusive trazendo elementos novos para a paisagem, sobretudo se este fator for adicionado à atração de aves que dispersam sementes. Ainda, a capacidade de nucleação de árvores remanescentes em áreas utilizadas para a agricultura ou pecuária e, posteriormente, abandonadas, demonstrou que estas exercem atração sobre pássaros e morcegos que buscam segurança, descanso e alimento. Por sua vez, estes animais transportaram sementes de espécies em nível mais avançado de sucessão, o que aumentou a velocidade da sucessão de comunidades de "floresta secundária".[627]

Também Reis *et al.* evidenciaram que o conhecimento tradicional, especialmente de grupos de caçadores, possui a noção de que determinadas plantas, principalmente quando frutificadas, atraem a fauna, tanto de animais em busca de alimento, quanto daqueles que delas se utilizam

---

[622] YARRANTON, G. A.; MORRISON, R. G., 1974.

[623] REIS, Ademir *et al.*, 2003a, p. 29.

[624] MILLER, G. A method of establishing native vegetation on disturbed sites, consistent with the theory of nucleation. In: *Proceedings of the 3rd Annual Meeting, Canadian Land Reclamation Association*. Sudbury: Laurentian University, 1978. p. 322-327.

[625] WINTERHALDER, K. *The restoration of industrially disturbed landscape in the Sudbury, Ontario mining and smelting region*. Disponível em: <http://www.udd.org/francais/forum1996/TexteWinterhalder.html. Acesso em: 05 mar. 2008.

[626] ROBISON, G.R.; HANDEL, S. N. Forest restoration on a closed landfill rapid addition of new species by bird dispersal. *Conservation Biology* 7. p. 271-278, 1993.

[627] Cf. Glossário. REIS, Ademir, *et al.*, 2003a, p. 29. Estudos e experiências constataram que uma das formas mais breves e eficazes de restaurar áreas degradadas é por meio do plantio de espécies que produzem frutos, os quais atraem uma gama de dispersores e, consequentemente, criam núcleos de biodiversidade nestas áreas. Sobre o tema, cf. WHITTAKER, R. J.; JONES, S. H.. The role of frugivorous bats and birds in the rebuilding of a tropical forest ecosystem, Krakatau, Indonesia. *Journal of Biogeography*, n° 21, 1994. p. 245-258.

para a predação de outros animais. Os caçadores denominam tais plantas de "bagueiras", as quais, segundo os autores, podem ser usadas para promover encontros interespecíficos em áreas degradadas, assim desempenhando a função de nucleadoras.[628]

Pelo exposto, entende-se que a nucleação pode desempenhar papel importante na diversidade do processo sucessional, relacionando o solo, os produtores, consumidores e decompositores. Conclui-se sobre a relevância das técnicas de nucleação, pois proporcionam a criação de "nichos ecológicos"[629] distintos dentro das comunidades.[630]

De acordo com esta metodologia, a restauração deve levar ao direcionamento da multiplicidade de fluxos naturais no meio ambiente degradado, restabelecendo os processos essenciais e resgatando a complexidade de condições dos ecossistemas. Desta forma, buscar-se-á demonstrar que esses núcleos introduzidos pelas técnicas, nos processos de restauração, atuam trazendo modificações nas comunidades naturais e nas paisagens ao redor.[631]

De acordo com os referidos autores, a restauração é baseada na formação de núcleos de vegetação em uma determinada área a ser restaurada, enquanto o restante da área é deixado livre para as eventualidades que possam ocorrer, ou seja, à regeneração natural, ainda que sofram influências dos núcleos criados, mas de acordo com as condições encontradas em cada local específico sujeito à restauração.[632]

A restauração por meio da nucleação é realizada com o emprego de distintas técnicas nucleadoras, cada qual com as suas peculiaridades e que, conjuntamente, englobam os principais fatores para promover a sucessão, com o acréscimo de matéria, energia e biodiversidade na área degradada.[633]

Evidencia-se a necessidade de incorporação dessas técnicas pela legislação referente à reparação do dano ambiental, no sentido de exigir a sua implementação, providenciando aparato legal condizente com o dever constitucional de restauração dos processos ecológicos essenciais e,

---

[628] REIS, Ademir *et al.*, 1999.

[629] Cf. Glossário.

[630] REIS, Ademir *et al.*, 2003a, p. 29. Sobre o tema, cf. Odum, Eugene Pleasants, 1988a. p. 258-273.

[631] REIS, Ademir; TRES, Deisy Regina. Nucleação: integração das comunidades naturais com a paisagem. In: FUNDAÇÃO CARGILL (Coord.). *Manejo ambiental e restauração de áreas degradadas*. São Paulo: Fundação Cargill, 2007. p. 29-55, p. 36-37. Todas as técnicas a serem estudadas foram empregadas e apresentaram resultados favoráveis à restauração ambiental. Os dados específicos de experimentos que comprovam os resultados descritos podem ser encontrados na bibliografia citada, sob responsabilidade dos respectivos autores.

[632] REIS, Ademir; TRES, Deisy Regina, 2007, p. 37.

[633] REIS, Ademir *et al.*, 2006, p. 53.

mais além, promovendo práticas sociais que busquem maior sustentabilidade.

As técnicas de restauração pela nucleação podem ser resumidas em: 1. Transposição de solo; 2. Transposição de chuva de sementes; 3. Semeadura direta e hidrossemeadura ecológica; 4. Introdução de mudas e grupos adensados; 5. Plantio de populações-referência; 6. Construção de poleiros artificiais; 7. Criação de abrigos para a fauna e transposição de galharia e 8. Construção de trampolins ecológicos. Neste momento, passa-se ao detalhamento das principais características de cada uma delas.

3.3.1.1. Da transposição de solo

Para mencionar a relevância da técnica de transposição de solo é necessário falar, em primeiro, da importância do solo na conservação da biodiversidade. Conforme Coutinho, tanto a biodiversidade quanto a atividade biológica encontram-se estreitamente relacionadas com as funções e características responsáveis pela manutenção da capacidade produtiva do solo.[634] Desta forma, entende-se que o solo é "[...] um complexo de seres vivos, materiais minerais e orgânicos de cujas interações resultam suas propriedades específicas (estrutura, fertilidade, matéria orgânica, capacidade de troca iônica etc.)".[635]

Assim, os organismos que habitam o solo são também seus componentes. A presente técnica objetiva restaurar o solo que, muito embora seja de extrema relevância para os ecossistemas, pois é responsável pela sustentação da vegetação, não é muito considerado nos projetos de recuperação de áreas degradadas mais convencionais.[636] Com os processos de degradação, o solo é exposto a intensas alterações em suas composições química, biológica e estrutural, e uma das principais consequências da degradação diz respeito à perda de matéria orgânica, que retarda o processo sucessional.[637]

As algas, por sua vez, são consideradas as colonizadoras primárias do solo, pois possuem a capacidade de captar carbono e nitrogênio da atmosfera e, por meio da fotossíntese, fixar o último no solo. Com a existência de nitrogênio, os fungos e as bactérias são também capazes de se desenvolver e de captar nutrientes dos minerais presentes no solo (como

---

[634] COUTINHO, H. L. C. 1999. Disponível em: <http://cnps.embrapa.br/search/pesqs/tema2/tema2.html> EMBRAPA Solos. Acesso em: 20 fev. 2008.

[635] REIS, Ademir *et al.*, 2003b, p. 34

[636] *Idem, ibidem.*

[637] REIS, Ademir *et al.*, 2006, p. 42.

o fósforo, o cálcio e o ferro). Uma vez com a presença destes minerais e da água, é possível a existência de plantas, cujos finais dos ciclos de vida (decomposição) originarão mais matéria orgânica, com retenção de nutrientes, que serão vagarosamente liberados, possibilitando o aparecimento de outros colonizadores.[638]

Por sua vez, a técnica de transposição de solo consiste na transferência de uma camada superficial do solo de uma região próxima da área degradada, mas que tenha uma condição não degradada, com sucessões mais avançadas.[639] É feita a transferência de um metro quadrado de solo, com profundidade inferior a dez centímetros (a serapilheira mais os primeiros cinco centímetros de solo), que já é capaz de criar núcleos de espécies de diversas formas de vida, as quais irão se estabelecer na área a ser restaurada.[640] Tal estabelecimento de espécies é possível, pois, ao resgatar o solo, são trazidos juntamente com ele a micro, a meso e a macrofauna presentes nele, ou seja, sementes, propágulos de espécies vegetais pioneiras, microorganismos, fungos, bactérias, algas etc., representando possível recolonização da área, pois reestruturam e fertilizam o solo.[641]

Há evidências da existência de sementes de diversas espécies, com exclusividade na serapilheira, além da fauna que está a ela associada. Por isso a importância da transposição da mesma em conjunto com o solo.[642]

Existe uma discussão na doutrina ecológica a respeito da preferência pela transposição de solo de comunidades mais avançadas no processo sucessional em detrimento de solos com processo de sucessão intermediária e predominância de biota mais pioneira. Por isso os autores estudados indicam a transposição de solos com distintos níveis sucessionais. Quando o solo é transposto, forma-se o banco de sementes do local em restauração, sendo que algumas sementes irão germinar, enquanto outras, as quais permanecerão enterradas, vão compor o banco de sementes da referida área.[643]

---

[638] REIS, Ademir *et al.*, 2006, p. 42. Cf. COUTINHO, H. L. C., 1999.

[639] Cf. Glossário os conceitos de "sucessão"; "sucessão ecológica"; "sucessão primária e secundária".

[640] Vieira, ao transpor dezesseis metros quadrados (16m^2) de solo para uma área de restinga em processo de restauração, obteve como resultado o aparecimento de 472 plântulas, sendo de 58 espécies, divididas em 45% herbáceas, 22% arbóreas, 16% arbustivas e 5% lianas. (VIEIRA, Neide K. *O Papel do Banco de Sementes na Restauração de Restinga sob Talhão de Pinus elliottii Engelm*. 2004. Dissertação. (Mestrado em Biologia Vegetal) – Universidade Federal de Santa Catarina, Florianópolis, 2004.

[641] REIS, Ademir; TRES, Deisy Regina, 2007, p. 37-38. Esta técnica também foi denominada de "plantação de blocos de solo" por Winterhalder, quando a técnica foi utilizada para restaurar uma paisagem industrial em Ontário, no Canadá. (WINTERHALDE, K..1996).

[642] VIEIRA, Neide K., 2004.

[643] REIS, Ademir *et al.* 2003b, p. 34.

Como já foi evidenciado, o banco de sementes é considerado um dos mais relevantes fatores na restauração de áreas degradadas, pois ele dá início ao processo sucessional. Assim, as primeiras plantas que brotam do banco de sementes impedem a erosão e o comprometimento dos nutrientes do solo, além de propiciarem o surgimento de outras espécies, que necessitem menos intensidade luminosa para brotar e sobreviver.[644]

Segundo Reis e Tres, a função básica dessa técnica é referente à introdução de espécies que são capazes de formar um banco de sementes permanente e desenvolverem-se em grupo na natureza, assim criando núcleos de vegetação. Esta vegetação atrai fauna definida como consumidora, preparando o meio para os seres que aparecerão posteriormente e cumprindo o papel de facilitadoras. Ao longo do tempo, os núcleos desenvolvidos vão formando "aglomerados de vegetação densa", os quais vão ser os abrigos pioneiros para a fauna, além de serem responsáveis pelo surgimento das primeiras sementes no local.[645]

Neste sentido, esses núcleos de solo atuam como pequenos locais de *habitat* ou "trampolins ecológicos", exercendo a função de ligar (conectar) áreas conservadas às áreas a serem restauradas. Também os animais que ali aparecerem desempenharão o papel de conectores entre uma área e outra, já que irão proporcionar o fluxo gênico (pela dispersão), o que garantirá a modificação da paisagem ao longo do tempo. Desta forma, as áreas já restauradas vão, aos poucos, alterando a paisagem da região como um todo, pois a fauna e a flora que se estabelecerem no local em restauração realizarão trocas de material genético com os locais próximos.[646]

Por conseguinte, a fauna é responsável por inúmeras funções no solo, dentre elas: predação;[647] controle biológico;[648] parasitismo,[649] tanto de plantas como de animais; auxílio na decomposição da serapilheira, por meio de sua fragmentação, aumentando a sua superfície e acelerando a ação dos microorganismos; distribuição de matéria orgânica, nutrientes e microorganismos, transportando-os para camadas de solo mais profundas etc.[650]

---

[644] REIS, Ademir *et al.* 2003b, p. 41.

[645] REIS, Ademir; TRES, Deisy Regina, 2007, p. 38.

[646] *Idem, ibidem*, p. 39.

[647] Cf. Glossário.

[648] *Idem.*

[649] *Idem.*

[650] REIS, Ademir *et al.*, 2006, p. 42. Sobre o tema, cf.; MOREIRA, F. M. S.; SIQUEIRA, J.O. *Microbiologia e bioquímica do solo*. Lavras: UFLA, 2002; ASSAD, M. L. L. Fauna do solo. In: MILTON, A.T.; HUNGRIA, M. (ed.). *Biologia dos solos do Cerrado*. V. 74, 1997. p. 19-31; CASTRO, Cibele Cardoso de. A importância da fauna em projetos de restauração. In: FUNDAÇÃO CARGILL (coord.). 2007. p. 57-75.

É na troca de material genético, ainda, que se encontra uma das principais vantagens da técnica em análise. Para que haja efetivamente esta circulação, entretanto, é preciso cuidado na escolha das amostras de solo a serem coletadas, pois todos os fragmentos que rodeiam a área em restauração devem ser transpostos para a área em restauração.[651] Esta escolha somente será bem feita se, durante a elaboração do diagnóstico da área a ser restaurada, for feito o levantamento de todos os fragmentos da paisagem a ser conectada à área objeto de restauração, de acordo com a sugestão de Tres.[652]

Quando estão em voga grandes empreendimentos, ou seja, responsáveis por intensos impactos em vastas áreas, é necessário que a transposição de solo seja planejada e executada desde o início das atividades, para que haja a transposição concomitantemente ao processo de remoção do solo. Também, no caso de instalação de hidrelétricas, para as quais muitas áreas são inundadas, a camada superficial destas áreas pode ser removida e transposta em áreas vizinhas degradadas. Ou, ainda, em casos de desmatamento e no planejamento de abertura de estradas, a camada superficial de solo pode ser removida antes da retirada da vegetação. Esta transposição faz parte do plano de resgate da biota, capaz de garantir o resgate de micro, meso e macroorganismos componentes do solo.[653]

Vieira sugere a transposição do solo em diferentes estações do ano.[654] Bechara, por sua vez, indica a transposição de solo para dias úmidos, com objetivo de manter a fauna e a flora características de ambientes menos expostos ao sol. O autor também menciona a necessidade de descompactação da área onde o solo será transposto, antes deste processo. Por fim, é recomendada a adubação orgânica com a transposição.[655]

Segundo Rodrigues e Gandolfi, essa técnica vem sendo empregada em áreas que foram utilizadas para a mineração, principalmente após o estabelecimento da incumbência de recuperar o meio ambiente degradado por aquele que explorar recursos minerais, pelo § 2º do art. 225 da Constituição Federal de 1988. Para os autores, a técnica em análise tem-se demonstrado eficiente na restauração ambiental, além de reduzir os custos com a produção de mudas; garantir diversidade genética e florística

---

[651] REIS, Ademir; TRES, Deisy Regina, 2007, p. 40.
[652] TRES, 2006, p. 7.
[653] REIS, Ademir *et al.*, 2003b, p. 34.
[654] VIEIRA, Neide, K., 2004.
[655] BECHARA, Fernando Campanhã, 2006, p. 120.

superior na restauração e a variedade de espécies locais, obtida com o banco de sementes do solo transposto.[656]

Em casos de solos contaminados por metais pesados, a recuperação vem sendo feita por meio da substituição desses solos somadas ao tratamento com plantas (fitorremediação). Em experimentos foi possível detectar-se o desenvolvimento de espécies vegetais cujas sementes acompanharam o solo transposto para o local. Por fim, ressalta-se que na aplicação desta técnica de transposição de solo existe forte probabilidade de serem trazidas sementes de espécies de distintas formas de vida, (como herbáceas, arbustivas, arbóreas) e em diferentes estágios sucessionais.[657]

3.3.1.2. Da transposição da chuva de sementes

Faz-se necessário esclarecer que a "chuva de sementes" pode ser entendida como o conjunto de sementes que são dispersas em determinada área, durante determinado período. Ela resulta do conjunto de fatores de dispersão que atuam em uma comunidade, ou seja, constitui-se dos propágulos recebidos por uma comunidade por meio de variadas formas de dispersão, as quais possibilitam a entrada de sementes que, por sua vez, irão colonizar áreas em processo de sucessão primária ou secundária.[658]

Os estudos em dispersão de sementes demonstram que a chuva de sementes é resultante de distintas formas e comportamentos de dispersão nos ecossistemas e, cientes deste conhecimento, no processo de restauração de áreas degradadas, devem ser criados mecanismos para tentar reproduzir a chegada natural de sementes. Assim, pode ser eliminado um dos maiores adversários da regeneração natural, a inexistência ou insuficiência de propágulos originários de novos indivíduos em uma área degradada.[659]

De acordo com a doutrina ecológica, os propágulos necessitam ser enviados pelas plantas-mãe, para locais mais distantes, evitando condições não favoráveis[660] a sua germinação nas proximidades desta última. Com a dispersão, portanto, aumenta-se a probabilidade de serem

---

[656] RODRIGUES, R. R.; GANDOLFI, S. Conceitos, tendências e ações para a recuperação de florestas ciliares. In: RODRIGUES, R.R.; LEITÃO FILHO, H. F. (Ed.). *Matas ciliares*: conservação e recuperação. São Paulo: Editora da Universidade de São Paulo/ Fapesp, 2000. p. 241-243.

[657] REIS, Ademir *et al.*, 2006, p. 43.

[658] BECHARA, Fernando Campanhã, 2003.

[659] ESPÍNDOLA, Marina Bazzo de, 2006, p. 34.

[660] Como o ataque de inimigos naturais, a intensidade da competição natural e até para evitar o endocruzamento (cruzamento entre espécies de mesma matriz genética). Sobre o tema, cf. JANZEN, D. H. Herbivores and the number of tree species in Tropical Forests. *Amer. Nat.*, v. 104, 1970, p. 501-528.

encontrados locais mais favoráveis à vida.[661] Alguns estudos, ademais, constataram que plantas frutíferas têm potencial atrativo maior para os dispersores, que carregam sementes de variadas espécies e locais, o que leva à conclusão de que as áreas cobertas por plantas frutíferas devem propiciar uma chuva de sementes mais intensa e, também, mais diversificada em relação às áreas sem as mesmas.[662]

Existe grande ligação entre a distância de fragmentos de vegetação e a quantidade e qualidade da chuva de sementes, mais especificamente, a distância é inversamente proporcional à riqueza e abundância de espécies. Considera-se que esta ligação influencia na formação do banco de sementes, já que a maioria das espécies florestais tem como dispersores os animais, que, em sua maioria, evitam clareiras, principalmente quando não encontram abrigos ou alimento.[663]

Depois de compreendido que a restauração envolve um conjunto de ações que levam à reativação dos processos biológicos de sucessão, o entendimento da funcionalidade dos ecossistemas e, com estes, a chuva de semente adquire papel importante no sentido de demonstrar o grau de potencialidade da paisagem que envolve a área a ser restaurada.[664] Por isso, a coleta da chuva de sementes de áreas próximas conservadas, mensalmente, durante o período de um ano, no mínimo, constitui-se na maneira de encontrar a variedade de espécies da região onde se encontra a área a ser restaurada.[665]

Também com a coleta mensal da chuva de sementes de áreas vizinhas conservadas e a sua disposição em núcleos nas áreas em processo de restauração, eleva-se a frequência de circulação de animais no local, pois estará mais apto à existência da fauna. Ao ser feita a disposição mensal das sementes, além disso, é gerado alimento para o ano inteiro, permitindo a existência de diversidade de espécies de fauna para consumi-lo. Desta forma, é melhorada a qualidade de *habitat* disponível, garantindo a sobrevivência de algumas espécies consideras "chaves" para que existam conexões entre as áreas em processo de restauração e o restante da região.[666]

---

[661] Sobre o tema, cf. WILLSON, M. F.. The ecology of seed dispersal. In: FENNER, M. *Seeds*: the ecology of regeneration in plant communities. Wallingford, UK: CAB International, 1992, p. 61-85.

[662] ESPÍNDOLA, Marina Bazzo de, 2006, p. 35. Sobre o tema, cf. WUNDERLE JÚNIOR, J. M.. The role of animal seed dispersal in accelerating native forest regeneration on degraded tropical lands. *Forestry Ecology Management*, n° 99, 1997. p. 223-235.

[663] ESPÍNDOLA, Marina Bazzo de, 2006, p. 36. Sobre o tema, cf. CUBINA, A.; AIDE, T. M.. The effect of distance from forest edge rain soil seed bank in a tropical pasture. *Biotropica* n° 33, 2001, p. 260-267.

[664] ESPÍNDOLA, Marina Bazzo de, 2006, p. 36.

[665] REIS, Ademir; TRES, Deisy Regina, 2007, p. 43.

[666] *Idem, ibidem*, p. 44.

3.3.1.3. Da semeadura direta e hidrossemeadura ecológica

Diante da dificuldade de chegada de sementes em áreas degradas, como já descrito, tanto por meio da chuva de sementes, quanto pelo banco de sementes, o solo fica sujeito à erosão, o que diminui ainda mais seus nutrientes e deteriora a sua estrutura, levando a uma degradação maior da área. Neste caso algumas medidas podem ser tomadas e, dentre elas, o fornecimento de sementes ao solo, no intuito de gerar novo banco de sementes e recobrir o solo com vegetação inicial.[667]

Este fornecimento pode ser feito pela "semeadura direta", técnica que consiste na introdução de sementes por meio de sua distribuição na superfície da área degrada, o que é imprescindível para o restabelecimento da resiliência do meio ambiente em análise. Pode ser realizado manualmente com o lançamento direto de sementes ao solo ou mecanicamente, por meio de um lançador de sementes, processo utilizado em áreas maiores. Esta técnica vem sendo muito usada em países da África e na Austrália.[668]

O processo mecanizado da semeadura direta é a "hidrossemeadura ecológica", que consiste no processo mecanizado (por meio de lançador de sementes) daquela, em conjunto com água, fertilizantes e agentes cimentantes, que facilitam a aderência das sementes no mesmo.[669]

Em conformidade com todo o exposto, é indicada a utilização de sementes de espécies nativas características da região em que a área a ser restaurada se encontra. Além disso, outros cuidados devem ser tomados na escolha das espécies, tendo em vista que estas darão início ao processo de restauração do local. Deve-se optar, assim, por espécies cujo crescimento seja rápido, para, em caráter breve, recobrir o solo e interromper a erosão. Também é importante o uso de espécies cujos sistemas radiculares (de raízes) sejam profundos, promovendo o transporte de água e nutrientes e a entrada de ar no solo. Desta forma, espécies mais exigentes quanto à qualidade do solo poderão se desenvolver na área.[670]

No entanto, como já foi evidenciado, existem dificuldades práticas na obtenção de sementes nativas, o que, muitas vezes, impulsiona os executores de projetos de recuperação ambiental a utilizar sementes de espécies exóticas com grandes potenciais invasores, levando à estagnação da restauração do local. Uma das sugestões de Reis *et al.* para a superação do problema é a seleção de gramíneas com ciclos de vida anuais. Desta maneira, elas contribuirão para a primeira cobertura vegetal do solo, des-

---

[667] REIS, Ademir; TRES, Deisy Regina, 2007, p. 43.
[668] *Idem, ibidem.*
[669] *Idem, ibidem*, p. 45.
[670] *Idem, ibidem*, p. 44.

compactando-o, acumulando matéria orgânica e, ao final, possibilitando a existência de outras espécies, na continuidade do processo de sucessão ecológica.[671]

Distinta sugestão para suprir a dificuldade com as sementes nativas é a transposição de chuva de sementes, técnica já descrita. Por meio dela pode ser garantida alta biodiversidade e a abundância de sementes durante todo o ano, mantendo os dispersores na área em restauração.[672]

3.3.1.4. Da introdução de mudas e grupos adensados

O emprego do plantio de mudas é bastante utilizado nas técnicas de recuperação mais tradicionais, embora a distribuição destas mudas ao longo de toda a área degradada torne o processo custoso e leve à fixação do processo sucessional por tempo excessivo, trazendo unicamente o desenvolvimento dos indivíduos plantados.[673]

O processo de restauração por nucleação, por sua vez, também pode ser ampliado com o plantio de mudas. Todavia, é preciso haver processo criterioso de seleção das espécies, para que sejam formados pequenos núcleos de espécies, mas com forte poder de nucleação, ou seja, espécies com potencial de interações com outras espécies, a médio e longo prazo, cabendo às outras técnicas propiciar as espécies mais pioneiras.[674]

O plantio dessas mudas traz a formação dos denominados "grupos de Anderson",[675] consistentes em três, cinco ou treze mudas plantadas em distância de meio metro, de forma homo ou heterogêna e em número máximo de trezentas mudas por hectare. Essas mudas devem receber, por um período, cuidados, como capina, adubação e irrigação, até comporem núcleos que proporcionem sombra e, consecutivamente, condições para o aparecimento de outras espécies, por sua vez, características de locais sombreados.[676]

Devem ser plantados alguns exemplares da mesma espécie, capazes de representar certa variabilidade genética, possibilitando a existência de "população mínima viável". Quando este núcleo encontra condições de sobrevivência, inicia um processo de irradiação e troca de material genético com comunidades de áreas próximas, estabelecendo, ao longo do

---

[671] REIS, Ademir *et al.*, 2006, p. 45.
[672] *Idem, ibidem.*
[673] *Idem, ibidem*, p. 51.
[674] *Idem, ibidem*, p. 44.
[675] ANDERSON, M. L. Plantación em grupos espaciados. *Unasylva*, nº 7 (2), 1953. p 61-70.
[676] REIS, Ademir *et al.*, 2006, p. 44.

tempo, a "dinâmica local de fluxo biológico". Como garantia de que as espécies escolhidas vão de fato exercer o papel de núcleos com bastante variabilidade genética, é preciso ter conhecimento do seu sistema reprodutivo e, assim, determinando como ocorrerá a variabilidade genética, territorial e temporalmente.[677]

Os núcleos devem ser formados com alguns exemplares da mesma espécie, como foi dito, mas incluindo distintas formas de vida, como ervas, arbustos, lianas e árvores. Aquelas espécies, que em curto período, florirem e frutificarem atrairão predadores, polinizadores, dispersores e decompositores para os núcleos. Ou seja, visto de maneira global, este desenvolvimento traz condições para a vida de outros organismos na área. Este fenômeno torna-se ainda mais evidente se na escolha de espécies houver a preocupação com a produção de alimentos durante o ano inteiro.[678]

Por meio dessa técnica, podem ser produzidas sementes e mudas que representem variadas formas de vida, restituindo diversos nichos ecológicos dispostos em ilhas com alta diversidade. Ao longo do tempo, as ilhas irradiam distintas espécies e formas de vida para o restante da área. E, levando em conta, que a origem destas espécies é de áreas conservadas, não há necessidade de identificação das mesmas, o que torna mais rápido o processo de implantação.[679]

Reis e Wiesbauer, quanto ao material genético a ser inserido, sugerem que as espécies raras, com ameaça de extinção e, também, as com boas probabilidades de acarretar interações com outras espécies devem ser escolhidas como produtoras de pomares de sementes para, mais tarde, as respectivas mudas serem introduzidas na região.[680]

3.3.1.5. Do plantio de populações-referência

No mesmo sentido, o plantio de populações-referência, ou seja, o plantio de quantidade de plantas suficientes para representar uma determinada espécie, com o objetivo de formar "população mínima viável", a qual tenha capacidade de garantir a variabilidade genética, minimizando o endocruzamento[681] com o decorrer do tempo e, desta forma, conservan-

---

[677] REIS, Ademir et al., 2006, p. 45-46.

[678] Idem, ibidem, p. 51.

[679] BECHARA, Fernando Campanhã, 2006, p. 168.

[680] REIS, Ademir; WIESBAUER, M. B. O uso de sementes na restauração ambiental. In: HIGA, A. R.; SILVA, L. D. (Eds.). Pomares de sementes de espécies florestais nativas. Curitiba: Fupef, 2006. p. 83-92.

[681] Cf. Glossário.

do o "potencial evolutivo" das espécies. Com o desenvolvimento desta população, a tendência é de que, aos poucos, se estabeleça a conexão com áreas vizinhas, por causa dos cruzamentos que ocorrerão. Segundo Reis e Tres, esses "núcleos produtores" devem ser plantados na proximidade dos grandes fragmentos de vegetação, evitando o decréscimo da variabilidade genética, que ocorreria se houvesse isolamento. Os autores, inclusive, sugerem que as "populações-referência" podem ser inseridas em áreas agrícolas com o objetivo de aumentar a permeabilidade da matriz e possibilitar a conexão entre os fragmentos de *habitat*.[682]

Existe, em verdade, a necessidade de planejamento conjunto entre as áreas com fragmentos de vegetação e as áreas produtoras de sementes, buscando o aumento da integridade entre as inúmeras unidades da paisagem, ou seja, procurando restabelecer a conexão entre essas áreas, para que, com o passar do tempo, não se tornem fragmentos isolados fardados ao desaparecimento. Além disso, em termos de médio e longo prazo, essas áreas serão capazes de fornecer sementes de qualidade, para serem usadas em outras áreas degradadas em processo de restauração. Para os referidos autores, elas poderão ser vislumbradas como verdadeiros "pomares abertos de semente", aptos a garantir o fluxo gênico das populações que futuramente serão inseridas em outros projetos de restauração na mesma região.[683]

3.3.1.6. Da construção de poleiros artificiais

A chegada de propágulos à determinada área degradada é fator fundamental para a recomposição da mesma, conforme foi visto na abordagem sobre a chuva de sementes. Tanto aves quanto morcegos são considerados os animais mais eficientes na dispersão de sementes, ainda que os morcegos (por defecarem durante o vôo em áreas abertas) desempenham papel restaurador mais relevante ao nível de paisagem.[684] Por isso, no intuito de possibilitar a chegada dessas à área degradada e, assim, influenciar na aceleração do processo sucessional, a atração dos mencionados animais é indispensável na restauração.[685]

As árvores remanescentes em áreas de agricultura e pecuária são muito utilizadas por aves e morcegos por distintos motivos: repouso ao longo dos vôos entre as áreas de vegetação; fixação de residência; alimen-

---

[682] REIS; Ademir; TRES, Deisy Regina, 2007, p. 46-47. Em conformidade com o Código Florestal Brasileiro, Lei nº 4.771 de 1965, e o restante da legislação ambiental já analisada no primeiro capítulo.

[683] *Idem, ibidem*, p. 47.

[684] BECHARA, Fernando Campanhã, 2006, p. 107.

[685] REIS, Ademir *et al.*, 2006, p. 45-46.

tação ou local para eliminar seus resíduos. Como consequência, ao redor destas áreas formam-se núcleos de regeneração com intensa diversidade, por causa da chuva de semente proporcionada por esses animais.[686]

Diante dessas constatações, sugere-se a implantação de poleiros artificiais, isto é, a criação de locais para facilitar o pouso de aves e morcegos, no sentido de intensificar a chuva de sementes nas áreas em restauração. Por meio da chuva também será formado o banco de sementes da área. Lembra-se ainda que a escolha das técnicas de restauração deve ser feita tendo cuidado com a manutenção de dispersores no local, dependente do oferecimento de locais para o repouso e de alimento para os mesmos, função desempenhada pelos poleiros.[687]

Com a presença desses animais nos poleiros, haverá a concentração de sementes no local, atraindo consumidores para essas áreas.[688] Curiosamente, devido à grande atração dos predadores pelas sementes, raramente elas tendem a germinar e gerar novas plantas nestes locais específicos, muitas delas serão, porém, dispersadas secundariamente nas áreas adjacentes.[689]

De acordo com os experimentos já realizados, há eficiência maior da técnica durante as primeiras fases dos processos de restauração, já que, à medida que a área vai sendo restaurada, naturalmente vão criando-se poleiros no local. Entretanto, acredita-se que o papel fundamental desempenhado pelos poleiros é o de "trampolim ecológico", pois eles formam corredores imaginários entre a área em restauração e os fragmentos próximos. Mas as pesquisas demonstram que não deve haver concentração superior a quatro poleiros por hectare.[690]

Os poleiros artificiais podem ser divididos em dois tipos: os secos e os vivos, cada qual com finalidades diferentes. Os poleiros secos são estruturas que se parecem com galhos secos de plantas e objetivam atuar como locais de repouso, busca de alimento e caça para as aves.[691]

---

[686] REIS, Ademir *et al.*, 2006, p. 46.

[687] *Idem, ibidem.*

[688] Sobre o tema, cf. a "teoria de saciação do predador" (JANZEN, D. H., 1970).

[689] REIS, Ademir; TRES, Deisy Regina, 2007, p. 40.

[690] *Idem, ibidem.*

[691] REIS, Ademir; TRES, Deisy Regina, 2007, p. 42. Esta técnica vem sendo cada vez mais empregada e, com sucesso, como pode ser conferido em: ESPÍNDOLA, Marina Bazzo. *O papel da chuva de sementes na restauração da restinga no Parque Florestal do Rio Vermelho, Florianópolis, SC.* 2005. Dissertação. (Mestrado em Biologia Vegetal), Universidade Federal de Santa Catarina, Florianópolis, 2005; BECHARA, Fernando Campanhã, 2006; TRES, Deisy Regina. *Restauração ecológica de uma mata ciliar em uma fazenda produtora de Pinus taeda L. no norte do Estado de Santa Catarina.* 2006. Dissertação. (Mestrado em Biologia Vegetal). Universidade Federal de Santa Catarina, Florianópolis, 2006.

Podem ser elaborados com diferentes tipos de materiais, como madeira e bambu. Desde que apresentem ramificações (para o pouso das aves); tenham altura suficiente para ser utilizados como local de caça e estejam espalhados pela área. Evidencia-se o uso desse artifício de restauração em projetos do *Sustainable Agriculture Research and Education Program* da Universidade do Estado da Califórnia, nos Estados Unidos, no controle de pragas em lavouras, servindo como poleiros para corujas e falcões.[692]

Nas áreas de plantação de espécies arbóreas invasoras, como o caso do Pinus *sp.* se indica a possibilidade de "anelamento" de algumas árvores, isto é, o desbaste das camadas superficiais do tronco na parte inferior da árvore, causando a sua morte, mas sem a sua derrubada, para que possa servir de poleiro seco. Demais espécies invasoras também podem ter a mesma serventia, todavia, ressalta-se a necessidade de promoção de sua morte para interromper a invasão.[693]

Conforme Bechara, o procedimento de anelamento das árvores exóticas deve estar prevista nos planos de manejo, a serem implantados nas áreas de conservação ambiental. O autor sugere, também, a imposição legal da técnica de anelamento de espécies exóticas para atuarem como poleiros artificiais em áreas de silvicultura.[694]

Outra variação é a instalação de cabos aéreos, conectando os poleiros no intuito de aumentar a área de pouso das aves e, também, auxiliar na sustentação dos mesmos, o que se revela bastante dificultoso, haja vista a presença do vento. Indica-se, ademais, o uso de cordas de variados materiais e diâmetros, almejando atrair a maior quantidade de espécies de aves.[695]

Os poleiros vivos, por sua vez, desempenham a função de imitar árvores vivas em diversas formas, atraindo animais com diferentes hábitos. Os morcegos, por exemplo, utilizam-se dos poleiros para fazer seus rituais de alimentação dos frutos de árvores próximas. Quando os próprios poleiros são capazes de fornecer frutos, algumas aves frugívoras (que se alimentam de fruta) também fazem uso dos mesmos.[696]

De acordo com o grupo de animais que se intenta atrair, deverá ser a forma do poleiro. Assim, o poleiro pode ser elaborado com o plantio de espécie lianosa (trepadeira), que possui crescimento rápido, na base do poleiro seco. Com o desenvolvimento do poleiro vivo, será criado am-

---

[692] REIS, Ademir *et al.*, 2006, p. 46.
[693] *Idem, ibidem.* Cf. Bechara, Fernando Campanhã, 2003.
[694] BECHARA, Fernando Campanhã, 2006, p. 222.
[695] *Idem, ibidem*, p. 172.
[696] REIS, Ademir; TRES, Deisy Regina, 2007, p. 42.

biente atrativo para morcegos e aves, o que pode ser incrementado com o emprego de espécie lianosa frutífera, atuando na área como "bagueira".[697]

O incremento dos poleiros vivos pode, ainda, ser feito pela introdução de diferentes espécies de bromélias, por meio do resgate dessas de árvores caídas. Esta introdução poderá aumentar a capacidade de nucleação dos poleiros, pois elas atrairão flora e fauna que se desenvolvem nos seus reservatórios de água.[698]

Os poleiros vivos também podem desempenhar função distinta da atração de dispersores, quando são inseridos lado a lado, formando "torre de cipós", auxiliam na formação de barreira para conter o vento, que, em áreas desabitadas, pode ser intenso, dificultando a presença de plantas e animais. Ao atuarem como barreiras, propiciam abrigo para morcegos e criam um microclima dentro da área degradada.[699]

Considera-se que diferentes formas de poleiros podem ser desenvolvidas com a observação dos fenômenos naturais e comportamento dos dispersores no meio ambiente.[700] Seus efeitos podem ser percebidos não apenas ao nível local, mas na paisagem, diante da grande circulação das aves entre os poleiros, a qual auxilia na dispersão de propágulos.[701]

3.3.1.7. Da criação de abrigos para a fauna e da transposição de galharia

Como já foi mencionado, para que haja restauração ambiental em uma determinada área, é necessária a existência de abrigos para a fauna, pois, em locais abertos, os animais ficam à mercê de seus predadores, acarretando a quase inexistência desses em áreas degradadas. Observa-se que a base da técnica de criação de abrigos para a fauna volta-se para o amontoamento de galharia, isto é, galhos, tocos de madeira e resíduos florestais em geral e pedras, distribuídos em núcleos dentro da área em restauração. Com a formação desses núcleos, cria-se microclima adequado ao refúgio de animais, além de servir como poleiros para predadores.[702]

Com a presença de fauna, também poderão encontrar-se sementes nesses locais, trazidos com os primeiros. Com a dispersão das sementes, ademais, existirá diversidade genética no local. De acordo com os experimentos da técnica, a curto e médio prazo, haverá conexões entre essas

---

[697] REIS, Ademir et al., 2006, p. 49; BECHARA, Fernando Campanhã, 2006, p. 107.

[698] REIS, Ademir et al., 2006, p. 49.

[699] Idem, ibidem.

[700] Idem, ibidem.

[701] BECHARA, Fernando Campanhã, 2006, p. 117.

[702] REIS, Ademir; TRES, Deisy Regina, 2007, p. 42.

áreas de abrigo e outros fragmentos de vegetação, já que novas populações são criadas. Por fim, alguns dos elementos utilizados para compor o abrigo, como a galharia, irão decompor-se, fertilizando o solo e propiciando a germinação de sementes e, posteriormente, a sobrevivência da flora mais característica de locais úmidos e com sombra.[703]

A galharia usada para transposição pode ser retirada de áreas destinadas à mineração, alagamento para hidrelétricas ou exploração florestal. O emprego desta técnica com material advindo das Hidrelétricas de Itá e Quebra-Queixo, no Estado de Santa Catarina, obteve sucesso na restauração ambiental. Neste caso, a galharia trazida apresentou efeito nucleador e, ainda, resgatou flora e fauna. Foram trazidos, juntamente com a galharia: sementes, raízes, caules com capacidade de rebrotar e animais, como pequenos roedores, répteis e anfíbios. O resultado foi a colonização e o surgimento de biodiversidade na área em restauração.[704]

A técnica também se demonstra eficaz como barreira ao tráfego do gado nas áreas em restauração, em detrimento das cercas de arame farpado, usadas com mais frequência. A disposição da galharia não impede a passagem de animais nativos de porte mais significativo que não poderiam adentrar a área no caso da existência de cerca. Para Bechara, evitar a entrada do gado é ação mais importante do que qualquer "[...] plantio, intervenção ou manejo".[705]

3.3.1.8. Da construção de trampolins ecológicos

Por sua vez, os trampolins ecológicos, como mencionado, são pontos de *habitat* espalhados na paisagem, dizem respeito à possibilidade de intervenção na matriz, no intuito de aumentar lentamente a sua permeabilidade, para os fluxos biológicos. Nas áreas agrícolas e de plantios florestais, em que a matriz produtora é extensa, o fluxo gênico é impedido de ser efetivo. Estabelece-se, então, o desafio de criar "pequenos ambientes nucleadores". São inseridos continuamente com as filas de plantio, no caso dos plantios florestais, núcleos com em torno de dezesseis mudas de árvores que cumpram o papel de "facilitadoras", com ocorrência de um núcleo por hectare. Embora, para o produtor, haja diminuição na produção, a recompensa é a grande função na preservação da biodiversidade e na recomposição da paisagem, o que pode auxiliar na certificação do seu produto.[706]

---

[703] REIS, Ademir; TRES, Deisy Regina, 2007, p. 42.

[704] REIS, Ademir *et al.*, 2006, p. 50.

[705] *Idem, ibidem.*

[706] REIS, Ademir; TRES, Deisy Regina, 2007, p. 47.

Com a presença dos trampolins ecológicos, os animais encontram pequenos abrigos, onde podem repousar, alimentar-se e reproduzir-se. Neste caso, mesmo áreas de produção, como agricultura e silvicultura, são capazes de servir de habitat secundário para esses animais. A introdução de trampolins ecológicos ao longo da área de produção ou em abandono cria, ao longo do tempo, fluxos biológicos, pois tendem a diminuir a área de dispersão das espécies, o que auxilia na conectividade entre as unidades da paisagem. Os trampolins atuam como pontos de ligação entre os fragmentos remanescentes.[707]

3.4. Síntese do capítulo

No presente Capítulo, constatou-se a importância da abordagem transdisciplinar quando do envolvimento da questão ambiental, promovendo diálogo entre o saber jurídico e o ecológico, almejando tornar as normas ambientais mais efetivas e as práticas sociais mais sustentáveis, especialmente no que diz respeito à integralidade da reparação do dano.

Evidenciou-se que, embora exista o dever constitucional de restauração dos processos ecológicos essenciais, na prática, os projetos tradicionais de recuperação de áreas degradadas não vêm concretizando-o e, frequentemente, vêm expondo os ecossistemas à degradação ainda maior, devido à falta de preocupação com as noções básicas de Ecologia. As técnicas nucleadoras de restauração, por outro lado, por basearem-se nas relações presentes na natureza, apresentaram-se mais condizentes com o referido dever.

Conforme o exposto, as técnicas nucleadoras de restauração possuem, cada qual, distintos efeitos funcionais, de acordo com os experimentos já realizados e referenciados neste Capítulo. Apresentam, ademais, características próprias, que, quando aplicadas de maneira conjunta são capazes de contemplar muitos fatores ecológicos básicos, promovendo processos sucessionais, o que contribui para incrementar a energia e a biodiversidade na área degradada.[708]

Assegura-se que, quanto maior for a diversidade das técnicas aplicadas e de criação de núcleos, mais elas se tornam efetivas.[709] Ao serem implementadas ao mesmo tempo, as distintas técnicas geram tipos diferentes de alimentos e abrigo, possibilitando a presença de vários grupos biológicos e suas respectivas reproduções. Os núcleos criados tendem a

---

[707] REIS, Ademir; TRES, Deisy Regina, 2007, p. 48.
[708] REIS, Ademir et al., 2003a
[709] BECHARA, Fernando Campanhã, 2006, p. 223.

espalhar diversidade pela área em restauração, tornando possível a conectância entre todos os níveis das cadeias alimentares, intensificando a resiliência ambiental.[710]

É fundamental, entretanto, que as áreas objeto das técnicas nucleadoras de restauração recebam monitoramento anual ou, preferencialmente, bianual, com a finalidade de que sejam tomadas medidas necessárias para a sua eficácia. Essas medidas tornam-se mais relevantes quando há espécies exóticas na paisagem.[711]

No contexto das constatações feitas, é preciso definir-se qual paradigma deve nortear os planos de restauração ou recuperação de áreas degradadas. Quando considerado, com exclusividade, o dever de recuperação ambiental, implementando unicamente o cultivo de árvores nativas ou, ainda mais gravemente, árvores exóticas, não se terá abandonado o paradigma antropocêntrico utilitarista, concebendo a natureza como objeto.

Ao contrário, se somente for considerada a necessidade de conservação do meio ambiente, sem evidenciar-se a fundamental importância dos processos de produção para a sobrevivência humana, buscando o ideal de natureza-sujeito, as normas ambientais jamais alcançarão efetividade suficiente. Ressalta-se que isso não significa que não seja possível atribuir valor intrínseco ao bem ambiental e, sim, tentar conciliar a preservação da natureza com o sistema de produção, no sentido de conceber a natureza como meio, concretizando o projeto de meio justo para ambos.

Neste sentido, sugere-se que a implementação da restauração ambiental, pelas técnicas nucleadoras, pode ser tomada como mecanismo ideal para reatar a relação entre homem e natureza, fazendo com que o homem compreenda a relevância da observação dos processos ecológicos essenciais e do dever de restaurá-los perante ele mesmo, para as gerações futuras e a própria natureza.

A seguir, encontra-se um quadro sinóptico, objetivando demonstrar a funcionalidade ecológica das técnicas nucleadoras de restauração:[712]

---

[710] BECHARA, Fernando Campanhã, 2006, p. 228.

[711] *Idem, ibidem,* p. 209.

[712] O presente quadro é uma adaptação das tabelas elaboradas por REIS, Ademir *et al.*, 2003a, p. 34 e BECHARA, Fernando Campanhã, 2006, p. 224.

FUNCIONALIDADE ECOLÓGICA	TÉCNICAS NUCLEADORAS DE RESTAURAÇÃO AMBIENTAL				
	Plantio de mudas em ilhas	Semeadura direta/hidros-semeadura ecológica	Poleiros artificiais	Transposição de solo	Transposição de galharia
RECOMPOSIÇÃO DO BANCO DE SEMENTES		X	X	X	
RECOMPOSIÇÃO DA FAUNA/FLORA DO SOLO				X	X
REPOSIÇÃO DA MATÉRIA ORGÂNICA NO SOLO	X			X	X
RECOMPOSIÇÃO DA CHUVA DE SEMENTES		X	X		
PRESENÇA DE DISPERSORES DE SEMENTES (AVES E MORCEGOS)	X		X		
PRESENÇA DE POLINIZADORES	X	X			
CONTENÇÃO DE PROCESSOS EROSIVOS	X	X			
CONTENÇÃO DA CONTAMINAÇÃO BIOLÓGICA	X	X			
FORMAÇÃO DE ABRIGOS PARA FAUNA			X		X

    Pelas constatações evidenciadas, a relevância da abordagem ecológica feita por meio da pesquisa advinda das ciências jurídicas justificou-se no intuito de auxiliar o poder público, especialmente os órgãos ambientais, o Ministério Público e o Poder Judiciário, incumbidos da tarefa de impor e fiscalizar a reparação do dano na sua integralidade. Desta forma, buscando a maior efetividade das normas ambientais e a conscientização da coletividade para a importância da preservação e restauração dos processos ecológicos essenciais.

Considerações finais

Ao longo do texto, foi constatada a crise da relação entre homem e natureza, demonstrada por meio da perda, por parte do homem, das noções de vínculo e de limite entre eles. O primeiro é responsável pelo prejuízo em identificar o que o liga à natureza e, ao mesmo tempo, o que nela se diferencia dele. Esta crise o leva, por vezes, a concebê-la como objeto, por meio da apropriação de seus recursos. Por outro lado, entendê-la como sujeito de direitos, todavia não sendo capaz de respeitá-los. Foi proposta, como tentativa de superação da referida crise, a percepção da natureza como projeto. A ideia de projeto foi trazida como forma de alcançar meio justo para ambos, homem e natureza.

O ordenamento jurídico não ficou à margem dessa crise. Haja vista que a apropriação da natureza como objeto pelo homem pôde ser compreendida na recepção jurídica do meio ambiente. A legislação ambiental de início apresentou caráter antropocêntrico utilitarista, já que a preocupação central dizia respeito aos recursos naturais e, somente aos poucos, com a tentativa de resgate das noções de vínculo e de limite, o meio ambiente passou a ser encarado em maior conformidade com a ideia de projeto, percebendo-se as suas complexidades.

Entendeu-se que, principalmente após a Constituição Federal de 1988, iniciou-se o alargamento do paradigma antropocêntrico e, com isso, o meio ambiente, globalmente considerado, adquiriu algum *status* legal. O principal exemplo trazido foi o art. 225 da referida Constituição, que, em seu *caput*, atribuiu ao Poder Público e a toda coletividade o dever de defendê-lo e preservá-lo para as presentes e futuras gerações. Bem como, seu § 1º, que determinou a incumbência do Poder Público em assegurar a preservação e a restauração dos processos ecológicos essenciais e, por fim, seu § 2º, que trouxe a obrigação de recuperação do meio ambiente àquele que explorar recursos minerais.

A partir desse marco legal, sem olvidar-se a Política Nacional do Meio Ambiente (instituída pela Lei nº 6.938, de 1981), todo o ordenamento jurídico passou a ser construído nesse intuito. O dano ambiental, assim, pôde ser encarado de forma mais global, contemplando a complexidade presente no bem ambiental. O sistema de tríplice responsabilidade por danos ambientais, desta forma, surgiu para auxiliar tanto na prevenção e precaução dos danos, como na sanção daqueles que agirem em desacordo com as normas ambientais.

O aparato legal ambiental e a sua aplicação, por sua vez, não estão livres de contradições, como foi evidenciado. Foram constatadas dificuldades na mensuração do dano ambiental, bem como na sua reparação, haja vista as diversas facetas nele presentes, como na sua relação com o elemento temporal.

A restauração dos processos ecológicos essenciais foi apreendida como dever constitucional e como instrumento para a concretização da natureza-projeto de meio justo para esta e para o homem. Esse, portanto, passou a ser encarado como auxiliar na condução dos processos naturais, como "guardião" da natureza, depois de tanto tê-la destruído. A efetividade das normas ambientais, no entanto, encontra inúmeras barreiras. A prevenção e precaução dos danos ambientais, muitas vezes, não ocorre, culminando com a concretização desses.

A existência dos danos ambientais, por sua vez, gera a obrigação de repará-los integralmente. A dinâmica envolvida no bem ambiental e na avaliação dos danos causados a ele, todavia, é permeada por dificuldades. Dentre essas, apontou-se a falta de diálogo eficaz entre os saberes científicos, no sentido de avaliar e reparar os danos ambientais.

Como forma de contornar o referido problema, optou-se pela abordagem transdisciplinar da medida prioritária de reparação dos danos, qual seja: a restauração ambiental. Tal abordagem apontou que a reparação do dano vem sendo concretizada por meio da mera recuperação deste, em detrimento da restauração dos processos ecológicos essenciais.

Pôde ser evidenciado que os projetos tradicionais de recuperação de áreas degradas não vêm observando os fenômenos ecológicos presentes nos ecossistemas. Reproduzem, ao contrário, as práticas de apropriação da natureza como objeto, não abandonando o paradigma antropocêntrico utilitarista expondo, frequentemente, o meio ambiente a degradações ainda mais graves, haja vista a preocupação econômico-financeira, em prejuízo da ecológica.

As técnicas nucleadoras de restauração ambiental, analisadas na perspectiva ecológica, por outro lado, demonstraram-se condizentes com o dever constitucional de restauração dos processos ecológicos essenciais. A nucleação, desta forma, é capaz de fazer retornar a biodiversidade às áreas anteriormente degradadas. E, ademais, que as espécies perpetuem-se no tempo e no espaço. Tudo isso, pela priorização da observação dos fenômenos que permeiam a natureza.

Por todo o exposto, evidenciou-se a necessidade de maior homogeneização da legislação no que concerne aos vocábulos "recuperação" e "restauração", uma vez que existem diferenças fundamentais entre ambos no que diz respeito aos processos ecológicos. A legislação infraconstitucional já trouxe a distinção conceitual de ambos, entretanto, a própria Constituição Federal admite a possibilidade da recuperação do dano quando há a exploração de recursos minerais, conforme analisado.

Verifica-se, portanto, a relevância da priorização da restauração ambiental, em detrimento da mera recuperação dos danos. Foi averiguada a falta de "concepção metodológica integradora" na reparação do dano. Metodologia que englobe abordagem sistêmica da área a ser restaurada, o que só poderá ser possível por meio da abrangência das diferentes áreas da ciência. Essa concepção deve pressupor as noções de inter-relação e interdependência existente entre os elementos, fenômenos físicos, biológicos e químicos presentes no meio ambiente, conforme ponderado.

Estudaram-se parâmetros ecológicos básicos, a serem denotados nos projetos de restauração ambiental.

Dentre eles salienta-se a necessidade da realização de diagnósticos das áreas a serem restauradas, antes de qualquer intervenção. Tal avaliação, por sua vez, deve enfocar não exclusivamente a área degradada, mas o contexto no qual ela está inserida, tendo em vista a "Ecologia da paisagem".

O solo, embora pouco lembrado em projetos de recuperação tradicional, deve ser preocupação central na restauração ambiental, já que, a partir dele, muitas interações poderão ocorrer.

A ideia de revegetação de toda a extensão da área degradada, ainda que com espécies nativas, deve ser substituída pela de formação de núcleos de biodiversidade, trazendo à tona "populações mínimas viáveis" e interações entre as espécies, reproduzindo-se os encontros que ocorrem na natureza.

Deve existir também preocupação com a variabilidade genética das sementes e mudas utilizadas nesses projetos, buscando-se o retorno da conectividade entre os diversos fragmentos existentes na paisagem.

A preservação e restauração dos corredores, a criação de trampolins ecológicos, de abrigo e alimento para a fauna, a realização da polinização e da dispersão de propágulos, além da formação do banco de sementes, devem ser prioritários nos projetos de restauração ambiental.

A presente obra teve o intuito de propor o diálogo entre o saber jurídico e o ecológico, na busca pela maior efetividade das normas ambientais, especialmente no que concerne à reparação do dano ambiental.

Observou-se que tal diálogo é, além de possível, crucialmente necessário.

Espera-se que os parâmetros de restauração propostos, quando da abordagem das técnicas nucleadoras, possam servir como base para a implementação de projetos de restauração ambiental mais condizentes com o dever constitucional de restauração dos processos ecológicos essenciais. E que esses projetos auxiliem na tarefa de preservação da biodiversidade e na concretização da natureza-projeto, projeto de meio justo para ambos, homem e natureza.

Referências

ABBAGNANO, Nicola. *Dicionário de filosofia*. São Paulo: Mestre Jou, 1982.

AGUIAR, R.. Técnica recupera solos contaminados por metais pesados. *CH on-line*. 04 abr. 2002. Disponível em: <http://www.uol.com.br/cienciahoje/chdia/n569.html> Acesso em: 11 fev. 2008.

AKAOUI, Fernando Reverendo Vidal. *Compromisso de ajustamento de conduta ambiental*. São Paulo: Revista dos Tribunais, 2003.

ALBUQUERQUE, Letícia. *Poluentes orgânicos persistentes*. Curitiba: Juruá, 2006.

ALEXY, Robert. *Teoria de los derechos fundamentales*. Madri: Centro de Estúdios Constitucionales, 1997.

ANDERSON, M. L.. Plantación em grupos espaciados. *Unasylva*, n° 7 (2), 1953. p 61-70.

ANTEQUERA, Jesús Conde. *El deber jurídico de restauracion ambiental*. Estúdios de derecho administrativo. Granada: Comares, 2004.

ARAGÃO, Maria Alexandre e Sousa. *O princípio do poluidor-pagador*: pedra angular da política comunitária do ambiente. Coimbra: Coimbra Editora, 1997. (Studia Ivridica, 23).

ARISTÓTELES. *A política*. Tradução: Nestor Silveira Chaves. 15. ed. Rio de Janeiro: Ediouro Publicações, 1988.

ASCENSÃO, José de Oliveira. *O Direito*: introdução e teoria geral. 2. ed. Rio de Janeiro: Renovar, 2001.

ASSAD, M. L. L. Fauna do solo. In: MILTON, A.T.; HUNGRIA, M. (ed.). *Biologia dos solos do cerrado*. v. 74, 1997. p. 19-31.

AUMOND, Juarês José. Teoria dos sistemas: uma nova abordagem para recuperação e restauração ambiental. II Simpósio Brasileiro de Engenharia Ambiental – UNIVALI/ Itajaí, realizado de 05 a 08 de outubro de 2003. *Livro de resumos*. p. 43-49.

AYALA, Patryck de Araújo. *Direito e incerteza*: a proteção jurídica das futuras gerações no Estado de Direito Ambiental. 2002. Dissertação (Mestrado em Direito), Universidade Federal de Santa Catarina, Florianópolis, 2002.

——. Deveres ecológicos e regulamentação da atividade econômica na Constituição Federal. In: CANOTILHO, José Joaquim Gomes; LEITE, José Rubens Morato. *Direito constitucional ambiental brasileiro*. São Paulo: Saraiva, 2007.

BAGGIO, Roberta Camineiro. *Federalismo no contexto da nova ordem global*. Perspectivas de (Re)formulação da Federação Brasileira.Curitiba: Juruá, 2006.

——. A sentença penal como título executório civil. *Revista de direito penal*, n° 4, out.- dez. 1971.

BECHARA, Fernando Campanhã. *Restauração ecológica de restingas contaminadas por pinus no Parque Florestal do Rio Vermelho, Florianópolis, SC*. 2003. Dissertação (Mestrado em Biologia Vegetal) – Universidade Federal de Santa Catarina, Florianópolis, 2003.

——. *Unidades demonstrativas de restauração ecológica através de técnicas nucleadoras*: floresta estacional semidecidual, cerrado e restinga. 2006. Tese (Doutorado em Recursos Florestais), Universidade de São Paulo – Escola Superior de Agricultura – "Luiz de Queiroz", Piracicaba, 2006.

BECK, Ulrich. *Sociedade de risco*: rumo a uma outra modernidade. São Paulo: Editora 34, 2010.

BENJAMIN, Antônio Herman V. A insurreição da aldeia global contra o processo civil clássico apontamentos sobre a opressão e a libertação judiciais do meio ambiente e do consumidor. In: MILARÉ, Édis (Coord.). *Ação civil pública*. Lei 7.347/85 – reminiscências e reflexões após dez anos de aplicação. São Paulo: Revista dos Tribunais, 1995.

——. Constitucionalização do Ambiente e Ecologização da Constituição Brasileira. In: CANOTILHO, José Joaquim Gomes; LEITE, José Rubens Morato (Org.). *Direito constitucional ambiental brasileiro*. São Paulo: Saraiva, 2007.

——. *Crimes contra o meio ambiente*. Livro de Teses do 12º Congresso Nacional do Ministério Público, t. II, Fortaleza, maio 1998.

——. Função Ambiental. In: BENJAMIN, Antonio Herman V. (Coord.). *Dano ambiental*: prevenção, reparação e repressão. São Paulo: Ed. RT, 1993.

——. Meio ambiente e constituição: uma primeira abordagem. In: CONGRESSO INTERNACIONAL DE DIREITO AMBIENTAL, 6., 2002, São Paulo. *Anais...* São Paulo: Imesp, 2002.

——. Responsabilidade civil pelo dano ambiental. *Revista de direito ambiental*, São Paulo, v. 9, ano 3, p. 5-52, jan./mar. 1998.

——; MILARÉ, Édis. *Estudo prévio de impacto ambiental*. São Paulo, Revista dos Tribunais, 1993.

BITTENCOURT, Darlan Rodrigues; MARCONDES, Ricardo Kochinski. Lineamentos da responsabilidade civil ambiental. *Revista dos Tribunais*, São Paulo, v. 740, p. 53-95, jun. 1997.

BOBBIO, Norberto. *A era dos direitos*. Rio de Janeiro: Campus, 1992.

BONNET, Annete. Componente epifítico como indicador em florestas tropicais. In: *Reunião técnica "Indicadores na recuperação de áreas degradadas"*. Realizada em Curitiba, nos dias 10 e 11 de novembro de 2007. Disponível em:<http://www.sobrade.com.br/reuniaotecnica/palestras.html> Acesso em: 10 mar. 2008.

BORGES, Roxana Cardoso. Direito ambiental e teoria jurídica no final do século XX. In: VARELLA, Marcelo Dias; BORGES, Roxana (Org.). *O novo em direito ambiental*. Belo Horizonte: Del Rey, 1998.

BRANCO, Murgel. Conflitos conceituais nos estudos sobre o meio ambiente. In: *Estudos avançados*. São Paulo, 1995, vol. 9, n. 23, 217. p. 222-233.

BUSSARELLO, Raulino. *Dicionário básico latino-português*. 4. ed. Florianópolis: Editora da UFSC, 1998.

——. *Máximas latinas*. Repertório de citações, provérbios, sentenças e adágio tematizados e traduzidos. 2. ed. Florianópolis: Ed. do autor, 1998.

CAMARGO FERRAZ, Antonio Augusto Mello de. *Ação civil pública e a tutela jurisdicional dos interesses difusos*. São Paulo: Saraiva, 1984.

CANOTILHO, José Joaquim Gomes. *Direito constitucional e teoria da constituição*. 3. ed. Coimbra: Almedina, 1999.

——. *Direito público do ambiente*. Coimbra: Faculdade de Direito de Coimbra, 1995.

——. *Estudos sobre direitos fundamentais*. Coimbra: Coimbra Editora, 2004.

CAPPELLETTI, Mauro. Formações Sociais e Interesses Coletivos diante da Justiça Civil. *Revista de processo*, São Paulo, nº 5. p. 128-159, 1977.

CAPRA, Fritjof. *A teia da vida*: Uma nova compreensão científica dos sistemas vivos. São Paulo: Editora Cultrix, 1996.

——. *As conexões ocultas*: Ciência para uma vida sustentável. Tradução: Marcelo Brandão Cipolla. São Paulo: Cultrix, 2002.

CARSON, Rachel. *Primavera silenciosa*. São Paulo: Melhoramentos, 1964.

CARVALHO, Délton Winter de. *Dano ambiental futuro*. Rio de Janeiro: Forense Universitária, 2008.

CASTRO, Cibele Cardoso de. A importância da fauna em projetos de restauração. In: FUNDAÇÃO CARGILL (Coord.). *Manejo ambiental e restauração de áreas degradadas*. São Paulo: Fundação Cargill, 2007. p. 57-75.

CATALÁ, Lucía Gomis. *Responsabilidad por daños al médio ambiente*. Elcano (Navarro): Arazandi Editorial, 1998.

CAUBET, Christian Guy. *A água, a lei, a política ... e o meio ambiente?* Curitiba: Juruá, 2004.

CAVEDON, Fernanda de Salles. *Função social e ambiental da propriedade*. Florianópolis: Visualbooks, 2003.

CERICATO, Edna de Werk. A utilização da avaliação do impacto ambiental e do projeto de recuperação de áreas degradadas pelo Ministério Público nos casos de crimes ambientais: um estudo no Oeste de Santa Catarina. 2007. Dissertação (Mestrado em Ciências Ambientais). Universidade Comunitária Regional de Chapecó, Chapecó, 2007.

COSTA NETO, Nicolao Dino de Castro et al. *Crimes e infrações administrativas ambientais*. 3. ed. Belo Horizonte: Del Rey, 2011.

COUTINHO, H. L. C. 1999. Disponível em:<http://cnps.embrapa.br/search/pesqs/tema2/tema2.html> EMBRAPA Solos. Acesso em: 20 fev. 2008.

CREMA, Roberto. *Introdução à visão holística*: Breve relato de viagem do velho ao novo paradigma. São Paulo: Summus Editorial, 1989.

CRUZ, Branca Martins da. Responsabilidade civil pelo dano ecológico: alguns problemas. *Revista de direito ambiental*. São Paulo: RT, ano 2, v. 5, p. 05-41, Jan./Mar. 1997.

——. Princípios jurídicos e econômicos para a avaliação do dano florestal. *Revista de ciência e cultura*. Série de Direito nº 2 (1998).

CUBINA, A.; AIDE, T. M.. The effect of distance from forest edge rain soil seed bank in a tropical pasture. *Biotropica* nº 33, 2001. p. 260-267.

DAGOSTIN, Cristiane Camilo et al. Dano ambiental e compensação ecológica. In: BENJAMIN, Antônio Herman V. et al. (Org.). CONGRESSO INTERNACIONAL DE DIREITO AMBIENTAL,6, 2002. Anais.... São Paulo: Imprensa Oficial do Estado de São Paulo, 2002

DANTAS, Marcelo Buzaglo. Tutela de urgência e demandas coletivas. In: OLIVEIRA JÚNIOR, José Alcebíades. *Cidadania coletiva*. Florianópolis: Paralelo 27, 1996.

DE GIORGI, Raffaele. *Direito, democracia e risco*: vínculos com o futuro. Porto Alegre, 1993.

DELTA S.A. *Enciclopédia Delta Universal*. v. 8. Rio de Janeiro: [s.n.], 1986.

DESCARTES, René. *El mundo*: tratado de la luz. Barcelona: Anthropos, 1989.

DERANI, Cristiane. *Direito ambiental econômico*. 2. ed. São Paulo: Max Limonad, 2001.

DEVAL, William; SESSIONS, George. *Deep ecology*: Living as if nature mattered. Salt Lake City: Peregrine Smith Books, 1985.

DI PIETRO, Maria Silvia Zanella. *Direito administrativo*. 19. ed. São Paulo: Atlas, 2006.

DIAS, José de Aguiar. Responsabilidade civil no plano ecológico. *Revista forense*, Rio de Janeiro, v. 317, p. 03-12, 1992.

DIEHL, Francelise Pantoja. *Políticas públicas e legislação ambiental brasileira, 1972-1992* – um histórico. 1994. Dissertação (Mestrado em Direito), Universidade Federal de Santa Catarina, Florianópolis,1994.

ESPÍNDOLA, Marina Bazzo de. *O papel da chuva de sementes na restauração da restinga no Parque Florestal do Rio Vermelho, Florianópolis, SC*. 2005. Dissertação. (Mestrado em Biologia Vegetal), Universidade Federal de Santa Catarina, Florianópolis, 2005.

——. O papel da chuva de sementes na restauração de áreas degradadas. In: REIS, Ademir (Org.), *Novos aspectos na restauração de áreas degradadas*. Apostila do Mini-curso de Restauração Ambiental em Áreas Degradadas, realizado em Florianópolis, nos dias 15 a 19 maio de 2006. PET Biologia: Universidade Federal de Santa Catarina. p. 34-37, 2006.

—— et al. Recuperação ambiental e contaminação biológica: aspectos ecológicos e legais. *Revista biotemas*. v.18. n.1. p. 27-38, 2005.

FAGUNDES, Paulo Roney Ávila. *Direito e holismo* – Introdução a uma visão jurídica da integridade. São Paulo: LTR, 2000.

FARIAS, Paulo José Leite. *Competência federativa e proteção ambiental*. Porto Alegre: Sergio Antonio Fabris, 1999.

FELIPETO, Rogério. Eficácia da coisa julgada penal no juízo cível. *Revista forense*, v. 174, p. 17 e ss.

FENSTERSEIFER, Tiago. *Direitos fundamentais e proteção do ambiente*: a dimensão ecológica da dignidade humana no marco jurídico-constitucional do Estado Socioambiental de Direito. Porto Alegre: Livraria do Advogado, 2008.

FERNANDEZ, Maria Elizabeth Moreira. Direito ao Ambiente e Propriedade Privada (Aproximação ao Estudo da Estrutura e das Conseqüências das "Leis-Reserva Portadoras de Vínculos Ambientais). *Boletim da Faculdade de Direito Universidade de Coimbra*. Coimbra: Coimbra Editora, 2001.

FERREIRA, Aurélio Buarque de Holanda. *Novo Aurélio – Século XXI: o dicionário eletrônico da Língua Portuguesa*. Rio de Janeiro: Nova Fronteira, 2000.

FERREIRA, Heline Sivini. Competências Ambientais. In: CANOTILHO, José Joaquim Gomes; LEITE, José Rubens Morato (Org.). *Direito constitucional ambiental brasileiro*. São Paulo: Saraiva, 2007.

_____. *A sociedade de risco e o princípio da precaução no direito brasileiro*. 2002. Dissertação (Mestrado em Direito), Universidade Federal de Santa Catarina, Florianópolis, 2002.

FERREIRA, Ivette Senise. A Lei 9.0099/95 e o direito penal ambiental. In: PITOMBO, Sérgio Moraes (Coord.). *Juizados Especiais Criminais*: interpretação e crítica. São Paulo: Malheiros, 1997.

FERRETI, André Rocha. Fundamentos ecológicos para o planejamento da restauração florestal. In: EMBRAPA, *Restauração da Mata Atlântica em áreas de sua primitiva ocorrência natural*. Colombo: Embrapa Florestas. p. 21-26, 2002.

FERRI, Mário Guimarães. *Ecologia, temas e problemas brasileiros*. São Paulo: EDUSP, 1974.

FIGUEIREDO, Guilherme José Purvin de. *A propriedade no direito ambiental*. A dimensão Ambiental da função social da propriedade. Rio de Janeiro: Esplanada, 2004.

FIORILLO, Celso Antônio Pacheco. *Princípios do direito processual ambiental brasileiro*. São Paulo: Saraiva, 2012.

FORMAN, R. T. T.; GODRON, M.. *Landscape ecology*. New York: John Wiley e Sons Ed., 1986.

FREITAS, Vladimir Passos de. A constituição federal e a efetividade das normas ambientais. 2. ed. São Paulo: RT, 2002.

_____. *Direito administrativo e meio ambiente*. 4. ed. Curitiba: Juruá, 2010.

_____; FREITAS, Gilberto Passos de. *Crimes contra a natureza* (de acordo com a Lei 9.605/98). 7. ed. rev. atual. e ampl. São Paulo: Revista dos Tribunais, 2001.

FREITAS, Gilberto Passos de. *Ilícito penal ambiental e reparação do dano*. São Paulo: Revista dos Tribunais, 2005.

FUEZALDINA, Rafael Valenzuela. Responsabilidad civil por daño ambiental em la legislacion chilena. *Revista de direito ambiental*, São Paulo: RT, v. 20, p. 20-36, out./dez. 2000.

GALVÃO, A. Paulo Mendes. Prefácio. In: EMBRAPA. *Restauração da Mata Atlântica em áreas de sua primitiva ocorrência natural*. Colombo: Embrapa florestas. p. 7-8, 2002.

GAVIÃO FILHO, Anizio Pires. *Direito fundamental ao ambiente*. Porto Alegre: Livraria do Advogado, 2005.

GIDDENS, Anthony. Tradução Maria Luiza X. de A. Borges. *A terceira via*: reflexões sobre o impasse político atual e o futuro da socialdemocracia. Rio de Janeiro: Record, 2000.

_____; BECK, Ulrich; LASH, Scott. *Modernização reflexiva*: política, tradição e estética na ordem social moderna. São Paulo: Editora da UNESP, 1997.

GILBERT, L. E.. Food wed organization and the conservation of neotropical diversity. In: SOULÉ, M. E. (ed.). *Conservation biology*. Sunderland: Sinauer, 1980. p. 11-33.

GIOVANETTI, Gilberto; LACERDA, Madalena. *Melhoramentos – Dicionário de Geografia*. São Paulo: Melhoramentos, 1996.

GOLDBLATT, David. *Teoria social e ambiente*. Lisboa: Instituto Piaget, 1996.

GRECO FILHO, Vicente. *Manual de processo penal*. São Paulo: Saraiva, 1988.

GRINOVER, Ada Pelegrine. Interesses difusos, verb. *Enciclopédia Saraiva do Direito*, v. 45.

GUEVARA, S.; LABORDE, J. Monitoring seed dispersal at isolated stand trees in tropical pastures: consequences for local species availability. *Vegetatio*, v. 107-108, 1993. p. 319-338.

HANSON et al.. Landscape fragmentation and dispersal in a model of riparian forest dynamics. *Ecological Modelling*, nº 49, 1990. p. 277-296.

HEGEL, Georg Wilhelm Friedrich. *Estética*: a idéia e o ideal, o belo artístico ou ideal. Tradução: Orlando Vitorino. (Os pensadores). São Paulo: Nova Cultural, 1996

_____. *Da experiência do pensar*. Porto Alegre: Globo, 1969.

HESPANHA, Manoel. *Cultura jurídica européia*: síntese de um milênio. Florianópolis: Fundação Boiteux, 2005.

HOWE, H. F. Seed dispersal by fruit-eating birds and mamals. In: Murray, D. R. (ed.). *Seed dispersal*. New York: Academic Press,1986. p. 123-183

HULBERT, S. The nonconcept of species diversity: a critic and alternative parameters. *Ecology*, nº 52 (4), 1971. p. 577-586.

INGELS, C.. Birds of prey assist farmers. *Sustainable agriculture* 1 (5),1992. Disponível em: <http://www.sarep.ucdavis.edu/NEWSLTR/v5n1/sa-6.html> Acesso em: 15 fev. 2008.

INSTITUTO ANTONIO HOUAISS. *Dicionário Houaiss da Língua Portuguesa*. Rio de Janeiro: Objetiva, 2009.

IRIGARAY, Carlos Teodoro José Hugueney. Compensação de reserva legal: limites a sua implementação. In: *Revista Amazônia legal*: de estudos sócio-jurídico-ambientais. Cuiabá: UFMT, ano 1, nº 1, jan- jul. 2007. p. 55-68.

ITURRASPE, Jorge Mosset; HUTCHINSON, Tomás; DONNA, Edgardo Alberto. *Daño ambiental*. Buenos Aires: Rubinazal – Culzoni Editores, 1999. Tomos I e II.

JANZEN, D. H.. Herbivores and the number of tree species in Tropical Forests. *Amer. Nat.*, v. 104, 1970. p. 501-528.

JONAS, Hans. *O princípio da responsabilidade*. São Paulo: Contraponto, 2006.

JUSTO, A. Santos. *Introdução ao estudo do Direto*. Coimbra: Coimbra Editora, 2001.

KAGEYAMA, P. Y. Conservação "in situ" de recursos genéticos de plantas. *IPEF*, nº. 35, 1987. p. 7-37.

———. Reflexos e potenciais da resolução SMA-21 de 21/11/2001 na conservação da biodiversidade específica e genética. In: Seminário temático sobre recuperação de áreas degradadas. São Paulo, 2003. Anais... São Paulo: Instituto de Botânica. p. 7-12.

———.; GANDARA, F. B.. Revegetação de áreas ciliares. In: RODRIGUES, R. R.; LEITÃO-FILHO, H (ed.). *Matas ciliares*: Conservação e recuperação. São Paulo: Universidade de São Paulo, 2000. Cap. 2. p. 27-32.

KISS, Alexandre. The rigths and interests of fuctere generations and the presutinary principle. In: *The precautionary principle and international law*: the challenge of implementation. Hague: Kluwer Law International, 1996.

KUHN, Thomas. *A estrutura das revoluções científicas*. São Paulo: Perspectiva, 1967.

LAGO, Antônio Pádua; AUGUSTO, José. *O que é ecologia?* 7. ed. São Paulo: Brasiliense, 1988.

LAMBERS, H. et al.. *Plant physiological ecology*. New York: Springer-Verlag, 1998.

LATOUR, Bruno. *Jamais fomos modernos*. Rio de Janeiro: Ed. 34, 2000.

LECEY, Eládio. A proteção do meio ambiente e a responsabilidade penal da pessoa jurídica. In: FREITAS, Vladimir Passos de. *Direito ambiental em evolução*. Curitiba: Juruá, 1998, v.1.

LEFF, Enrique. *Epistemologia ambiental*. São Paulo: Cortez, 2001.

LEITE, José Rubens Morato. *Dano ambiental*: do individual ao coletivo extrapatrimonial. 2. ed. rev. atual. e ampl. São Paulo: Revista dos Tribunais, 2003.

———; AYALA, Patryck de Araújo. *Direito ambiental na sociedade de risco*. 2. ed. Rio de Janeiro: Forense Universitária, 2004.

———; ———. A transdisciplinaridade do Direito Ambiental e a sua eqüidade intergeracional. In: *Revista Seqüência*, vol. 41. Ano XXI. Dez. 2000, p. 126.

——— ; ———. Transdisciplinaridade e a proteção jurídico-ambiental em sociedades de risco: direito, ciência e participação. In: LEITE, José Rubens Morato; BELLO FILHO, Ney de Barros. *Direito ambiental contemporâneo*. São Paulo: Manole, 2004.

LEITE, José Rubens Morato; PAPP, Leonardo. *Responsabilidade civil ambiental e sanção administrativa*. Apostila do Curso de pós-graduação *latu sensu* em Direito Ambiental e Políticas Públicas. 2006.

LEITE, José Rubens Morato; MELO, Melissa Ely. As funções preventivas e precaucionais da responsabilidade civil por danos ambientais. In: *Revista Seqüência*, nº 55, ano XXVII, Dez. 2007. p. 195-218.

LEOPOLD, Aldo. *A sand county almanac*, with Essays on Conversation from Round River. Nova Iorque: Oxford University Press, 1970.

LEUZINGER, Márcia Dieguez. *Meio ambiente*: propriedade e repartição de competências. Rio de Janeiro: Esplanada, 2002.

LIETH, H.. Purposes of a phenology book. In: LIETH, H. *Phenology and seasonality modeling*. New York: Springer-Verlag, 1974. p. 3-19.

LIMA, Maria José Araújo. *Ecologia humana, realidade e pesquisa*. Petrópolis; Vozes, 1984.

LOCKE, John. *Carta acerca da tolerância*. Segundo tratado sobre o governo. Ensaio acerca do Entendimento Humano. (Os Pensadores).Tradução: Anoar Aiex e E. Jacy Monteiro. 2. ed., São Paulo: Abril Cultural, 1978.

LORENZ, Edward N. *The essence of chaos*. Seattle: University of Washington, 1993.

LORENZETTI, Ricardo Luiz. Teoria geral do dano ambiental moral. *Revista de direito ambiental*, São Paulo: RT, v. 28, p. 139-149, out./dez. 2002.

LOVELOCK, J. E. *Gaia*: um olhar sobre a vida na terra. Rio de Janeiro: Edições 70, 1987.

LUCARELLI, Fábio Dutra. Responsabilidade civil por dano ecológico. *Revista dos Tribunais*, São Paulo, v. 700, p. 07-26, fev. 1994.

MACHADO, Paulo Affonso Leme. *Direito ambiental brasileiro*. 14. ed. São Paulo: Malheiros, 2006.

MANCUSO, Rodolfo de Camargo. *Ação civil pública*. 12. ed. São Paulo: Revista dos Tribunais, 2011.

——. *Interesses difusos*. Conceito, legitimação para agir. 3. ed. rev. e atual. São Paulo, 1994.

MANDELBROT, Benoit B. *The fractal geometry of nature*. New York: W. H. Freeman, 1983.

MARCHESAN, Ana Maria Moreira. Áreas de "degradação permanente", escassez e riscos. *Revista de direito ambiental*, São Paulo: RT, v. 38, ano 10, p. 23-38, abr./ jun. 2005.

—— et al.. *Direito ambiental*. 2. ed. Porto Alegre: Verbo Jurídico, 2005.

MARINONI, Luiz Guilherme. *Tutela cautelar e tutela antecipatória*. São Paulo: Revista dos Tribunais, 1994.

MARQUES, Oswaldo Henrique Duek. *Fundamentos da pena*. São Paulo: Juarez de Oliveira, 2000.

MEDEIROS, Fernanda Luiza Fontoura de. *Meio ambiente*: direito e dever fundamental. Porto Alegre: Livraria do Advogado, 2004.

MELLO, Celso Antonio Bandeira de. *Curso de direito administrativo*. 22. ed. São Paulo: Malheiros, 2007.

METZGER, Jean Paul. Como restaurar a conectividade de paisagens fragmentadas? In: KAGEYAMA, P. Y.; *et al*. (Org.e Ed.). *Restauração ecológica de ecossistemas naturais*. São Paulo: Fundação de estudos e pesquisas agrícolas e florestais, 2003. p. 49-76.

——. Estrutura da paisagem e fragmentação: análise bibliográfica. *Anais da Academia Brasileira de Ciências*, 1999, v. 71. p. 445-463.

——. O que é ecologia de paisagens? *Biota neotropica*, 2001. Disponível em: <http://www.biotaneotropica.org.br/v1n12/PT/abstract?thematic-review+BN00701122001> Acesso em: 30 jan. 2008.

MILARÉ, Édis. *Direito do ambiente*. São Paulo: Revista dos Tribunais, 2000.

——. Tutela jurídico-civil do ambiente. *Revista de direito ambiental*. São Paulo: RT, v. 0, 1995. p. 26-72.

MILLER, G. A method of establishing native vegetation on disturbed sites, consistent with the theory of nucleation. In: *Proceedings of the 3rd Annual Meeting, Canadian Land Reclamation Association*. Sudbury: Laurentian University, 1978. p. 322-327.

MIRRA, Álvaro Luiz Valery. *A reparação do dano ambiental*. Tradução de L'action civile publique du droit bresilien et la reparation du dammage cause à l'environment. Tradução atualizada pelo autor. Estrasburgo, França, 1997.

——. Ação civil pública e reparação do dano ao meio ambiente. São Paulo: Juarez de Oliveira, 2002.

——. Fundamentos do Direito ambiental no Brasil. In: *Revista trimestral de direito público*. São Paulo, 1994, vol. 7.

——. *Impacto ambiental*: aspectos da legislação brasileira. 2. ed. atual, aum. São Paulo: J. de Oliveira, 2002.

MORAIS, José Luis Bolzan de. *Do direito social aos interesses transindividuais*. O Estado e o Direito na ordem contemporânea. Porto Alegre : Livraria do Advogado, 1996.

MOREIRA, F. M. S.; SIQUEIRA, J.O. *Microbiologia e bioquímica do solo*. Lavras: UFLA, 2002.

MORIN, Edgar. *Introdução ao pensamento complexo*. Tradução: Eliane Lisboa. 3. ed. Porto Alegre: Sulina, 2007.

——. *O método 1. A natureza da natureza*. 2. ed. Porto Alegre. Sulina, 2008.

——. *O problema epistemológico da complexidade*. Mem-Martins: Europa-America, 1996.

MOTTA, Ronaldo Seroa. *Manual para valoração econômica de recursos ambientais*. Brasília: Ministério do Meio Ambiente, dos Recursos Hídricos e da Amazônia Legal, 1998.

MYERS, N. *et al*. Biodiversiy hotsopts for conservation priorities. *Nature*, n° 403, 2000. p. 853-858.

NABAIS, José Casalta. *O dever fundamental de pagar impostos*. Coimbra: Livraria Almedina, 1998.

NAESS, Arne. The shallow and deep: long range ecology movement: a summary. *Inquiry*, v. 16, n° 13. 1973.

——; SESSIONS, George. Basics principles of deep ecology. *Ecophilosophy*, v. 6, 1984.

NEPSTAD, D.; UHL, C.; SERRÃO, E. A. S. Recuperation of a degraded amazonian landscape: Forest recovery and agriculture restoration, *Ambio*, v. 20, 1991. p. 248-255.

——; SILVA, J. M. C.; VIEIRA, I. Restauração da floresta em pastagens degradadas. *Ciência hoje*, v. 13, 1991. p. 23-31.

NERY JUNIOR, Nelson e NERY, Rosa Maria Barreto B. Andrade. Responsabilidade civil, meio ambiente e ação coletiva ambiental. In: BENJAMIN, Antonio Herman V. *Dano ambiental, prevenção, reparação e repressão*. São Paulo: RT, 1993.

NICOLESCU, Basarab. *O manifesto da transdisciplinaridade*. Tradução: Lucia Pereira de Souza. 2. ed. São Paulo: TRIOM, 2001.

NODARI, Rubens Onofre. Biossegurança, transgênicos e risco ambiental: os desafios da nova lei de biossegurança. In: LEITE, José Rubens Morato; FAGÚNDEZ, Paulo Roney Ávila. *Biossegurança e novas tecnologias na sociedade de risco*: aspectos jurídicos, técnicos e sociais. Florianópolis: Conceito Editorial, 2007. p. 17-44.

NUSDEO, Fábio. *Desenvolvimento e ecologia*. São Paulo: Saraiva, 1975.

ODUM, Eugene Pleasants. *Ecologia*. Tradução Christopher J. Tribe. Rio de Janeiro: Editora Guanabara, 1988b.

——. *Fundamentos de ecologia*. Tradução: António Manuel de Azevedo Gomes. 4. ed. Lisboa: Fundação Calouste Gulbenkian, 1988a.

OLIVEIRA, Helli Alves de. Intervenção estatal na propriedade privada motivada pela defesa do meio ambiente. *Revista forense*, vol. 317, janeiro-março, 1992. p. 136-141.

OLIVEIRA, Olga Maria Boschi Aguiar de. *Monografia jurídica*: orientações metodológicas para o trabalho de conclusão de curso. 3. Ed. Porto Alegre: Síntese, 2003.

OST, François. *A natureza à margem da lei:* a ecologia à prova do direito. Lisboa: Instituto Piaget, 1995.

PAPP, Leonardo. *Fundamentos da sanção ambiental administrativa*: uma abordagem integrativa. 2005. Dissertação (Mestrado em Direito), Universidade Federal de Santa Catarina, Florianópolis, 2005.

PARKER, V. T.. The scale of successional models and restoration objectives. *Restoration ecology*, Malden, v. 5, 1997. p. 301-06.

PARKINSON, Aurora V. S. Besalú. *Responsabilidad por daño ambiental*. Buenos Aires: Hammurabi, 2005.

PERALES, Carlos Miguel de. *La responsabilidad civil por daños al medio ambiente*. 2. ed. Madrid: Civitas, 1997.

PIERECK, Eliane; VALLE, Sandra. A pena alternativa no crime ambiental. In: VARELA, Marcelo Dias; BORGES, Roxana Cardoso B. (Coord.). *O novo em direito ambiental*. Belo Horizonte: Del Rey, 1998.

PIJL, L. V. D. *Principles of dispersal in higher plants*. 3. ed. New York: Pringer-Verlang, 1982.

PIMM, S. L. *The balance of nature?* Ecological issues in the conservation of species and communities. Chicago: University Press, 1991.

PINHO, Hortênsia Gomes. *Prevenção e reparação de danos ambientais*: as medidas de reposição natural, compensatórias e preventivas e a indenização pecuniária. Rio de Janeiro: GZ Ed, 2010.

PLUMWOOD, Val. *Ecofeminism*: An Overview and Discussion of Positions and Arguments: Critical Review. Australian Journal of philosophy, v. 64, 1986.

POPPER, Karl Raimund. *A lógica da investigação científica*: três concepções acerca do conhecimento humano; A sociedade aberta e seus inimigos. (Os pensadores). São Paulo: Abril Cultural, 1980.

PRADO, Luiz Regis. *Direito penal do ambiente*. 3. ed. São Paulo: Revista dos Tribunais, 2011.

PRIGOGINE, Ilya; GLANSDORFF, Paul. *Termodinamic theory of structure, stability and fluctuations*. New York: Wicey, 1971.

RAWLS, John. *Uma teoria da justiça*. 3. ed. São Paulo: Martins Fontes, 2008.

RÁO, Vicente. *O direito e a vida dos direitos*. 5. ed. São Paulo: Revista dos Tribunais, 1999.

REEVES, Hubert. *Malicorne*: reflexiones de um observador de la naturaleza. Barcelona: Emece, 1992.

REHBINDER, Eckard. O direito do ambiente na Alemanha. In: AMARAL, Diogo de Freitas do (Org.). *Direito do ambiente*. Oeiras: INA, 1994.

REIS, Ademir. Sucessão. In: REIS, Ademir (Org.). *Novos aspectos na restauração de áreas degradadas*. Apostila do mini-curso de restauração ambiental em áreas degradadas, realizado em Florianópolis, nos dias 15 a 19 maio de 2006. PET Biologia: Universidade Federal de Santa Catarina. 2006. p. 9-24.

—— *et al*. Recuperação de áreas florestais degradadas utilizando a sucessão e as interações planta-animal. *Série cadernos da biosfera*, n° 14. Conselho Nacional da Reserva da Biosfera da Mata Atlântica. Governo do Estado de São Paulo, São Paulo, 1999.

—— *et al*. Restauração de áreas degradas: a nucleação como base para incrementar os processos sucessionais. In: Fundação O Boticário de proteção à natureza. *Natureza e conservação*. Curitiba. v. 1. n° 1. p. 1-116. Abril, 2003a.p. 28-36.

—— *et al*. Técnicas para a restauração através da nucleação. In: REIS, Ademir (org.). *Novos aspectos na restauração de áreas degradadas*. Apostila do mini-curso de restauração ambiental em áreas degradadas, realizado em Florianópolis, nos dias 15 a 19 maio de 2006. PET Biologia: Universidade Federal de Santa Catarina. 2006. p. 40-54.

—— *et al*. A nucleação como ferramenta para a restauração ambiental. Seminário temático sobre recuperação de áreas degradadas. Realizado em São Paulo, nos dias 12 e 13 de setembro de 2003. *Anais* ... Instituto de Botânica, 2003b.

——; TRES, Deisy Regina. Nucleação: integração das comunidades naturais com a paisagem. In: FUNDAÇÃO CARGILL (Coord.). *Manejo ambiental e restauração de áreas degradadas*. São Paulo: Fundação Cargill, 2007. p. 29-55.

——; WIESBAUER, Manuela. O uso de sementes na restauração ambiental. In: REIS, Ademir (Org.). *Novos aspectos na restauração de áreas degradadas*. Apostila do mini-curso de restauração ambiental em áreas degradadas, realizado em Florianópolis, nos dias 15 a 19 maio de 2006. PET Biologia: Universidade Federal de Santa Catarina. 2006. p. 63-68.

——; ——. O uso de sementes na restauração ambiental. In: HIGA, A. R.; SILVA, L. D. (Eds.). *Pomares de sementes de espécies florestais nativas*. Curitiba: Fupef, 2006. p. 83-92.

REIS, M. S.. Distribuição e dinâmica da variabilidade genética em populações naturais de *euterpe edulis* martius. 1996. Tese (Doutorado) – ESALQ/ Universidade de São Paulo, Piracicaba, 1996.

RIBAS, Luiz César. Metodologias para avaliação de danos ambientais: o caso florestal. *Revista de Direito ambiental*. São Paulo: Revista dos Tribunais, 1996, v. 4.

RICHARDS, P. W. *The tropical rain forest: an ecological study*. Cambridge: University Press, 1998.

ROBERTS, H. A. Seed Banks in the soil. In: *Advances in applied biology*, Cambridge: Academic Press, v. 6, 1981.

ROBISON, G.R.; HANDEL, S. N. Forest restoration on a closed landfill rapid addition of new species by bird dispersal. *Conservation biology* 7. p. 271-278, 1993.

RODRIGUES, Dirceu, A. Victor. *Dicionário de brocardos jurídicos*. 10. ed. São Paulo: Ateniense, 1994.

RODRIGUES, Marcelo Abelha. *Instituições de Direito ambiental*. São Paulo: Max Limonad, 2002.

RODRIGUES, R. R.; GANDOLFI, S. Conceitos, tendências e ações para a recuperação de florestas ciliares. In: RODRIGUES, R.R.; LEITÃO FILHO, H. F. (Ed.). *Matas ciliares*: conservação e recuperação. São Paulo: Editora da Universidade de São Paulo/ Fapesp, 2000. p. 241-243.

ROGALSKI, Juliana. Conectividade e diversidade genética. In: REIS, Ademir, (Org.). *Novos aspectos na restauração de áreas degradadas*. Apostila do mini-curso de restauração ambiental em áreas degradadas, realizado em Florianópolis, nos dias 15 a 19 maio de 2006. PET Biologia: Universidade Federal de Santa Catarina. 2006. p. 61-63.

RUSCHEL, Caroline Vieira. *Parceria ambiental*: O dever fundamental de proteção ambiental como pressuposto para concretização do Estado de Direito Ambiental. Curitiba: Juruá, 2010.

SAMPAIO, Francisco José Marques. *Responsabilidade civil e reparação de danos ao meio ambiente*. Rio de Janeiro: Lumem Juris, 1998.

SANTOS, Boaventura de Sousa. *A crítica da razão indolente*: contra o desperdício da experiência. São Paulo: Córtex, 2000.

——. *Pelas mãos de Alice* – O Social e o Político na Pós Modernidade. 3. ed. São Paulo: Cortex Editora, 1997.

SANTOS, Claudia Maria Cruz; DIAS, José Eduardo de Oliveira Figueiredo; ARAGÃO, Maria Alexandra de Souza. In; CANOTILHO, José Joaquim (Coord.). *Introdução ao direito do ambiente*. Coimbra: Universidade Aberta, 1998.

SARLET, Ingo. *A eficácia dos direitos fundamentais*. Porto Alegre: Livraria do Advogado, 1998.

SARTOR, Vicente Volnei de Bona; SANTOS, Cláudia Regina dos. *Preservação Ambiental*: dilema e complexidade na Ilha de Santa Catarina. Florianópolis: Secco, 2005.

SAUDERS, D. A.; HOBBS, R. J. The role of corridor in conservation: what do we know and where do we go? In: SAUDERS, D. A.; HOBBS, R. J. (Ed.). *Nature conservation 2*: the role of corridors. Chipping Norton, Surrey Beatty and Sons, 1991. p. 421-427.

——; ——; MARGULES, C. R. Biological consequences of ecosystem fragmentation: a review. *Conservation Biology*. v. 5, p. 18-32, 1991.

SCHWEITZER, Albert. *Civilization and ethics*. Londres: Adam and Charles Black, 1987.

SENDIM, José de Sousa Cunhal. *Responsabilidade civil por danos ecológicos*: da reparação do dano através de restauração natural. Coimbra: Coimbra Editora, 1998.

SILVA, Danny Monteiro da. *Dano ambiental e sua reparação*. Curitiba: Juruá, 2006.

SILVA, José Afonso da. *Direito ambiental constitucional*. 4. ed. rev. atual. São Paulo: Malheiros, 2002.

SILVA, José Robson da. *Paradigma biocêntrico*: do patrimônio privado ao patrimônio ambiental. 2 ed. Rio de Janeiro: Renovar, 2002.

SIMINSKI, Alexandre. As formações florestais secundárias dentro do processo produtivo de pequenos agricultores em Santa Catarina. In: REIS, Ademir (org.). *Novos aspectos na restauração de áreas degradadas*. Apostila do mini-curso de restauração ambiental em áreas degradadas, realizado em Florianópolis, nos dias 15 a 19 maio de 2006. PET Biologia: Universidade Federal de Santa Catarina. p. 68-81, 2006.

SIMPSON, R. L. et al. Seed banks: General concepts and methodological issues. In: LECK, M. A. et al.. (ed.). *Ecology of soil seed banks*. London: Academic Press, 1989. p. 3-8.

SINGER, Peter. *Ética prática*. Tradução: Jefferson Luiz Camargo. São Paulo: Martins Fontes, 1998.

SOULÉ, M. E.; GILPIN, M. E. The theory of wildlife corridor capability. In: SAUDERS, D. A.; HOBBS, R. J., Biological consequences of ecosystem fragmentation: a review. *Conservation biology*. v. 5, p. 18-32, 1991.

STEIGLEDER, Annelise, Monteiro. Medidas compensatórias e a intervenção em áreas de preservação permanente. In: BENJAMIN, Antônio Herman V., *et. al.* (Org.). CONGRESSO INTERNACIONAL DE DIREITO AMBIENTAL, 11, 2007 Meio ambiente e acesso à justiça – Flora, reserva legal e APP. Anais... São Paulo: Imprensa Oficial do Estado de São Paulo, 2007. v. 3, p. 3-19.

——. *Responsabilidade civil ambiental*: as dimensões do dano ambiental no direito brasileiro. Porto Alegre: Livraria do Advogado, 2004.

SYLVAN, Richard. Three essays upon deeper environmental ethics. Discussion papers In: *Environmental Philosophy*, v. 13, 1986.

TALAMINI, Eduardo. *Tutela relativa aos deveres de fazer e de não fazer*. São Paulo: Revista dos Tribunais, 2001.

TAYLOR, Paul. W. *Respect for nature*: A theory of environmental ethics. Princeton: Princeton University Press, 1986.

TESSLER, Marga Barth. O valor do dano ambiental. In: FREITAS, Vladimir Passos de. *Direito ambiental em evolução* nº 2. Curitiba: Juruá, 2001.

TEUBNER, G. e FARMER, L. *Ecological self-organization in environmental law and ecological responsability*: the concept and pratice of ecological self-organization. New York: Clichester, 1994.

THOMPSON, William Irwin (Org.). *Gaia*. Uma teoria do conhecimento. Tradução Sílvio Cerqueira Leite. São Paulo: Gaia, 2000.

TOLEDO, Francisco de Assis. *Princípios básicos de direito penal*. São Paulo: Saraiva, 1994.

TRES, Deisy Regina. Ecologia da paisagem aplicada à restauração ecológica. In: REIS, Ademir (Org.). *Novos aspectos na restauração de áreas degradadas*. Apostila do mini-curso de restauração ambiental em áreas degradadas, realizado em Florianópolis, nos dias 15 a 19 maio de 2006. PET Biologia: Universidade Federal de Santa Catarina. p. 3-9, 2006.

_____. *Restauração ecológica de uma mata ciliar em uma fazenda produtora de pinus taeda L. no norte do Estado de Santa Catarina*. 2006. Dissertação. (Mestrado em Biologia Vegetal). Universidade Federal de Santa Catarina, Florianópolis, 2006.

UNGER, Nancy M. *O encantamento do humano*: Ecologia e espiritualidade. 2. ed. São Paulo: Edições Loyola, 2000.

VIEIRA, Liszt; BREDARIOL, Celso. *Cidadania e política ambiental*. Rio de Janeiro: Record, 1998.

VIEIRA, Neide K. *O papel do banco de sementes na restauração de restinga sob talhão de pinus elliottii engelm*. 2004. Dissertação. (Mestrado em Biologia Vegetal) – Universidade Federal de Santa Catarina, Florianópolis, 2004.

_____. O papel do banco de sementes na restauração. In: REIS, Ademir (org.). *Novos aspectos na restauração de áreas degradadas*. Apostila do mini-curso de restauração ambiental em áreas degradadas, realizado em Florianópolis, nos dias 15 a 19 maio de 2006. PET Biologia: Universidade Federal de Santa Catarina. p. 37-40, 2006.

VON ADEMEK, Marcelo Vieira. Passivo ambiental. In: FREITAS, Vladimir Passos de (Org.). *Direito ambiental em evolução*. Curitiba: Juruá, 2000. v. 2.

WATANABE. Shigueo (Coord.). *Glossário de ecologia*. 2. ed. Rio de Janeiro: ACIESP n. 103. 1997.

WHITTAKER, R. J.; JONES, S. H.. The role of frugivorous bats and birds in the rebuilding of a tropical forest ecosystem, Krakatau, Indonesia. *Journal of biogeography*, n° 21, 1994. p. 245-258.

WILLSON, M. F.. The ecology of seed dispersal. In: FENNER, M. *Seeds*: the ecology of regeneration in plant communities. Wallingford, UK: CAB International, 1992. p. 61-85.

WINTER, Gerd. A natureza jurídica dos princípios ambientais em direito internacional, direito da comunidade europeia e direito nacional. In: KISHI, Sandra Akemi Shimada *et al*. *Desafios de direito ambiental no séc. XXI*: estudos em homenagem ao Professor Paulo Affonso Leme Machado. São Paulo: Malheiros, 2005.

WINTERHALDER, K. *The restoration of industrially disturbed landscape in the Sudbury, Ontario mining and smelting region*. Disponível em: <http://www.udd.org/francais/forum1996/TexteWinterhalder.html. Acesso em: 05 mar. 2008.

WOLKMER, Antônio Carlos. *Pluralismo jurídico*: os novos caminhos da contemporaneidade. São Paulo: Saraiva, 2010.

WUNDERLE JÚNIOR, J. M. The role of animal seed dispersal in accelerating native forest regeneration on degraded tropical lands. *Forestry ecology management*, n° 99, 1997. p. 223-235.

YARRANTON, G. A.; MORRISON, R. G. Spatial dynamics of primary succession: nucleation. *Journal of ecology* 62 (2). p. 417-428, 1974.

ZILLER, Sílvia R. *Invasões biológicas nos campos gerais do Paraná*. 2000. Tese. (Doutorado em Engenharia Florestal) – Universidade Federal do Paraná, Curitiba, 2000.

Glossário

ALOGAMIA: "Reprodução em que o zigoto é formado pela fusão de dois núcleos de células sexuais, provenientes de dois indivíduos diferentes. Sinônimo: fecundação cruzada".[713]

BANCO DE SEMENTES: "Conjunto de sementes dispersas dentro ou sobre o solo, em estado dormente, do qual plântulas podem ser recrutadas para a população".[714]

BIODIVERSIDADE: "Abrangência de todas espécies de plantas, animais e microorganismos, e dos ecossistemas e processos ecológicos dos quais são parte. Grau da variedade da natureza, incluindo número e freqüência de ecossistemas, espécies ou gens, numa dada assembleia. Geralmente considera-se três níveis: diversidade genética, diversidade em espécies e diversidade de ecossistemas. Sinônimo: diversidade biológica".[715]

BIOSFERA: A expressão biosfera foi proposta, primeiramente, por Eduard Suess.[716] Uma das transformações da ideia de biosfera é a Hipótese Gaia (que recebeu o nome do deus grego da Terra), proposta por Lovelock no ano de 1972 e, posteriormente, refeita em 1988, de acordo com a qual a composição química hidrosférica e atmosférica, além dos solos, são em parte produtos biológicos e controlados por organismos vivos. Por isso, Gaia seria um gigantesco organismo vivo, a maior das manifestações da vida. Conforme Odum, não só os organismos individuais se adaptam ao ambiente físico, mas por causa de sua ação conjunta nos ecossistemas, também adaptam o ambiente geoquímico de acordo com as suas necessidades biológicas. Assim, as comunidades de organismos e os seus ambientes de entrada e saída desenvolvem-se conjuntamente como os ecossistemas. O fator químico da atmosfera e o ambiente físico da Terra são absolutamente distintos das condições dos outros planetas deste Sistema Solar, o que levou a elaboração da Hipótese Gaia, que sustenta que os organismos, em especial os microorganismos, traçaram a sua evolução juntamente com o ambiente físico, formando um sistema complexo de controle, mantendo favoráveis para a vida as condições da Terra.[717]

BIOTA: "Conjunto de plantas, animais e microorganismos de uma determinada região, província ou área biogeográfica. Ex. biota amazônica, biota dos lhanos, biota patagônica".[718]

BIOMA: "Amplos espaços terrestres, caracterizados por tipos fisionômicos de vegetação semelhantes, com diferentes estados climáxicos".[719]

CADEIA ALIMENTAR: "Relação trófica que ocorre entre os seres vivos que compõem um ecossistema, mediante a qual a energia de um organismo se transfere para o outro. A cadeia alimentar começa por organismos produtores que obtêm a energia necessária do sol, e/ou das substâncias

---

[713] WATANABE. Shigueo (Coord.), 1997, p. 8-9

[714] Idem, ibidem, p. 22

[715] Idem, ibidem, p. 23.

[716] SUESS, Eduard. La face de la terre. 2. ed. Paris: Arand Colin, 1924 Apud ODUM, Eugene Pleasants, 1988b, p. 15.

[717] ODUM, Eugene Pleasants, 1988b, p. 15.

[718] WATANABE. Shigueo (Coord.), 1997, p. 28.

[719] Idem, ibidem, p. 24.

minerais simples. Em seguida, envolve consumidores de várias ordens". Sinônimo: cadeia trófica.[720]

CLÍMAX: "Última comunidade biológica com que termina uma sucessão ecológica, isto é, a comunidade estável que não sofre mais mudanças direcionais. No estágio clímax há um equilíbrio dinâmico, enquanto as condições ambientais permanecem relativamente estáveis. Termo usado principalmente na ecologia vegetal".[721]

COLONIZAÇÃO: "Processo pelo qual uma ou mais espécies se instalam numa região, área ou habitat".[722]

COMPONENTES DOS ECOSSISTEMAS: Do ponto de vista biológico, os componentes que constituem o ecossistema são: 1) as substâncias inorgânicas (C, N, CO_2, H_2O e outras) envolvidas nos ciclos materiais; 2) os compostos orgânicos (proteínas, carboidratos, lipídios, substâncias húmicas etc.) que fazem a ligação entre o biótico e o abiótico; 3) o ambiente atmosférico, hidrológico e do substrato, incluindo o regime climático, além de outros fatores físicos; 4) os produtores, organismos autotróficos, especialmente as plantas verdes, responsáveis pela manufatura do alimento, a partir de substâncias inorgânicas simples; 5) os macroconsumidores ou fagótrofos (phago: comer), organismos heterotróficos, especialmente animais, os quais ingerem demais organismos ou matéria orgânica particulada; 6) microconsumidores ou saprótrofos (sapro: decompor), decompositores, organismos heterotróficos, especialmente bactérias e fungos, os quais recebem energia degradando tecidos mortos ou absorvendo matéria orgânica dissolvida segregada por, ou obtida por meio de, plantas ou outros organismos. Observa-se que as atividades de decomposição dos saprótrofos geram nutrientes inorgânicos úteis para os produtores, além de fornecerem alimento aos macroconsumidores e, em menor escala, excretarem substâncias semelhantes à hormônios, inibindo ou estimulando demais componentes bióticos do ecossistema.[723]

COMUNIDADE: "Conjunto de espécies vivendo numa mesma área, diferindo por critérios funcionais, taxonômicos ou estruturais e, geralmente, delimitando com finalidade de investigação".[724]

CONSUMIDOR: "Categoria trófica de uma cadeia alimentar do ecossistema, composta de organismos heterotróficos principalmente animais, que ingerem outros organismos ou matéria orgânica particulada. Dentre os consumidores existem outras categorias". Consumidor primário é "Aquele que se alimenta de produtores; segundo nível trófico da cadeia alimentar (herbívoro)"; Consumidor secundário é "Aquele que se alimenta de consumidores primários (herbívoros); terceiro nível trófico da cadeia alimentar (carnívoro de primeira ordem); Consumidor terciário é "Aquele que se alimenta de consumidor secundário (carnívoro de segunda ordem) e Consumidor quaternário "Aquele que se alimenta de consumidor terciário (carnívoro de terceira ordem). Ex. alguns hematófagos.[725] "Herbívoros, polinizadores e dispersores de sementes".[726]

CONTROLE BIOLÓGICO NATURAL: "Deslocamento da posição de equilíbrio da densidade média da população de uma espécie para um nível inferior através da atuação de seus inimigos naturais (predadores, parasitas e patógenos)".[727]

CORREDOR: "Qualquer ligação que permite o movimento de biotas entre *habitats* mais extensos".[728] "Áreas homogêneas (numa determinada escala) de uma unidade da paisagem, que se distinguem das unidades vizinhas e que apresentam disposição espacial linear. Em estudos de fragmentação consideram-se corredor apenas os elementos lineares que ligam dois fragmentos anteriormente conectados".[729]

---

[720] WATANABE. Shigueo (Coord.), 1997, p. 30.

[721] *Idem, ibidem*, p. 4.

[722] *Idem, ibidem*, p. 51.

[723] ODUM, Eugene Pleasants, 1988b, p. 11.

[724] WATANABE. Shigueo (Coord.), 1997, p. 54.

[725] *Idem, ibidem*, p. 57.

[726] REIS, Ademir; TRES, Deisy Regina, 2007, p. 38.

[727] WATANABE. Shigueo (Coord.), 1997, p. 58.

[728] *Idem, ibidem*, p. 60.

[729] METZGER, Jean Paul, 2001, p. 7.

CORREDORES ECOLÓGICOS: "Porções de ecossistemas naturais ou seminaturais, ligando unidades de conservação, que possibilitam entre elas o fluxo de genes e o movimento da biota, facilitando a dispersão de espécies e a recolonização de áreas degradas, bem como a manutenção de populações que demandam para sua sobrevivência áreas com extensão maior do que aquela das unidades individuais".[730]
DECOMPOSITOR: "Organismos que converte matéria orgânica em substâncias inorgânicas ou em substâncias mais simples".[731]
DECOMPOSIÇÃO: "Degradação de matéria orgânica, em compostos simples orgânicos e inorgânicos, com conseqüente liberação de energia".[732]
DISPERSÃO: "Ato de espalhar diásporos (sementes, esporos, fragmentos vegetativos) de um organismo individual ou de uma espécie". Existem várias formas de dispersão (Coria): "Aero ou anemo: vento; Andro, antropo ou broti: homem; Auto: próprio organismo; Bara: próprio peso do propágulo; Baro ou clito: gravidade; Blasto: ramo; Bolo: mecanismos propulsivos; Cristalo: geleira; Endozoo: animal (fezes); Entomo: inseto; Gino: fêmea móvel; Hidro: água; Ictio: peixe, síndrome associada a este processo; Mirmeco: formiga; Ornito: ave, síndrome associada a este processo; Quiróptero: morcego; Sauro: lagarta, cobra; Sinzoo ou zoo: animal".[733] "A dispersão é entendida como o transporte das sementes até uma área próxima ou distante da planta que gerou as sementes (chamada de planta-mãe). Sendo que a distância pode ser de centímetros até quilômetros. Neste sentido, um determinado animal que desempenha o papel de predador, ao transportar e perder sementes ou frutos no caminho exerce, então, o papel de dispersor. A existência de dispersão de sementes em uma área degradada é fundamental para a sua regeneração, pois isso quando não existe ou é insuficiente, deve ser estimulada na restauração".[734] "A dispersão dos propágulos pode ser feita pelo vento (anemocoria); por animais (endozoocoria, epizoocoria e sinzoocoria); pela água (hidrocoria); por mecanismos explosivos (autocoria); pela ação da gravidade (barocoria), além de outros meios como automóveis e maquinas agrícolas".[735]
ECOSSISTEMA: "Conjunto integrado de fatores físicos, ecológicos e biológicos que caracterizam um determinado lugar, estendendo-se por um determinado espaço de dimensões variáveis. É uma totalidade integrada e sistêmica, que envolve fatores abióticos e bióticos, em sua funcionalidade e processos metabólicos. O ecossistema forma uma unidade fundamental do meio físico e biótico, em que coexistem e interagem uma base inorgânica e uma base orgânica constituída por organismos vivos, gerando produtos específicos (turfeira, brejo, floresta de terra firme, cerradões e pradarias, entre outras)".[736] De acordo com Odum, o termo "ecossistema" foi proposto pela primeira vez por Tansley em 1935,[737] apesar de se encontrarem alusões bastante remotas à ideia de unidade de organismos e do meio. Porém, foi somente no final do século XIX que apareceram exposições literárias ecológicas mais formais, como é o caso de Forbes,[738] que escreveu sobre um lago como "microcosmo", na literatura americana, Thienemann,[739] com o "biossistema" na eu-

---

[730] BRASIL. Lei n. 9.985, de 2000.

[731] WATANABE. Shigueo (Coord.), 1997, p. 68.

[732] Idem, ibidem.

[733] Idem, ibidem.

[734] REIS, Ademir, 2006, p. 21 e 36.

[735] PIJL, L. V. D. *Principles of dispersal in higher plants*. 3. ed. New York: Pringer-Verlang, 1982.

[736] WATANABE. Shigueo (Coord.), 1997, p. 86.

[737] TANSLEY, A.G. The use and abuse of vegetational concepts and terms. Ecology, 1935, v. 16. p. 284-307. Apud ODUM, Eugene Pleasants, 1988b, p. 9.

[738] FORBES, S. A. The lake as a microcosm. Reprinted in *Ill. Nat. Hist. Surv. Bull.* v. 15, p. 537-550,1925. Apud ODUM, Eugene Pleasants, 1988b, p. 9.

[739] THIENEMANN, August. Der Nahrungskreislauf im Wasser. Verh. Deutsch. Zool. Ges., 1929 v. 31. p. 29-79. Apud ODUM, Eugene Pleasants, 1988b, p. 9.

ropeia, Morozov e Sukachev,[740] na russa, sobre a ideia de ecossistemas como é concebida atualmente, ainda que tratada por outros termos como "biogecenose", este último expandiu o termo para "geobiocenose". Para Odum chama-se de ecossistema ou sistema ecológico qualquer unidade (biossistema) que abranja todos os organismos que funcionam em conjunto (a comunidade biótica) numa determinada área, interagindo com o ambiente físico de maneira que um fluxo de energia produza estruturas bióticas claramente evidenciadas, além de uma ciclagem de materiais entre as partes vivas e as não vivas.[741]

ECOLOGIA DA PAISAGEM: "Estudos que focalizam principalmente modelos espaciais a nível de paisagem, envolvendo uma taxonomia espacial para espaços ecológicos. Consideram o desenvolvimento e a dinâmica da heterogeneidade espacial, as interações, espacial e temporal, e as trocas, através de paisagens heterogêneas, as influências da heterogeneidade espacial nos processos bióticos e abióticos, e o manejo da heterogeneidade espacial. A ecologia da paisagem estende a análise do ecossistema aos limites entre os ecossistemas, especialmente, porque esses limites influenciam e são influenciados pelas atividades humanas. A ecologia da paisagem é um quadro em desenvolvimento para análises a nível de paisagem, que reconhece especificamente agroecossistemas e interrelações ecológico-econômicas. Em tais análises, os atributos espaciais do comportamento dos ecossistemas estão fortemente combinados com as atividades humanas, afetando o modelo espacial dos movimentos de energia e matéria, a nível de paisagem. Embora essa abordagem esteja ainda no estágio formativo, essas análises deverão permitir testar ideias sobre tópicos como diversidades ótima de tipos de uso da terra, modelos de paisagem adequados para reduzir a distribuição de doenças dos estoques, as relações entre diversidade de habitat e biótica, e a resistência de modelos de paisagem, específicos de produção primária e retenção de nutrientes, devido à variação climática. A Ecologia da paisagem não é portanto uma disciplina ou ramo da ecologia, mas a intersecção sintética de várias disciplinas relacionadas que focalizam padrões espaço-temporais das paisagens. Funde as áreas abrangidas pelos estudos centrados no homem, por exemplo, geografia, psicologia social, economia e cultura. O objetivo é assegurar uma harmonização entre as demandas dos impactos natural, cultural e socioeconômico, enquanto preserva o ambiente biótico do homem. Esse objetivo requer uma base conceitual fundamentada em princípios unificadores da teoria ecológica".[742]

ECÓTONO: "Zona de transição entre comunidades ecológicas ou biomas adjacentes podendo ser gradual, abrupta (ruptura), em mosaico ou apresentar estrutura própria".[743]

EFEITO DE BORDA: "1. Aquele exercido por comunidades adjacentes sobre a estrutura das populações do ecótono, resultando em aumento na variedade de espécies e na densidade populacional. 2. Modificações provocadas pela produção de bordas em áreas vizinhas, não diretamente alternadas".[744]

ELEMENTOS AUTOTRÓFICOS E HETEROTRÓFICOS Segundo Odum, quanto à estrutura trófica (de alimentação ou nutrição), um ecossistema possui elementos autotróficos, ou seja, autoalimentadores, "[...] superior, ou faixa verde, de plantas ou partes de plantas que contêm clorofila, onde predomina a fixação de energia luminosa, a utilização de substâncias inorgânicas simples e a construção de substâncias orgânicas complexas". E, elementos heterotróficos, isto é, alimentadores de outro, "[...] inferior, ou faixa marrom, de solos e sedimentos, matéria em decomposição, raízes etc., no qual predominam a utilização, rearranjo e decomposição de materiais complexos".[745]

ENDOCRUZAMENTO: "Cruzamento ou acasalamento de indivíduos mais próximos geneticamente do que é esperado ao acaso". Sinônimo: endogamia.[746]

---

[740] SUKACHEV, V. N. The correlation between the concepts "forest ecosystem" and "forest biogeocoenose" and their importance for the classification of forests. Proc. *IX Int. Bot. Cong.*, 1959, v. II, p. 387. Apud ODUM, Eugene Pleasants, 1988b, p. 9.

[741] ODUM, Eugene Pleasants, 1988b, p. 9.

[742] WATANABE. Shigueo (Coord.), 1997, p. 85.

[743] *Idem, ibidem*, p. 87.

[744] *Idem, ibidem*, p. 88.

[745] ODUM, Eugene Pleasants, 1988a, p. 11.

[746] WATANABE. Shigueo (Coord.), 1997, p. 91.

EQUIDADE: "Propriedade de uma comunidade que diz respeito à uniformidade de distribuição de espécies ou suas abundâncias relativas. Equibilidade máxima significa uniformidade máxima e equalidade mínima é quando há uma espécie hiperdominante". Sinônimo: equabilidade.[747]

ESPÉCIE-CHAVE: "Aquela que controla a estrutura da comunidade".[748]

ESPÉCIE COLONIZADORA: "Aquela que se instala em uma região, área ou habitat anteriormente não ocupado por ela".[749]

ESPÉCIE FACILITADORA: "Aquela que na sucessão ecológica prepara o ambiente para outra espécie, proporcionando seu posterior assentamento".[750]

ESPÉCIE PIONEIRA: "Aquela que inicia a ocupação de áreas desabitadas".[751]

ESTABILIDADE: "Tendência de ficar em ou retornar a um estado de equilíbrio". [752]

ESTRUTURA DA COMUNIDADE: "Organização da comunidade que inclui: a) modos como os componentes relacionam-se e interagem entre si (isto é, padrões de alocação de recursos e abundância, temporal e espacial, das espécies); b) propriedades da comunidade que surgem dessas relações (níveis tróficos, sucessão, taxa e eficiência da fixação de energia, fluxo de energia, ciclagem de nutrientes)".[753]

ESTRUTURA DA PAISAGEM: "Distribuição de energia, materiais e espécies em relação aos tamanhos, formas, números, tipos e configurações de elementos ou ecossistemas da paisagem".[754]

FENOLOGIA: "Estudo das relações dos processos biológicos periódicos com o clima. Ex. brotação, floração e frutificação em plantas; migração e reprodução em animais".[755]

FLORESTA SECUNDÁRIA: "Aquela resultante do recrescimento de plantas lenhosas após a destruição ou a retirada total ou parcial da vegetação primária ou original".[756]

FLUXO GÊNICO: "Movimentação de genes através de cruzamento e reprodução, resultante da dispersão ou migração de indivíduos ou de gametas".[757]

FRAGMENTO: "Aquela área remanescente de um ecossistema circundada por ambiente antropizado".[758] "Uma mancha originada por fragmentação, isto é, por sub-divisão, promovida pelo homem, de uma unidade que inicialmente apresentava-se sob forma contínua, como uma matriz".[759]

GRADIENTE ECOLÓGICO: "Designação genérica da variação espacial contínua de qualquer conjunto de organismos (populações ou comunidades), ou de seus caracteres, ou de um ou mais fatores abióticos".[760]

HETEROGENEIDADE "Riqueza em espécies: número absoluto de espécies numa amostra, coleção ou comunidade". Sinônimo: diversidade.[761] "O meio ambiente é heterogêneo por causa da ação conjunta de fatores abióticos (propriedades físicas e químicas do solo, microtopografia e microclima) e bióticos (produtores, consumidores e decompositores). A heterogeneidade também

---

[747] WATANABE. Shigueo (Coord.), 1997, p. 93.
[748] Idem, ibidem, p. 88.
[749] Idem, ibidem, p. 98.
[750] Idem, ibidem, p. 99.
[751] Idem, ibidem.
[752] Idem, ibidem, p. 101.
[753] Idem, ibidem, p. 105.
[754] Idem, ibidem.
[755] Idem, ibidem, p. 113.
[756] Idem, ibidem, p. 124.
[757] Idem, ibidem, p. 125.
[758] Idem, ibidem, p. 129.
[759] METZGER, Jean Paul, 2001, p. 8.
[760] WATANABE. Shigueo (Coord.), 1997, p. 133.
[761] Idem.

pode ser resultado de fenômenos estocásticos (temporal e espacial) ou determinísticos, em virtude da ação antropogênica".[762] A doutrina ecológica entende que a interação de distintas fontes de heterogeneidade leva a produção de um processo dinâmico de formação do meio ambiente.[763] Ainda, a heterogeneidade ambiental é associada a maiores probabilidades de nichos ecológicos[764]. Por fim, ela é relacionada com a biodiversidade.[765]

INTERAÇÃO ECOLÓGICA: "Relação entre espécies que vivem numa comunidade; especificamente é o efeito que um indivíduo de uma espécie pode exercer sobre um indivíduo de outra espécie".[766]

MANCHAS: "Áreas homogêneas (numa determinada escala) de uma unidade da paisagem, que se distinguem das unidades vizinhas e têm extensões espaciais reduzidas e não lineares".[767] "Unidade discreta do espaço ambiental com características definidas e descontínua de outras unidades do mesmo tipo. Ex. zona de bosque separada como enclave numa floresta".[768]

MATRIZ: Unidade da paisagem que controla a dinâmica a paisagem. Em geral essa unidade pode ser reconhecida por recobrir a maior parte da paisagem (isto é, sendo a unidade dominante em termos de recobrimento espacial), ou por ter um maior grau de conexão de sua área (isto é um menor grau de fragmentação). Numa segunda definição, particularmente usada em estudos de fragmentação, a matriz é entendida como o conjunto de unidades de não-habitat para uma determinada comunidade ou espécie estudada".[769]

METAPOPULAÇÃO: "1. Conjunto de sub-populações vizinhas interligadas, das quais algumas estão em declínio, se extinguindo local e temporariamente, enquanto outras excedem demograficamente e realimentam as primeiras".[770]

MOSAICO: "Uma paisagem que apresenta uma estrutura contendo manchas, corredores e matriz (pelo menos dois desses elementos)".[771] "Ambiente heterogêneo no espaço, composto por manchas de habitat de diferentes tamanhos, caracterizadas por diferentes espécies, estrutura de vegetação ou de substrato, assim como, por diferentes concentrações de recursos abióticos e bióticos".[772]

NICHO: "Gama total de condições sobre as quais o indivíduo ou a população vive e se reproduz. Microhabitat".[773]

PAISAGEM: "Cada tipo de componente da paisagem (unidades de recobrimento e uso do território, ecossistemas, tipos de vegetação, por exemplo). Na abordagem geográfica, a unidade da paisagem é em geral definida como um espaço de terreno com características hidro-geomorfológicas e história de modificação humana semelhantes. De certa forma, a "unidade da paisagem" da abor-

---

[762] REIS, Ademir; TRES, Deisy Regina, 2007, p. 31.

[763] STEWART, A. J. A.; *et. al*. The world is heterogeneous: ecological consequences of living in a patchy environment. In: HUTCHINGS, M. J., *et. al*. (Eds.) *The ecological consequences of environmental heterogeneity*. Reino Unido: Cambridge University Press, 2002, p. 1-8. Apud REIS, Ademir; TRES, Deisy Regina, 2007, p. 31.

[764] ROSENZWEIG, M. L. *Species diversity in space and time*. Reino Unido: Cambridge University Press, 1995. Apud REIS, Ademir; TRES, Deisy Regina, 2007, p. 31.

[765] WILSON, S. D. Heterogeneity, diversity and scale in plant communities. In: HUTCHINGS, *et. al*., 2002, p. 52-69 Apud REIS, Ademir; TRES, Deisy Regina, 2007, p. 31.

[766] WATANABE. Shigueo (Coord.), 1997, p. 187.

[767] METZGER, Jean Paul, 2001, p. 8.

[768] WATANABE. Shigueo (Coord.), 1997, p. 160.

[769] METZGER, Jean Paul, 2001, p. 8.

[770] WATANABE. Shigueo (Coord.), 1997, p. 167.

[771] METZGER, Jean Paul, 2001, p. 8.

[772] WATANABE. Shigueo (Coord.), 1997, p. 170-171.

[773] *Idem, ibidem*, p. 173.

dagem geográfica pode ser considerada como uma "paisagem" dentro da abordagem ecológica, pois ela é composta por um mosaico com diferentes usos e coberturas".[774]

PARASITISMO: "Interação na qual um hóspede, o parasita, mantém-se temporária ou permanentemente sobre ou no interior de outro ser vivo, o hospedeiro, e a este prejudica. Parasitismo ocorre tanto no reino vegetal como no animal".[775]

PERMEABILIDADE: "Resistência das unidades da matriz aos fluxos biológicos".[776] "Medida da livre entrada de novos membros para uma comunidade ou sociedade".[777]

POPULAÇÃO: "Conjunto de indivíduos de uma espécie que ocupa uma determinada área. Uma população tem como atributos: taxas de natalidade e mortalidade, proporção de sexos e distribuição de idades, imigração e emigração".[778]

PREDAÇÃO: "Relação alimentar entre organismos de espécies diferentes, benéfica para um deles (predador), à custa da morte e consumo de outro (presa)".[779]

PRODUTIVIDADE PRIMÁRIA: "Quantidade de matéria orgânica produzida por organismos autotróficos, a partir de substâncias inorgânicas, durante um certo intervalo de tempo em uma determinada área ou volume. É denominada bruta quando incluir os gastos com a respiração e, líquida, quando excluir estes gastos". Os organismos autótrofos são produtores primários.[780]

PRODUTIVIDADE SECUNDÁRIA: "Quantidade de matéria orgânica acumulada por organismos heterótrofos, durante um certo intervalo de tempo e numa determinada área ou volume. É denominada bruta quando incluir os gastos com a respiração e líquida, quando excluir estes gastos". Os organismos heterótrofos são produtores secundários.[781]

PROPÁGULO: "Bulbos ou pedaços de plantas que podem se reproduzir vegetativamente"[782]. "Qualquer parte de uma planta que dá origem a um novo indivíduo, como esporo, semente, fruto, gêmula, gem de rizoma ou estolão".[783]

RECICLAGEM: "Processo de renovação de nutrientes que ocorre nos ecossistemas num determinado período, por ação dos mais variados fatores como circulação, ação de organismos, temperatura".[784]

RECRUTAMENTO: "1. Incorporação de novos indivíduos a uma população através de natalidade ou imigração. 2. Número de indivíduos incorporados a uma população, ou a uma determinada classe etária desta população, em uma data unidade de tempo".[785]

RESILIÊNCIA: De acordo com S.L. Pimm, resiliência é: "a intensidade com que variáveis retomam ao equilíbrio dinâmico após o distúrbio".[786] Segundo Ferreira, resiliência é: "a capacidade de um sistema suportar perturbações ambientais, mantendo sua estrutura e padrão geral de comportamento, enquanto sua condição de equilíbrio após modificações consideráveis. A resiliência é avaliada pelo tempo necessário para os sistemas retornar à condição inicial. Quanto maior esse

---

[774] METZGER, Jean Paul, 2001, p. 8.

[775] WATANABE. Shigueo (Coord.), 1997, p. 181.

[776] TRES, Deisy Regina, 2006, p. 5.

[777] WATANABE. Shigueo (Coord.), 1997, p. 184.

[778] Idem, ibidem, p. 190.

[779] Idem, ibidem, p. 192.

[780] Idem, ibidem, p. 194-195.

[781] Idem, ibidem, p. 195.

[782] REIS, TRES, 2007, p. 37.

[783] WATANABE. Shigueo (Coord.), 1997, p. 195.

[784] Idem, ibidem, p. 200.

[785] Idem, ibidem, p. 201.

[786] PIMM, S. L., 1991.

tempo, menor a resiliência".[787] Segundo Watanabe resistência é "a capacidade de um sistema suportar variações, quando submetido a uma alteração ambiental ou perturbação potencial".[788]

SERAPILHEIRA: "Camada sob cobertura vegetal, consistindo de folhas caídas, ramos, caules, cascas e frutos, depositados sobre o solo. Equivalente ao horizonte 0 dos solos minerais".[789]

SINECOLOGIA: "Ramo da ecologia que trata das relações entre as comunidades animais ou vegetais e o meio ambiente".[790]

SISTEMA: "Um sistema consiste em componentes interdependentes que interagem regularmente e formam um todo unificado [...] ou, de um ponto de vista diferente, um conjunto de relações mútuas que constitui uma entidade identificável, seja real ou postulada".[791]

SUBSTRATO: "Meio físico, biológico ou químico onde se desenvolvem organismos. Em pedagogia, o termo designa o horizonte C ou a rocha subjacente ao solo".[792]

SUCESSÃO: "Substituição progressiva de uma ou mais espécies, população, comunidade, por outra, em determinada área ou em um biótopo; compreende todas as etapas desde a colonização ou estabelecimento das espécies pioneiras até o clímax. A sucessão pode ser também modificada por forças fisiográficas que destroem a vegetação ou que produzem uma sucessão mais rápida. A ação do homem pode alterar o processo de sucessão natural".[793]

SUCESSÃO ECOLÓGICA: "Acréscimo ou substituição sequencial de espécies em uma comunidade, acompanhado de alterações na abundância relativa das espécies anteriormente presentes e nas condições físico-químicas locais, resultando na modificação abrupta ou gradual da comunidade".[794]

SUCESSÃO PRIMÁRIA: "Tipo de sucessão ecológica iniciada em um local inteiramente desabitado e sem a influência de organismos que eventualmente o tenham habitado em época anterior".[795]

SUCESSÃO SECUNDÁRIA: "Tipo de sucessão ecológica iniciada em área habitada, após ocorrência de perturbação, e influenciada pelo tipo de comunidade previamente existente".[796]

TAMANHO EFETIVO DE UMA POPULAÇÃO: "Número de indivíduos que efetivamente produzirão descendentes em uma população".[797]

TAXONOMIA: "Teoria e prática da descrição, nomenclatura e classificação dos organismos e solos".[798]

VIABILIDADE: "Capacidade de sobrevivência individual em cada classe de idade ou estágio de desenvolvimento do organismo".[799]

---

[787] FERREIRA, Aurélio Buarque de Holanda. *Novo Aurélio – Século XXI*: o dicionário eletrônico da Língua Portuguesa. Rio de Janeiro: Nova Fronteira, 2000.

[788] WATANABE. Shigueo (Coord.), 1997, p. 208.

[789] *Idem, ibidem*, p. 217.

[790] BRANCO, Murgel. Conflitos conceituais nos estudos sobre o meio ambiente. In: *Estudos avançados*. São Paulo, 1995, vol. 9, n. 23, 217. p. 222-233.

[791] ODUM, Eugene Pleasants, 1988b, p. 2.

[792] WATANABE. Shigueo (Coord.), 1997, p. 221.

[793] *Idem, ibidem*, p. 222.

[794] *Idem, ibidem*.

[795] *Idem, ibidem*.

[796] *Idem, ibidem*.

[797] *Idem, ibidem*, p. 249.

[798] *Idem, ibidem*, p. 228.

[799] *Idem, ibidem*, p. 249.

Impressão:
Evangraf
Rua Waldomiro Schapke, 77 - POA/RS
Fone: (51) 3336.2466 - (51) 3336.0422
E-mail: evangraf.adm@terra.com.br